中国宏观经济研究院
Chinese Academy of Macroeconomic Research

改革开放40年：中国经济发展系列丛书

市场决定的伟大历程：

中国社会主义市场经济的执着探索与锐意创新

SHICHANG JUEDING DE WEIDA LICHENG

ZHONGGUO SHEHUI ZHUYI SHICHANG JINGJI DE ZHIZHUO TANSUO YU RUIYI CHUANGXIN

国家发展改革委宏观经济研究院市场与价格研究所◎著

人民出版社

责任编辑：高晓璐

图书在版编目（CIP）数据

市场决定的伟大历程：中国社会主义市场经济的执着探索与锐意创新/国家
　发展改革委宏观经济研究院市场与价格研究所 著. —北京：人民出版社，
　2018.12
（改革开放 40 年：中国经济发展系列丛书）
ISBN 978－7－01－020104－7

Ⅰ.①市…　Ⅱ.①国…　Ⅲ.①中国经济-社会主义市场经济-研究
　Ⅳ.①F123.9

中国版本图书馆 CIP 数据核字（2018）第 274825 号

市场决定的伟大历程：中国社会主义市场经济的执着探索与锐意创新
SHICHANG JUEDING DE WEIDA LICHENG ZHONGGUO SHEHUI ZHUYI SHICHANG
JINGJI DE ZHIZHUO TANSUO YU RUIYI CHUANGXIN

国家发展改革委宏观经济研究院市场与价格研究所　著

人 民 出 版 社 出版发行
（100706　北京市东城区隆福寺街 99 号）

山东鸿君杰文化发展有限公司印刷　新华书店经销

2018 年 12 月第 1 版　2018 年 12 月北京第 1 次印刷
开本：710 毫米×1000 毫米 1/16　印张：22
字数：341 千字

ISBN 978－7－01－020104－7　定价：73.00 元

邮购地址 100706　北京市东城区隆福寺街 99 号
人民东方图书销售中心　电话（010）65250042　65289539

总　序

2018 年正值我国改革开放 40 周年。改革开放是决定当代中国命运的关键抉择，开启了人类历史上最为波澜壮阔的工业化和现代化进程。40 年来，中国经济社会发生了翻天覆地的变化，取得了举世瞩目的成就。党的十八大以来，以习近平同志为核心的党中央带领全国人民迎难而上、开拓进取，取得了改革开放和社会主义现代化建设的历史性变革和决定性进展。

统计显示，从 1978 年到 2017 年，我国国内生产总值按不变价计算增长了 33.5 倍，年均增长 9.5%。人均国内生产总值由 385 元增长到 59660 元，扣除价格因素，增长了 22.8 倍，年均增长 8.5%，实现了由低收入国家向中高收入国家的跨越；农业综合生产能力大幅提高，工业发展突飞猛进，服务业快速增长，建立了全球最完整的产业体系，220 多种工业产品产量位居世界第一，成为世界第一制造大国，产业结构由 27.7∶47.7∶24.6 调整为 7.9∶40.5∶51.6，就业结构由 70.5∶17.3∶12.2 调整为 27.0∶28.1∶44.9，我国用 40 年时间走过了发达国家近 100 年的工业化历程；城镇化率从 17.9% 提高到 58.5%，城镇常住人口从 1.7 亿人增加到 8.1 亿人，城市数量从 193 个增加到 657 个。40 年来，我国新增的城镇人口相当于美国总人口的 2 倍、日本的 5 倍、英国的 10 倍；对外贸易额从不到 100 亿美元增加到 4.11 万亿美元，跃居世界第一贸易大国，累计吸引外国直接投资 1.9 万亿美元。

我国已全方位融合全球经济体系，成为推动世界经济增长的重要引擎；农村贫困人口减少 7.4 亿，占全球减贫人口总数的 70% 以上，农村贫困发生率下降 94.4 个百分点。城乡居民恩格尔系数分别从 57.5% 和 67.7% 下降到 29.3% 和 32.2%。人均预期寿命从 1981 年的 67.8 岁提高到 76.7 岁。人民生活从短缺走向充裕、从贫困走向小康和全面小康。更为可贵的是，改革开放 40 年来，中国共产党在领导推进经济发展过程中，不断深化规律性认识，形成了许多重要的经验和启示。

中国宏观经济研究院（国家发展和改革委员会宏观经济研究院，以下简称宏观院）作为改革开放的亲历者和见证者，多年来始终把为中央宏观决策和国家发展改革委中心工作服务作为立院之本和第一要务，参与了许多改革开放重大课题研究和文件的起草工作。值此改革开放 40 周年之际，宏观院集全院之力，组织撰写了《改革开放 40 年：中国经济发展系列丛书》（以下简称《丛书》）。内容涵盖宏观经济、投资、外经、产业、区域、社会、市场、能源、运输、体制改革等经济社会发展的各个领域，既是对过去 40 年经验成就的回顾和总结，也包含了对新时代中国特色社会主义发展的展望与思考。

在《丛书》写作过程中，王家诚、俞建国、石康、齐援军等同志对书稿进行了审阅把关，人民出版社对《丛书》出版给予了大力支持，在此一并表示感谢！

由于时间和水平所限，《丛书》内容难免有不足之处，敬请读者批评指正。

中国宏观经济研究院

《丛书》编委会

2018 年 10 月

前　言

　　习近平总书记在党的十九大报告中鲜明指出，"坚持社会主义市场经济改革方向"，"加快完善社会主义市场经济体制"。新时代，促进经济高质量发展，建设现代化经济体系，根本上要靠全面深化改革，着力建构市场机制有效、微观主体有活力、宏观调控有度的经济体制，加快形成市场准入通畅、开放有序、竞争充分、秩序规范的现代市场体系。有关现代市场经济和现代市场体系相关理论是丰富和发展中国特色社会主义理论体系的有机构成，这正是本书选题和立论的逻辑起点。

　　40年前的1978年，中国共产党带领全国人民迈上了市场化改革开放之路，以极大的勇气和智慧探索在社会主义国家发展市场经济的独特模式。改革开放40年来，我国在建立和完善市场经济体制方面迈出了坚实步伐，付出了艰苦卓绝的努力，终玉汝于成。实现了从计划经济向社会主义市场经济体制的历史性转轨，开创了建设社会主义市场经济体制的独特道路、制度框架和发展模式，积极稳妥地处理政府与市场的关系，使得现代市场体系建设日臻成熟和规范，进而为全面建成社会主义现代化强国提供了重要的制度支撑。值此纪念改革开放40周年之际，回望波澜壮阔的改革开放历程，总结凝练改革开放取得的重要经验，具有相当的必要性和理论与现实意义。

国家发展和改革委员会市场与价格研究所集全所之力撰写本书，全部研究室都参与了相关专题撰写，从历程、理论到实践，总结凝练改革开放以来建设市场经济体制的经验精髓，力图全面呈现现代市场体系建设进程中的壮阔图景。全书的谋篇布局遵循研究市场经济体制和现代市场体系的学理框架，从市场主体、重点市场、市场机制以及市场监管四个方面展开，由微观到中观，再到宏观，由表及里、逐层递进。为秉持学术严谨、公允评价进展与成绩、理性分析存在问题和挑战，我们参阅了大量文献和资料，力求做到去粗取精、去伪存真，努力在还原历史事实的基础上进行深入的分析和展望。

本书体现了我所数十年有关市场经济体制改革研究的成果。我所的前身是国家物价局物价研究所，成立于1980年5月，是沐浴改革开放春风而生的体制内研究机构，我们亦将在2020年迎来40周年的所庆。我所成长与改革开放40年来的历史进程密切相关，是历史上若干次重要的市场化体制改革和几乎全部价格改革的重要亲历者与践行者。今年以此题撰写本书，我们深感荣幸亦责无旁贷。

自建所以来，围绕服务国家宏观决策，我所直接参与了多项重要文件起草，承担了大量政策咨询、政策解读和课题研究任务，研究成果多次获得国家和部委级科技进步奖，在全国市场与价格相关研究领域一直处于领先地位。回望历史，20世纪80年代，我所在全国较早开始研究理论价格测算方法和投入产出价格数学模型，深入分析了数百种商品投入产出之间的关系，为中央重大改革决定提供了理论依据。90年代，我所曾主持我国价格改革中期规划、粮价形成规律、放开省际间粮食调拨价、煤炭价格双轨制问题、电价形成机制与电价改革等多项研究，其中大部分观点为国家宏观决策采纳，在价格管理领域发挥重要作用。我所曾参与《中国大百科全书》物价篇的编写，有关《我国经济市场化程度判断的方法与结论》在国内外产生较大学术和实践影响。

21世纪以来，特别是近十多年来，市场与价格研究所为中央及国务院、国家发展改革委和国务院其他部委累计提供了数百项服务，受到党中央、国务院及发展改革委和其他部委有关领导的高度好评。我所先后与亚太经合组织、世界银行、亚洲开发银行、能源基金会、英国政府繁荣基金等建立了合作关系，就结构改革与监管实践、能源体制改革和能源政策、电力等公用事业价格规制、公平竞争审查制度、药品生产与流通、中小企业发展政策等领域进行了持续而深入的研究，成果获得各方高度评价。目前，我所下设四个研究室，主要研究领域涉及价格形势分析、公用事业价格规制、市场监管与竞争政策、市场体系建设等，相关专业设置较全、覆盖较广，这也为此书研究提供了过硬的组织保障。

本书总论部分展现了理论和分析框架及主要观点，此后的市场主体、重点市场、市场机制和市场监管四篇分别对应现代市场体系的微观基础、中观运行机制和宏观制度保障。其中，"市场主体篇"分成各类主体和混合所有制两章，"市场机制篇"由竞争机制与竞争政策、价格机制与价格改革两部分构成，"重点市场篇"包括大宗商品市场、资本市场和要素市场三章，"市场监管篇"分为垄断行业经济性监管和保障健康安全的社会性监管两章。全书写作框架由臧跃茹所长、刘泉红副所长、刘强副所长设计，章节撰写者如下：第一章是曾铮，第二章是梁俊、刘泉红，第三章是王丹、刘泉红，第四章是周适，第五章是刘翔峰、徐鹏、荣晨、王丹、胡飞，第六章是曾铮、荣晨、胡飞，第七章是王磊，第八章是刘志成，第九章是杨娟、郭琎，第十章是郭丽岩。本书撰写得到了中国宏观经济研究院领导的大力支持以及院内外专家的悉心指导。价格协会会长王永治研究员、宏观院科研部主任高国力研究员、国务院发展研究中心张立群研究员、市场与价格研究所老专家刘树杰研究员、曹建军研究员以及全程参与本书撰写工作的其他专家指导，给予本书极大支持与帮助。在此一并致以衷心感谢和敬意。

"子曰：笃信好学，守死善道。"（出自《论语·泰伯》）我们对中国特色社会主义道路和市场化改革方向坚信不移，必将秉持学术研究之"初心"，信守全面深化改革开放事业之大道。《礼记·儒行》中亦有云"儒有博学而不穷，笃行而不倦"，可见笃行是治学的最高境界，我们亦将努力践行所学，务求知行合一。纪念改革开放 40 周年，是为了激励我们更好地传承改革开放之艰苦奋斗精神，在建设和完善社会主义市场经济体制的道路上，执着探索、锐意创新！我所亦将忠诚履行研究职责，以更好地服务于深化改革开放和实现中华民族伟大复兴为己任，笃信笃行，砥砺奋进！

国家发展和改革委员会市场与价格研究所

臧跃茹

2018 年 9 月

目　录

总　论

第一篇　市场主体

第三篇　市场机制

第四篇　市场监管

总论

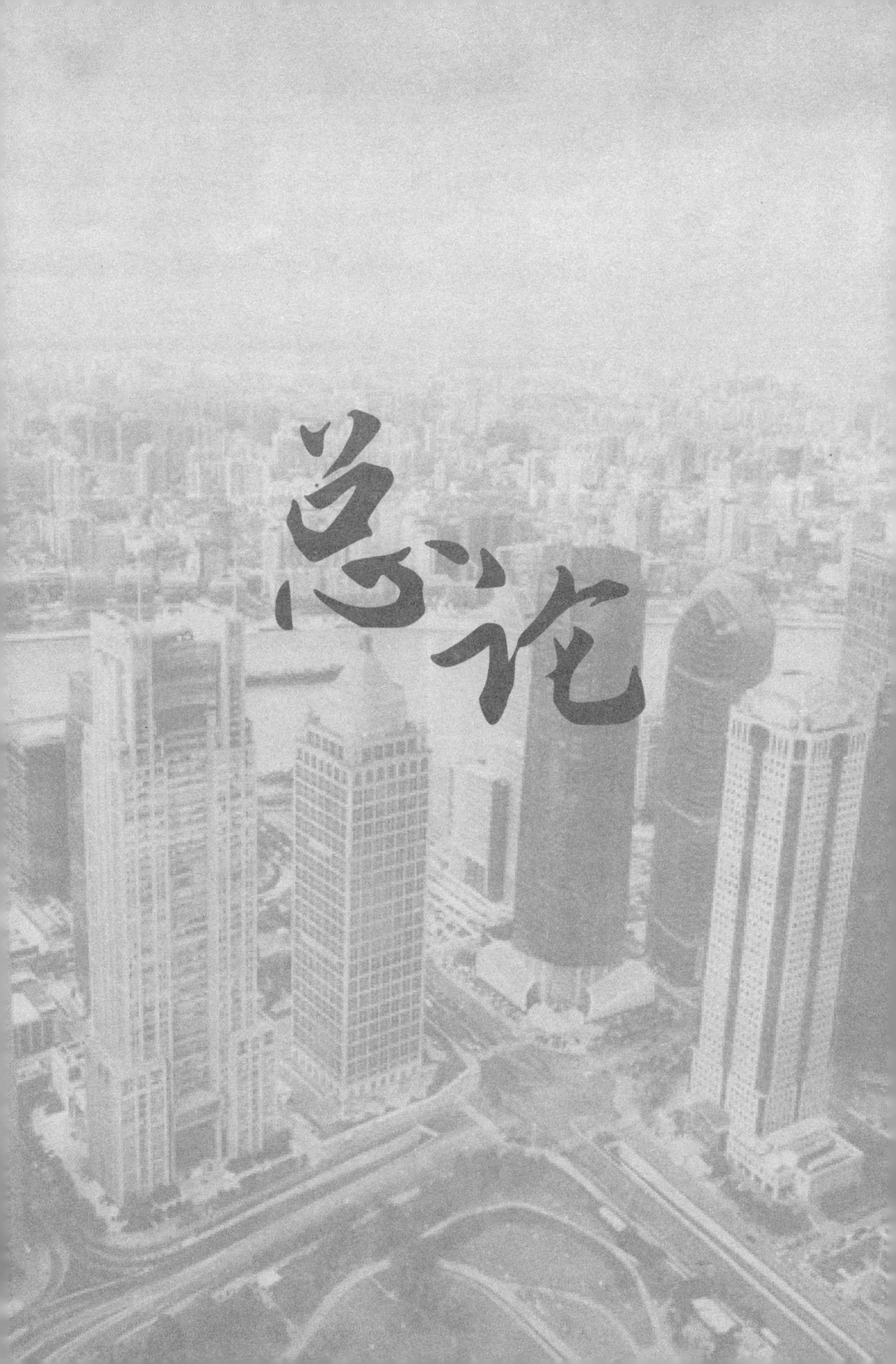

第一章　探索在社会主义国家发展市场经济的历史创举

　　20世纪70年代末，经历了十年"文革"，我国国民经济发展几近停滞，而传统计划体制极大约束经济社会发展，加之全球经济发展及其矛盾倒逼国内经济调整，邓小平同志作出了改革开放的伟大抉择，并带领全国人民选择迈上了市场化改革的道路，以极大的历史勇气和政治智慧探索在社会主义国家发展市场经济的模式。概括而言，之后的40年中，我国市场化改革和市场经济建设一共经历了四个阶段，即：1978—1991年，尝试在我国实现商品经济的路径；1992—2001年，探索社会主义市场经济体制的道路；2002—2012年，形成社会主义市场经济体制的框架；2013年至今，深化社会主义市场经济体制的模式。经过40年的改革与建设，我国通过渐进式的市场化改革在社会主义国家发展市场经济，利用对外开放以及放松管制促进社会主义市场经济建设，建立了公有制经济与非公有制经济共同发展的市场主体构架，并且在发展市场经济过程中稳妥处理好了政府与市场的关系，使得社会主义市场经济体制不断健全，具有中国特色的市场体系持续完善。面向未来，秉承十九大提出的习近平新时代中国特色社会主义思想，按照十八届三中全会的改革精神，我国市场化改革和现代市场体系建设，应该逐步从过去以放开市场准入和价格为主，转向放管结合，现代市场体系建设走向成熟规范，具体包括：着力推进要素市场改革、企业改革、价格形成机制改革和市场竞争机制改革，通过构建和完善市场机制有效、微观主体有活力、宏观调控有度的社会主义市场经济经济体制，建设统一开放、竞争有序的市场体系，实现市场准入畅通、市场开放有序、市场竞争充分、市场秩序规范，加快形成企业自主经营公平竞争、消费者自由选择自主消费、商品和要素自由流动平等交换的现代市场体系，不断增强我国经济创新力和竞争力，为 2035 年基本实现现代化以及 21 世纪中叶全面建成社会主义现代化强国奠定坚实的制度基础。

以 1978 年 12 月中共中央十一届三中全会召开为标志的改革开放，已经走过了四十个年头。回望改革之初，20 世纪 70 年代末我国经济发展几近停滞，我国人民重拾勇敢和坚毅之心，进行了一场足以载入人类历史的伟大改革。[①] 如果说中国人民选择了中国共产党领导和社会主义制度，解决了我国人民"站起来"的问题，实现了我国经济社会的独立自主，探索式地建立起了社会主义制度，那么改革开放使中国人民选择了市场化的经济道路，解决了我国人民"富起来"的问题，创造式地把社会主义制度和西方先进的市场经济有机结合，使我国以昂扬的姿态立足于世界民族之林。在"从计划到市场"的伟大转型历程中，我国既没有采用俄罗斯和东欧国家践行

---

① 邓小平：《在中国共产党全国代表会议上的讲话》（1985 年 9 月 23 日），《邓小平文选》第三卷，人民出版社 1993 年版，第 142 页。

的"休克疗法"，也没有遵循西方国家提出的"华盛顿共识"范式[1]，不走西方国家希望我们实行的"私有化"道路，而是按照渐进的方式，走出一条坚持社会主义制度与发展市场经济有机结合和相互融合的"中国式"市场化之路，即中国特色社会主义市场经济体制建设之路。"中国式"的市场经济独具特色，是"中国奇迹"产生和延续的重要制度性基础。当前，我国经济已由高速增长阶段转向高质量发展阶段，正处在转变发展方式、优化经济结构、转换增长动力的攻关期，在改革开放 40 周年的关键节点，系统回顾我国市场经济以及市场体系形成的历程与逻辑，客观评价我国市场经济发展和市场体系发育的成就与问题，有益于我们进一步认识中国语境下和社会主义制度中的现代市场体系模式，有利于我们在新的历史条件下坚持推进市场化导向的经济改革，也有助于我们寻找到中国式市场经济的未来方向，为实现中华民族增强"制度自信"以及实现中华民族伟大复兴的中国梦奠定坚实基础。

第一节　中国特色社会主义市场经济道路是历史必然选择

北宋改革家王安石曾经说过，"尚变者，天道也"。从全球和历史两个维度看，改革常常发生在"不得不变"的"非常时期"，往往

---

[1] Chenggang Xu. The Fundamental Institutions of China's Reforms and Development, *Journal of Economic Literature*, 49(4):1076－1151, 2011.

是内外部环境恶化后倒逼改革的出现。改革开放也是在国内经济发展困顿和全球经济格局嬗变的背景下，我国急需通过一次经济体制重大调整以避免一场"经济社会危机"。因此，从这个意义上讲，20世纪70年代末开始的改革开放，在当时称得上是一次"生死抉择"。

一、"文革"后我国国民经济发展接近于崩溃边缘

"文化大革命"给我国国民经济发展造成了巨大影响。1967—1968年国民经济受到"全面内战"破坏而急剧恶化，出现倒退；1969—1973年国民经济在战备需要和高速度、高投入的支持下，有所恢复和发展；1974年因"批林批孔"运动受到严重冲击，国民经济再度出现困难局面；1975年邓小平主持整顿工作，"四五"计划得以完成；1976年"反击右倾翻案风"，毛泽东、周恩来、朱德相继去世，再加上唐山大地震等的影响，经济再次陷入低谷[1]。经过十年"文革"，我国经济结构比例严重失调，各种经济关系严重不合理，人民生活水平极度降低，人均年消费粮食低于1952年水平，全国职工平均工资下降，住宅、教育、文化、卫生保健等方面造成了严重欠账，配给票证比"文革"前又有增加[2]。1977年12月，李先念主席在全国计划会议上指出："'文革'十年在经济上仅国民收入就损失人民币500亿元，这个数字相当于建国30年全部基本建设投资的80%，超过了建国后第一个30年全国固定资产的总和"。[3]五届全国人大的政府工作报告明确指出："由于四人帮的干扰破坏，全国大约损失工业总产值100亿元，钢产量280万吨，财政收入400亿元，

---

① 马洪等主编：《当代中国经济》，中国社会科学出版社1987年版，第120—124页。
② 武力主编：《中华人民共和国经济史》，中国经济出版社1999年版，第739—744页。
③ 席宜、童明：《"文化大革命"简史》，中共党史出版社1996年版，第349—352页。

整个国民经济几乎到了崩溃的边缘。"[①]

邓小平同志指出，"我们实行改革开放政策，这一点要归'功'于十年'文化大革命'"，"没有'文化大革命'的教训，就不可能制定十一届三中全会以来的思想、政治、组织路线和一系列政策"[②]。在这样的历史背景下，党和政府总结了"文化大革命"的历史教训，作出了改革开放的伟大抉择。摒弃"阶级斗争为纲"的路线，搁置资本主义和社会主义的空幻争论，通过加快发展商品经济和市场经济，优化国民经济、提升竞争力和改善人民生活水平。

二、传统计划体制极大约束我国经济社会发展

借鉴第二次世界大战后苏联经济社会发展模式，1953年我国正式实施《第一个五年计划》，预示着计划经济体制逐步成型，并从1956年开始全面实施计划经济体制。1953年到1978年的25年时间里，我国又先后实施完成了四个五年计划，通过计划经济体制的实施初步建设起了我国的工业基础。江泽民同志曾经说过："对计划经济体制曾经起过的历史作用，我们是充分肯定的，……我们建国初期的历史也说明了计划经济曾经起过重要作用。"[③] 截至"四五"计划完成后的1976年，我国粮食产量已由1949年的2200亿斤提高到6000亿斤，平均亩产由137斤提高到375斤，是1949年的2.7倍。工业产值达到1200多亿元，是1949年的十多倍；其中，重工业产

---

① 李成瑞：《十年内乱期间我国经济情况分析：兼论这一期间统计数字的可靠性》，《经济研究》1984年第1期。

②《邓小平文选》第三卷，人民出版社1993年版，第271—272页。

③ 江泽民：《论社会主义市场经济》，中央文献出版社2006年版，第203—204页。

值占工业总产值的比重，由 1949 年的 26% 提高到 51%。钢产量由 1949 年的 15.8 万吨升至 1976 年的 2040 万吨，由原来仅是美国的五百分之一变为了六分之一，仅是英国的百分之一变为基本持平，仅是印度的八分之一变为超过其一倍多。到 20 世纪 70 年代末，我国已经不仅能生产汽车、坦克、拖拉机、船舶、飞机，而且新增加了生产大型金属切削机床的通用机械制造业，生产矿山、发电、冶金、纺织、轻工业设备的专用制造业，以及仪器仪表制造业、石油加工业、化学纤维制造业、塑料制造业和生产手表、照相机、电视机、电冰箱、缝纫机等耐用消费品的轻工业，并且靠自己的力量造出了原子弹、氢弹、洲际导弹和人造卫星[1]。

但是，随着我国工业体系逐步建立，传统的计划经济体制的弊病逐步凸显出来了。首先，基本上不存在真正意义上的要素市场，对生产要素实行高度的集中管理制度，中央政府对地方、企业、个人直接分配生产要素，呈现出较为典型"统配制"的特征[2]，统收统支和统存统贷的信贷方式严重影响了资金的高效使用，城市无偿划拨和农业合作化的制度制约了土地资源优化配置，统包统配制和流动僵化的劳动力组织方式束缚了人力资源效率提升，计划指令调节和行政管理的技术调配方式约束了科学技术经济转化[3]。其次，商品市场发育落后，计划价格体制高度集中、管理僵化、定价偏低和工农"剪刀差"过大、形式单一、运行呆滞和功能畸形的弊端越来越突出，越

---

① 朱佳木：《毛泽东对计划经济的探索成果及其历史意义和现实意义》，《毛泽东邓小平理论研究》2006 年第 11 期。

② Kornai, Janos, Eric Maskin and Gerard Roland. Understanding the Soft Budget Constraint. *Journal of Economic Literature*, 41(4): 1095–1136, 2003.

③ 王永钦、张晏：《市场、政府与企业：不完全市场、内生的经济组织与要素市场改革》，《学习与探索》2013 年第 1 期。

来越不适应生产力发展的要求，造成商品价格结构长期严重扭曲，严重阻碍了国民经济持续健康发展[①]。最后，市场主体单一且经营机制僵化，国有企业仍然是执行政府计划任务指令的生产单位，不具有自主经营的权力，生产和社会需求严重脱节，企业积极性不足；同时，非国有企业的发展受到严重抑制，数量和规模都十分有限[②]。此外，缺乏市场竞争机制，企业生产的原材料由谁供应，生产多少产品，产品销售给谁，都是由国家事先规定好的，企业不用担心由于产品的实用性、质量等原因销售不出去，即使企业经营不好，国家也会要求银行给予大量的贷款来挽救，企业失去了自身在市场上的竞争力[③]。

三、全球经济发展及其矛盾倒逼国内经济调整

20世纪70年代，全球政治经济格局风云变幻，国际政治经济格局相对新中国成立初期发生了巨大调整。一方面，如何主动适应全球政经格局变化，加速融入世界政治经济，成为改革开放之初我国面临的重大问题；另一方面，如何利用各国政治经济调整的时机，加快国内改革和对外开放，成为改革开放之初我国需要作出的重大抉择。

首先，全球政治格局出现了调整，为我国加快改革开放和发展市场经济提供了重大机遇。经过二战之后的长期冷战阶段，资本主义阵营和社会主义阵营的隔绝在20世纪70年代开始出现松动。虽

---

① 马凯：《中国价格改革的理论与实践探索》，载彭森主编：《中国价格改革三十年（1978—2008）》，中国市场出版社2010年版，第1—5页。

② 剧锦文：《改革开放40年国有企业所有权改革探索及其成效》，《改革》2018年第6期。

③ 李政：《中国国有企业改革的历史回顾与评析》，《政治经济学评论》2008年第2期。

然美苏关系依然紧张，但是我国开始逐步摆脱社会主义阵营的国际关系束缚，逐步与欧美国家接触，先后实现了中美关系解冻、中日邦交正常化、中欧外交关系逐步紧密。在这样的背景下，如何尽快改变国内计划经济模式，大力培育国内市场与促进商品经济发展，深化与建交国家的商业合作以及经贸往来，成为发展市场经济的重要目标[①]。

其次，"亚洲四小龙"国家和地区经济"异军突起"，使得我国发展市场经济的诉求更为急迫。从战后到20世纪70年代，西方国家又发生了以原子和电子技术为主要标志的新科技革命，推动核能、半导体、合成化学、航空航天等行业的兴起，把人类带入了原子和电子时代。在这个过程中，从20世纪60年代开始，亚洲的中国香港、中国台湾、新加坡和韩国推行出口导向型战略，重点发展劳动密集型的加工产业，在短时间内实现了经济的腾飞，一跃成为全亚洲发达富裕的地区，成为全球闻名的"亚洲四小龙"国家和地区[②]。这些国家与我国有相似的文化背景，其发展一方面为我国加快国内市场经济体制建设提供了有益的发展模式，另一方面也迫使我国尽快构建市场经济体制以促进快速发展。与此同时，随着"亚洲四小龙"国家和地区劳动力成本不断上升以及全球市场规模增长日趋放缓，西方发达国家和"亚洲四小龙"国家和地区亟须我国利用廉价劳动力和广阔市场的优势，参与其全球价值链的构建，延续全球经济高速增长的神话。因此，我国借此契机，加快国内市场化改革步伐，通过发展市场经济迅速融入了全球产业链分工当中。

---

① 时殷弘：《关于国际关系的历史理解》，《世界经济与政治》2005年第10期。
② 杨光普：《对"经济转型期"的界定：基于日本与"亚洲四小龙"的经验分析》，《重庆理工大学学报（社会科学）》2017年第6期。

最后，全球经济出现长期滞胀，为我国通过发展市场经济融入全球经济创造了良好条件。20世纪70年代，西方资本主义国家经历了一次痛苦的"滞胀"过程，各国经济发展停滞、通货膨胀高企，极大损害了主要发达国家国内的经济发展。在这种情况下，老牌资本主义国家急需在全球寻找低价的要素和广阔的市场。正是由于这样的原因，发达国家纷纷加强与我国经济合作，这也为我国加快市场经济建设和扩大对外开放创造了千载难逢的条件。

第二节　40年社会主义市场经济建设与改革的基本历程

改革开放之前，社会主义国家大都采取了"苏联模式"的计划经济体制，鲜有在社会主义经济体制下发展市场经济的案例和经验。因此，在我国这样一个社会主义国家发展市场经济，成为横亘在改革者面前的一道难题。在"摸着石头过河"改革方法的指引下，我党和我国政府以巨大的勇气和非凡的智慧，加快体制改革和对外开放，不畏艰难，大胆探索，屡试屡立，愈挫愈勇，带领全国人民走出了一条在社会主义国家发展和繁荣市场经济的道路。从商品市场、要素市场、市场主体、市场机制以及市场监管方面探索创新，形成社会主义市场经济的坚强支撑。

一、尝试在我国实现商品经济的路径（1978—1991年）

邓小平同志在1979年11月与外宾谈话时，首次提出了"社会主义也可以搞市场经济"的论断，他指出："说市场经济只存在于资本主义社会，只有资本主义的市场经济，这肯定是不正确的。社会主义为什么不可以搞市场经济，这个不能说是资本主义。我们是计划经济为主，也结合市场经济，但这是社会主义的市场经济。"[1] 1982年党的十二大，正式确立了"计划经济为主、市场调节为辅"的发展模式。1984年党的十二届三中全会首次明确肯定社会主义经济是"在公有制基础上的有计划的商品经济"，强调"商品经济的充分发展，是社会经济发展的不可逾越阶段"[2]。党的十三大在"有计划商品经济"基础上进一步提出"计划与市场内在统一的体制"，使经济活动更加向市场倾斜。

这一时期，市场在我国资源配置中的重要作用开始发挥，建立了"政府调节市场，市场引导企业"的"政府—市场—企业"传导模式，商品经济得到极大发展，标志着我国"市场取向"的经济体制改革的全面展开[3]。首先，在企业取代政府部门成为掌握生产资料流通的主体的前提下，我国商品市场得到迅速发展，逐步放开了城乡集市贸易和个体经营，放开了小商品价格，对部分工业产品实行浮动价格，农产品商品化率迅速提高，一批综合性或专业性的批发交易市场应运而生，专业性商业平台逐步建立[4]。其次，配合推行有计划的商品经济，我国加快要素市场的建设，在资金市场，发展了一批非银行金融机构，组建了一批保险公司，证券业快速崛起，信

① 《邓小平文选》第二卷，人民出版社1994年版，第236页。
② 《十二大以来重要文献选编》(中卷)，人民出版社1986年版，第569页。
③ 李晓西：《中国经济改革30年（市场化进程卷）》，重庆大学出版社2008年版，第13—19页。
④ 中共中央党史研究室第三研究部：《中国改革开放30年（1978—2008）》，辽宁人民出版社2008年版。

托投资公司、财务公司以及各种外资银行也纷纷设立并逐步得到规范[1]；在土地市场，我国承认了农村土地的承包经营权[2]，确立了城市土地有偿使用的基本原则，并允许城市土地使用权的出让、转让、出租、抵押等以及划拨[3]，并在此基础上加快促进各种方式的土地交易[4]；在劳动力市场，我国政府开始允许公民自谋职业，提出了"在国家统筹规划和指导下，实行劳动部门介绍就业，自愿组织起来就业和自谋职业相结合"的就业方针，实施劳动合同制[5]，劳动力市场开始活跃起来[6]；在技术市场，我国政府开始承认技术产权的个人归属，陆续在全国各地建立健全了技术市场管理机构，并推进技术产权自由灵活交易[7]。最后，配合企业改革，加快国有企业经营权改革，从"放权让利"逐步过渡到"两权分离"，并积极培育发展非国有企业[8]，出现了合作经济、股份制、股份合作制等新的混合所有制企业形式。同时，推进价格改革，重点是转换价格形成机制，实施工业生产资料双轨制价格体制[9]，并开始着手垄断行业改革，在电力、天

---

① 宁佰超：《对我国资本市场发展历程的简要梳理与评价》，《产权导刊》2012 年第 10 期。

② 朱方林、朱大威：《建国以来中国土地制度重大改革回顾与展望》，《江苏农业学报》2015 年第 1 期。

③ 董昕：《中国房地产业的发展历程与展望》，《经济研究参考》2017 年第 52 期。

④ 徐超英、李连芬：《我国土地制度变迁与改革方向》，《创新》2013 年第 3 期。

⑤ 赖德胜：《2012 年中国劳动力市场报告》，北京师范大学出版社 2013 年版。

⑥ 中国社会科学院：《人口与劳动绿皮书（2011）》，社会科学文献出版社 2011 年版。

⑦ 林辉：《技术产权交易：技术市场与资本市场的制度创新》，《适用技术市场》2001 年第 7 期。

⑧ 剧锦文：《改革开放 40 年国有企业所有权改革探索及其成效》，《改革》2018 年第 6 期。

⑨ 中国价格协会课题组：《敢于变革　敢于创新　推进价格改革深化——价格改革 30 年的回顾与展望》，《经济研究参考》2008 年第 50 期。

然气、铁路、民航、电信等行业加快破解"政企合一"的问题[1]。此外，开始探索市场竞争管理体系，逐步归口市场监管。

二、探索社会主义市场经济体制的道路（1992—2001年）

1992年，党的十四大明确了社会主义市场经济体制是经济体制改革的目标，提出建立全国统一开放的市场体系，以实现城乡市场紧密结合，国内市场与国际市场相互衔接。党的十四届三中全会又通过了《中共中央关于建立社会主义市场经济体制若干问题的决定》，全面描绘了社会主义市场经济体制的基本蓝图和推进改革的基本举措，提出了"要着重发展生产要素市场，规范市场行为，打破地区、部门的分割和封锁，反对不正当竞争，创造平等竞争的环境，形成统一、开放、竞争、有序的大市场"[2]。

在这样的理论与战略导向下，这一时期我国加快探索社会主义市场经济体制的模式，并在市场经济建设中加快改革开放，形成了中国特色市场经济的雏形。首先，商品市场逐步丰富，市场平台不断健全，尝试新建了一批商品期货市场[3]。其次，规范要素交易和完善要素市场体制，在资金市场，统一的证券市场开始形成，一系列资本市场的法规颁布完善了市场监管，"一行三会"分业监管格局基本形成；在土地市场，进一步规范和管理土地市场，避免市场交易

---

① 戚聿东等：《中国垄断行业市场化改革的模式与路径》，经济管理出版社 2013 年版。

② 纪宝成、陈甬军等：《中国统一市场新论》，中国人民大学出版社 2007 年版。

③ 任兴洲：《中国市场体系 30 年：历程、经验与发展》，《中国发展观察》2008 年第 12 期。

带来的耕地安全和城市建设用地滥用与流失问题[①]；在劳动力市场，我国逐步提升不同层次劳动力就业的灵活性，并规范劳动力就业市场机制，为劳动力自由流动创造良好环境；在技术市场，我国逐步确立技术成果转化的具体规则与机制，为技术市场交易规范化和制度化提供重要保障。再次，加快国有企业所有权改革，完善非国有企业政策体系，促进国有企业股份制改造[②]，通过"抓大放小"的模式推动国有企业战略性重组，并推进国有资产监管体制改革；非国有企业发展的政策体系不断完善，进一步提升非公有制经济的整体地位。同时，全面放开了竞争性商品价格，逐步实现生产资料价格"双轨制"的并轨，开始推进土地、资本、劳动力、技术等生产要素的市场化改革；垄断行业企业改革延续了前一阶段"政企分开"的思路，并着重在政企分开后引入竞争机制和不断促进垄断行业企业治理结构优化。最后，以立法为手段，辅之以行政命令和专项政策，完善市场竞争管理法律体系，持续改善市场监管体系[③]。

三、完善社会主义市场经济体制的框架（2002—2012年）

2002—2012年，为社会主义市场经济体制的完善时期，市场化改革进一步深化。2002年，党的十六大报告指出，要健全现代市场

[①] Estrin, Saul, Jan Hanousek, Evžen Koc̆enda and Jan Svejnar. The Effects of Privatization and Ownership in Transition Economies. *Journal of Economic Literature*, 47(3): 699–728, 2009.

[②] 剧锦文：《改革开放40年国有企业所有权改革探索及其成效》，《改革》2018年第6期。

[③] 郭丽岩：《从管控型监管迈向治理型监管——市场监管的体系构建、重点领域与推进机制》，中国工商出版社2014年版。

体系。党的十六届三中全会通过的《中共中央关于完善社会主义市场经济体制若干问题的决定》中，再一次强调完善社会主义市场经济体制的主要任务之一是建设统一、开放、竞争、有序的现代市场体系。2007年，党的十七大报告进一步指出："加快形成统一、开放、竞争、有序的现代市场体系，发展各类生产要素市场，完善反映市场供求关系、资源稀缺程度、环境损害成本的生产要素和资源价格形成机制。"

这一时期，我国市场化改革和市场经济建设的重点任务是，在前期基础上进一步完善和健全社会主义市场经济体制的基本框架。首先，积极发展商品电子交易，实现了大宗商品的网上交易、交收和结算，涌现出多家具备一定规模、交易活跃的大宗商品"中远期"电子交易平台，大宗商品市场在交易规则、运行机制、法律制度等方面与国际市场接轨步伐加快，在国际市场商品定价话语权有所增强，成为国际市场体系的重要组成部分。其次，逐步完善要素交易机制，逐步形成了沪深主板、中小板、创业板、三板（含新三板）市场、产权交易市场、区域性股权交易市场、债券市场、外汇市场、期货市场等多种交易平台，加快推进和健全公开土地出让制度[1]，加快完善市场化就业机制[2]，逐步提出强化科技激励的战略举措，建设形成市场化的技术转移机制，提升了要素市场发育程度。最后，建立优化国有资产管理体制，明确要求中央和地方两级政府设立国有资产管理机构，成立专门的国有资产管理机构，改变部门分割行使国有资产所有者职能，加大股份制改革力度，建立完善

---

[1] 董昕：《中国房地产业的发展历程与展望》，《经济研究参考》2017年第52期。
[2] 杨伟国：《中国劳动力市场发展的基本格局》，《中国劳动关系学院学报》2007年第3期。

的董事会；加快提升非公有制经济的市场地位，非公有制经济"旧36条"和"新36条"相继出台，对非公有制经济的一些重要经济权益，如市场准入、财税金融支持等从政策层面得到了保障。同时，稳步有序推进价格改革，完善价格市场形成机制，通过价格管理职能转型，明确价格系统工作导向是"定规则、当裁判、搞服务"；放松竞争性领域市场准入和价格管制，积极鼓励民间资本进入自然垄断行业领域经营①。此外，确立竞争政策基本框架，2008年《反垄断法》正式颁布和实施，以反垄断法、反不正当竞争法、价格法和招标投标法等为主体的竞争法律体系基本形成，监管机构框架不断健全。

四、深化社会主义市场经济体制的模式（2013年至今）

党的十八届三中全会通过的《中共中央关于全面深化改革若干重大问题的决定》明确指出："建设统一开放、竞争有序的市场体系，是使市场在资源配置中起决定性作用的基础。必须加快形成企业自主经营、公平竞争，消费者自由选择、自主消费，商品和要素自由流动、平等交换的现代市场体系，着力清除市场壁垒，提高资源配置效率和公平性。"党的十九大报告也提出："经济体制改革必须以完善产权制度和要素市场化配置为重点，实现产权有效激励、要素自由流动、价格反应灵活、竞争公平有序、企业优胜劣汰。"这些都为我国提出了市场化改革的方向和下一步市场经济建设的总体目标。

在这样的目标方向下，2013年底以来，我国加快推进市场化改

---

① 国家发展改革委：《关于调整光伏发电、陆上风电标杆上网电价的通知》，发改价格〔2016〕2729号。

革，并逐步完善市场经济管理体系，社会主义市场经济体制模式得以深化发展。首先，规范商品交易市场，一系列部门规章与规范性文件相继出台，我国商品现货和期货市场已经形成由法律、法规和若干部门规章、规范性文件组成的法规体系，建立健全市场运行监测体系和应急管理系统，完善交易所交易制度，促进大宗商品市场向着与国际市场接轨并逐步掌握价格形成主导权的目标前行。其次，完善要素产权制度，逐步完善中国特色社会主义市场经济要素交易制度的建设，促进要素规范交易与流转，并以此推进要素市场化程度的提升。再次，分类、分层推进国有企业混合所有制改革，完善治理、强化激励、突出主业、提高效率，逐步完善国资监管体制和现代企业制度；加快非公有制经济发展，特别是鼓励创新创业和小微企业发展，为企业营造健康成长环境，弘扬优秀企业家精神[①]。同时，加快完善价格主要由市场决定的机制，确立了"定规则、当裁判、做协调、搞服务"的新职能定位，加快了价格放管服改革步伐，重点全面深化垄断行业价格改革，完善了农产品、能源、交通运输、环境、医疗、公用事业和公共服务等重点领域价格形成机制，逐步形成了促进绿色发展的价格政策体系。最后，确立竞争政策基础性地位，2016年颁布了《国务院关于在市场体系建设中建立公平竞争审查制度的意见》，逐渐确立了一个政策制定、行政执法、竞争倡导更加完善的竞争政策体；加快"大监管"体系建设，组建了市场监管总局、环境保护部、应急管理部三个"大部制"的监管部门，在加强统一市场监管机构建设方面取得历史性突破。

---

① 相关文件包括2017年的《中共中央国务院关于营造企业家健康成长环境弘扬优秀企业家精神更好发挥企业家作用的意见》《关于进一步激发和保护企业家精神的意见》等。

第三节　市场化的改革造就了中国特色社会主义市场经济

　　我国市场化改革之路不同于西方的私有化道路，也不同于苏联和中东欧国家全面私有化改革道路，而是按照"渐进式"改革模式，在坚持"以公有制为主体，多种所有制共同发展"的基本经济制度前提下，稳妥处理了"有效市场"和"有为政府"在经济活动中的关系，根据改革的迫切性和实效性，按照"先易后难、先放后管、先增量后存量"的原则，逐步在商品市场和要素市场推进价格机制改革、企业改革以及竞争机制改革，并适应以上改革进程，逐步推进垄断行业改革，探索在社会主义制度下发展市场经济，形成了中国特色的改革道路与模式，并由此形成了具有中国特色的社会主义市场经济体制。中国特色市场化改革的核心是，在宏观上比较好地处理了坚持社会主义制度和发展市场经济之间的关系，在微观上兼顾了价格形成机制改革、企业主体结构改革和竞争机制改革的推进次序与相互关系，最终形成了符合我国国情的市场经济模式和市场体系构架。

一、通过渐进式的市场化改革在社会主义国家发展市场经济

　　"渐进式"改革是我国市场化改革的核心"方法论"，是中国特色社会主义经济体制形成的重要保障。从改革方式上来看，"渐进式"改革采用了"先农村后城市、先试点后推广、先易后难、先做

后说"的模式。但是，具体到市场化改革和社会主义现代市场体系建设层面，我们可以从以下几个方面来理解渐进式的市场化改革对社会主义市场经济及其市场体系建设的意义。

第一，通过市场建设推动增量调整。改革开放之前的计划经济时代，我国基本遵循着商品配给制和要素统配制的配置方式，在各领域基本上没有真正的市场存在。改革开放以来，我国在市场经济建设和市场体系培育中，一直很重视各类市场的建设，通过增量市场建设来推动市场经济的嵌入与发展。在商品市场层面，我国建立了多层次的各类专业性的交易市场，构建起由现货市场、中远期市场和期货市场组成的多层次的大宗商品市场体系。在要素市场层面，我国建立起了多层次的资本市场体系，组建了各类劳动力、土地和技术交易平台。这些市场的建立，使得更多的商品和要素通过市场交易与配置，无形中促进了经济社会活动中市场经济因素的孕育与发展。

第二，通过逐步市场化促进市场发育。改革开放过程中，为了顺利实现从计划经济向市场经济的转型，减少市场化的阻力，我国探索创新地实施过"双轨制"的体制模式，并通过改革逐步走向市场"单轨制"的目标。正是通过这种方式，极大促进了市场经济的发展和市场体系的发育。在商品交易中，我国已经完成了商品市场"双轨制"向"单轨制"的转变，基本实现了由政府定价体制向市场价格体制的转轨，竞争性领域环节的产品和服务价格完全放开，价格市场化程度达到97.01%，第一、第二和第三产业的价格市场化程度分别达到100%、97.37%和95.90%，政府管理价格的比重已不足3%，主要限定在重要公用事业、公益性服务和网络型自然垄断环节，绝大多数商品价格已经由市场形成。在要素领域，资金利率和资本价格市场化程度不断提升，城乡土地的一体化市场正在逐步完善，城乡劳动力市场统筹有序推进，体制内和体制外技术市场联通性不断提升。通过"双轨制"的过渡，我国逐步走向"单轨制"的市场经济体制，市场体系得到了极大的发育。

第三，逐步推进的市场监督管理。在市场经济建设和市场体系培育过程中，我国对市场的监管也不是一步到位，而是根据各阶段市场发育的需要，逐步完善市场管理和强化市场监管。随着社会主义市场经济体制逐步确立，竞争机制被逐步引入到我国经济社会生活各个领域，以制止垄断行为、保护公平竞争为主要目标的竞争政策逐步形成。与此同时，随着我国市场经济不断发展，市场监管的现代框架也不断完善。比如竞争政策的建设，针对改革开放初期遇到的区域封锁和地方保护问题，1980 年国务院就发布《关于开展和保护社会主义竞争的暂行规定》，而在 90 年代，随着价格改革逐步深化，我国政府通过了《价格法》，对价格垄断协议、掠夺性定价、价格歧视等价格垄断行为作出了规定；2007 年针对我国市场经济初步成熟后，市场经济垄断行为愈发增加的情况，我国正式出台了《反垄断法》；2016 年，针对我国行政性垄断对市场经济发展造成约束的情况，国务院颁布了《关于在市场体系建设中建立公平竞争审查制度的意见》，奠定了竞争政策基础性地位的重要制度基石。我国市场监管体系也类同，在市场经济过程中逐步完善，监管机构体系也是根据需要逐步调整。

二、通过对外扩大开放以及对内放松管制促进市场经济建设

回顾改革开放 40 年的历史，改革和开放是相伴随行的，通过改

革扩大对外开放，同时通过开放倒逼经济体制改革。开放不仅仅是对外开放，还有对内的开放，特别是放松计划经济条件下的经济管制。在社会主义市场经济建设过程中，我国也是通过促进对外开放，逐步放松国内经济管制，加快现代市场体系培育，逐步增加经济运行中的市场经济因素。

第一，通过对外开放倒逼国内市场经济建设。改革开放 40 年来，我国通过对外开放，一方面，通过加快国内市场与国际市场对接，加快国内市场形成；另一方面，加快与国际市场规则对接，尽快融入全球市场，以倒逼国内市场改革。在商品市场领域，我国原油、燃料油、石油脑等石化产品以及绝大多数有色金属和铁矿石价格实现了与国际市场接轨，成为全球首屈一指的原油、有色金属、铁矿石、大豆等大宗商品进口国，钢材、精炼金属的出口规模也在不断扩大；同时，从事大宗商品生产和流通的企业加快了"走出去"和对外投资的步伐，对外投资方式已经从建点等简单方式发展到收购兼并、股权置换、境外上市和建立战略合作联盟等高级方式，在重要大宗原材料领域的战略性全球布局正逐步实现，大宗商品市场的国际影响力不断提高，国内商品贸易规则逐步与世贸组织规则和国际惯例全面对接，法律、法规和规章不断完善，建立了开放型商品市场的体制框架①。在要素市场领域，主要是通过开放加快资金和资本市场发展，在华外资金融机构数量和资产规模迅速增长，资本市场双向开放稳步扩大，国际金融机构和商业机构在国内股市、债市、期货市场中都有一定程度参与，股市有合格境外机构投资者（QFII）持股，债市和期货市场有国外商业机构在交易，香港投资者

---

① 陈甫军：《中国现代市场体系改革三十年》，《企业经济》2009 年第 3 期。

有沪港通、深港通和债券通等通道；2016 年人民币被纳入 SDR（特别提款权），2018 年 3 月中国债券被纳入彭博巴克莱全球综合指数，2018 年 6 月 A 股被纳入全球新兴市场 MSCI 指数体系；国外资本积极参与我国资本市场，不仅协调了我国资产与其他各国资产的相对定价关系，也改善和强化了我国资本市场的内在机制[①]。

第二，通过逐步放松管制引导市场经济发展。计划经济是较为典型的"管制经济"，在 40 年改革开放过程中，加快市场经济建设的核心之一，就是通过放松计划经济条件下的经济管制，逐步构建市场体系和提升市场在资源配置中的作用。一方面，在价格形成机制上，渐进地放松价格管制，通过实施"双轨制"，逐步过渡到"单轨制"，最后实现主要商品价格由市场决定，截止到 2016 年，竞争性领域和环节的产品和服务价格完全放开，价格市场化程度达到 97.01%，政府管理价格的比重已不足 3%。另一方面，在准入的管制上，逐步允许非公有制资本进入主要商品市场和要素市场领域，并逐步放开垄断行业的准入管制。在国内经济管制放松的过程中，社会主义市场经济得以持续建设，现代市场体系框架也得以逐步确立。

三、建立了公有制经济与非公有制经济共同发展的市场主体构架

我国的基本经济制度是"公有制为主体、多种所有制经济共同发展"，这是中国特色社会主义制度的重要支柱，也是我国社会主义市场经济体制的根基。公有制经济和非公有制经济都是社会主义市

---

① 郑学勤：《资本市场国际化的核心》，《中国金融》2018 年第 1 期。

场经济的重要组成部分，都是我国经济社会发展的重要基础。我国在发展社会主义市场经济的过程中，注重公有制经济和非公有制经济平等竞争，形成了两类经济形式和各类企业共同发展的市场主体竞争构架。经过 40 年的改革和建设，我国企业主体结构更为合理，市场主体效率有效提升，活力得到充分释放，这是中国特色社会主义市场经济健康发展的重要微观基础。

第一，市场主体结构更趋合理。国有企业虽然数量减少，但是逐渐向重要行业和关键领域集中，市场竞争力、影响力、带动力明显增强。同时国企民企同等对待，公平竞争，以民企为主要力量的广大中小企业贡献了 50% 以上的税收、60% 以上的 GDP、70% 以上的技术创新、80% 以上的城镇劳动就业、90% 以上的企业数量，民营企业已经成为市场主力军。此外，外资企业不断发展壮大，利用外资规模不断扩大，外资企业不仅带来了资金技术，对市场规范竞争、机制转换起到很大促进作用。

第二，国有企业改革不断创新。国企改革的顶层设计已经完成，党中央、国务院出台了《关于深化国有企业改革的指导意见》以及若干配套文件。国企改革一直坚持所有权与经营权分离，按照"自主经营、自负盈亏、自担风险、自我约束、自我发展"市场化改革思路，加快推进中国特色的国企改革和现代企业制度建设进程。我国建立社会主义市场经济，宏观上要处理好政府与市场的关系，微观上则要解决好国有企业与市场经济有效融合的问题，发展混合所有制经济是探索公有制经济和市场经济有机结合的重大突破和创新，这种企业组织形式为各类企业主体公平竞争、建立符合市场经济要求的现代企业制度奠定了基础。改革开放至今，国有经济布局进一步优化，混合所有制改革深入推进，现代企业制度不断完善，公司治理不断规范，国有资产监督管理体制逐渐规范。

　　第三，市场主体竞争力明显增强。随着平等的市场准入、产权保护等维护竞争机制发挥作用的环境逐步建立，市场主体作为国民经济的微观细胞，发展动力和生机活力不断增加。企业日益成为市场创新主体，创新能力逐步升级；大中小企业相互促进、融合发展格局已经形成；企业分工协作、结构优化，竞争地位不断提高；此外我国企业国际化经营能力随着改革开放逐步增强，开放合作力度不断加大，已经成为海外并购市场的主要力量。企业发展由追求规模扩张，到更加注重质量结构和效率提升，一批优势企业正在以成长为具有全球竞争力的世界一流企业，在国际资源配置中占主导地位的领军企业为目标而努力。

第四节　从"以放为主"到"放管结合"：市场经济建设走向成熟

　　过去40年，我国社会主义市场经济建设的核心是在社会主义国家中发展市场经济，通过引入市场机制和放开行业管制改造计划经济体制，因此更多的是以"放开市场管制和限制"为重点。经过多年的改革，我国大部分商品价格已经由市场决定，部分要素市场价格也正逐步市场化，包括国有企业在内的经营企业已经成为真正的市场主体。但是，对标国家治理能力和治理体系现代化的要求，我国市场管理和监管的水平还相对不高，难以满足高质量阶段发展诉求和现代化经济体系建设的要求。党的十八届三中全会通过的《中共中央关于全面深化改革若干重大问题的决定》提出，要"使市场在资源配置中起决定性作用和更好发挥政府作用"，"着力解决市场体系不完善、政府干预过多和监管不到位问题"。党的十九大报告进一步提出，要"坚持社会主义市场经济改革方向"，"加快完善社会主义市场经济体制"，并指出"经济体制改革必须以完善产权制度和要素市场化配置为重点，实现产权有效激励、要素自由流动、价格反应灵活、竞争公平有序、企业优胜劣汰"，进一步深化了对社会主义市场经济规律的认识，坚定了社会主义市场经济改革方向，明确了加快完善社会主义市场经济体制的重点任务，是习近平新时代中国特色社会主义思想在经济体制改革领域的具体体现。由此，未来我国市场经济建设与市场化改革，应该按照十八届三中全会《决定》以及十九大报告精神，逐步从过去以放开市场准入和价格为主，转向进一步放开市场准入与价格以及重点加强市场管理与监管，着力推进要素市场改革、企业改革、价格形成机制改革和市场竞争机制改革，通过构建和完善市场机制有效、微观主体有活力、宏观调控有度的社会主义市场经济经济体制，建设统一开放、竞争有序的市场体系，实现市场准入畅通、市场开放有序、市场竞争充分、市场秩序规范，加快形成企业自主经营公平竞争、消费者自由选择自主消费、商品和要素自由流动平等交换的现代市场体系，不断增强我国经济创新力和竞争力。

一、加快要素产权确权和打破市场分割，实现市场要素流动自由和效率提升

要素市场改革是现代市场体系建设的重中之重，也是加快建设现代化经济体系的核心支撑。立足和针对 40 年我国要素市场改革与

发展的历史成就与现实矛盾，未来一段时期，应该坚持市场化改革的导向，加快土地、劳动力、技术和资本市场体制机制改革，促进生产要素产权明晰、流动自由、价格合意、配置高效，切实为我国实体经济效率提升和健康发展服务。

第一，建设服务实体经济能力较强的资本市场。首先，深化资本市场机制改革，完善股票市场的制度建设，做大做强债券市场，推动外汇市场深化发展。其次，建设多层次资本市场，完善主板市场制度，积极发展创业板，大力培育新三板市场，建立各层次市场间的转板机制，稳步发展股权投资、天使投资、种子基金等投资。最后，完善金融监管体系，依托金融稳定委员会，发挥"一委一行两会"综合金融监管功能，强化监管协调，加强宏观审慎监管和微观功能监管，完善金融监管法治体系，提升金融监管基础设施，完善宏观审慎管理框架。此外，形成金融改革开放新格局，稳妥推进资本市场对外开放，做好海外上市蓝筹股的回归工作，构建不同辐射范围的金融中心体系，防范资本市场开放风险，推进资本市场监管国际合作。

第二，建立产权明晰和交易有序的土地市场制度。首先，建立和完善我国的土地产权体系，加快建立土地交易市场，逐步建立城乡统一的建设用地市场，完善土地价格体系①。其次，推动国有与集体土地同地同价同权，合理分配集体建设用地开发和流转的收益，打破目前对城市规划圈内圈外土地按不同类型企业主体准入的政策，加快征地制度改革，按照同地同价原则及时足额给失地农民的土地

---

① 许坚：《完善土地产权制度与促进和谐社会建设——2012年中国土地学术年会重要观点集萃》，《中国国土资源经济》2013年第5期。

财产权的公平补偿。最后，严格执行城乡建设用地增减挂钩政策，尽快出台专门农村房屋拆迁的规范性法规政策，增加对农民宅基地权益的补偿[①]。此外，减少地方政府对土地财政过度依赖，改革集土地管理与土地经营于一身的行政体制[②]，成立国有土地公司等经济组织，出台政策法规明确界定"公共利益征地"的范围，严格限定行政划拨用地的比重，对建设用地中划拨用于公共设施建设的比重做出严格限定，改革土地出让金的征收方式，由一次性征收改为分年度收取[③]。

第三，形成有助于促进灵活就业的劳动力市场机制。首先，构建城乡、行业一体化的劳动力市场，深化并加快户籍制度改革[④]，努力消除行业间和不同类别企业间劳动就业转移的机制障碍[⑤]。其次，规范劳动力市场派遣用工以及报酬制度，尽快出台关于临时性、辅助性和替代性岗位的司法解释，尽快建立全国统一的劳务派遣操作规范，完善由市场决定劳动力报酬的健全工资机制[⑥]。最后，建立健全劳动力市场培训体系和信息体系，建立灵活有效、覆盖城乡的职业教

---

① 蔡继明：《中国现代化、城市化与农地制度改革探悉》，《经济前沿》2005 年第 7 期。

② Jefferson, Gary H., and Jian Su. Privatization and Restructuring in China: Evidence from Shareholding Ownership, 1995–2001. *Journal of Comparative Economics*, 34(1): 146–166, 2006.

③ 卫思夷：《关于土地财政转型的思考》，《国土资源》2018 年第 4 期。

④ 孟大虎：《劳动力市场分割：理论演进及对就业问题的解释》，《天府新论》2005 年第 4 期。

⑤ 谭静、陈盼佳：《人口红利转变与中国城乡劳动力市场发展》，《城乡规划》2018 年第 4 期。

⑥ 潘泰萍：《我国劳动力市场灵活化改革历程及效果分析》，《商业经济研究》2012 年第 13 期。

育和培训体系，加强素质教育和能力培养，重视对低技能劳动力群体和农村待转移劳动力群体的职业技能培训；加强劳动力城乡、区域与行业间供求信息交流，提高劳动力培训与市场实际需求的对接程度，鼓励现有公共或私营就业服务机构跨区域提供就业培训信息服务。

第四，构建激励有效和转化有力的科技市场体制。首先，完善技术市场法制体系，加强知识产权保护，鼓励科技开发和成果转让，明确政府、高校、科研机构、企业及其他组织技术转移的责任，推进技术市场部门与区域统筹协调，避免科技政策"政出多门"，推进技术转移区域一体化布局。其次，改革科技成果管理体制，深化科研院所和高等院校体制改革重在能力建设和制度建设，推动科技管理部门转变服务职能，让产学研发挥最大的催化效应，促进科技成果转化。最后，完善企业技术经营机制，明确企业的创新主体地位[①]，鼓励企业与高校等科研机构的有效对接和深度融合，加速应用型科研机构和设计单位实行企业化转制。此外，推动技术服务职能转变，建立健全技术交易体制机制，发展一批社会化的技术市场服务机构，形成全链条的科技成果转化管理和服务体系。

二、推进企业改革和企业家精神培育，实现市场主体自由竞争和优胜劣汰

要在坚持和完善基本经济制度的前提下，深化国有企业改革，发展混合所有制经济，支持民营企业发展，保证各种类型企业经济依法平等使用生产要素、公开公平公正参与市场竞争、受到同等法

---

① 王志刚：《破解转化难题，让科技创新成为供给侧改革的先导》，《紫光阁》2016年第6期。

律保护。通过企业改革以及市场主体与企业家精神培育，有效发挥国有经济主导作用和非公经济的重要作用，不断增强国有经济活力、控制力、影响力，激发非公有制经济活力和创造力，培育具有全球竞争力的世界一流企业。

第一，深入推进国有企业改革和管理体制机制创新。首先，进一步推进国有企业混合所有制改革，重点推动一级企业（母公司）层面股权多元化，促进公有制、非公有制资本双向进入，交叉持股、融合发展，鼓励民营企业等非公有制资本通过并购重组、控股参股等方式全面参与，鼓励发展非公有资本控股的混合所有制企业，支持非公有制资本投资通过 PPP 方式进入基础设施和共用事业建设运营项目，兼顾地方差异，有针对性地推进混改①。其次，健全公司法人治理结构，重点推进国有独资、全资公司建设规范董事会，建立健全权责对等、运转协调、有效制衡的决策执行监督机制，转换国企经营机制，构建更加符合市场经济要求的劳动用工、人事管理和收入分配机制，加快剥离国有企业办社会职能和解决历史遗留问题。

第二，着力破除民营企业发展的歧视性限制和隐性障碍。首先，应去除各类显性或隐性门槛，下决心破除阻碍民间投资的"玻璃门""弹簧门"和"旋转门"，减少或降低一些针对民营企业的规模和资质的门槛。其次，解决中小企业融资难融资贵问题，一方面要加快推进多层次资本市场建设，大力发展中小板、创业板、新三板，拓展中小企业融资渠道；另一方面要改善面向民营企业的间接融资服务，完善中小企业授信制度，推广股权质押融资、保单质押融资、

---

① 臧跃茹、刘泉红、曾铮：《促进混合所有制经济发展研究》，社会科学文献出版社2018 年版。

供应链金融、投贷联动等融资方式，逐步扩大中小微企业贷款规模。最后，切实减轻民营企业负担，适当降低我国企业增值税、所得税率的名义税率，全面实现税收法定，正税清费，渐进式推进行政零收费，减轻中小民营企业的税负水平[①]。

第三，更好发挥外资企业对促进实体经济发展的重要作用。首先，提升利用外资的质量和水平，从"引资向引智、引低向引高、引粗向引细、引重向引轻、引污向引绿"转变，通过引资切实推动经济结构调整与转型，避免地方为完成吸引外资"任务"对外资不加选择。其次，完善外资企业区域布局，鼓励广大中西部地区吸引包括劳动密集型、资源密集型在内的外资企业，抓紧研究制订新的中西部外商投资优势产业指导目录，进一步放宽外资进入中西部地区的市场准入领域。最后，优化外资企业营商环境。通过深化简政放权、放管结合、优化服务改革，降低制度性交易成本，加强知识产权保护；通过不断营造更加公平、更为透明、更可预期的投资环境来吸引外资企业[②]。

第四，进一步激发和保护企业家精神。首先，加大产权保护力度，废除对民营经济各种形式的不合理规定，保证各类企业主体依法平等使用生产要素、公开公平公正参与市场竞争、同等受到法律保护、共同履行社会责任，建立依法平等保护各类企业主体产权的长效机制。其次，以企业家和市场主体需求为导向，在更大范围、更深层次上深化简政放权、放管结合，优化服务，做好"放管服"改革涉及的规章、规范性文件清理工作，建立健全企业投资项目高效审核机制，支持符合条件的地区和领域开展企业投资项目承诺制

---

① 常修泽：《所有制改革与创新》，南方出版传媒 2018 年版。

② 商务部：《我国外商投资环境并没有变差》，见 http://news.163.com/16/0921/09/C1FQ 9VI600 014JB5.html。

改革探索。最后，实现对企业家精准帮扶，及时了解困难所在、发展所需，在维护市场公平竞争的前提下积极予以帮助，完善再创业政策，根据企业家以往经营企业的纳税信用级别，在办理相关涉税事项时给予更多便捷支持。

三、深化价格体制改革和规制机制建设，实现市场价格反应灵活和规制有效

以完善主要由市场决定价格的机制为目标，加快推进价格形成机制科学化、价格治理能力现代化、价格治理规则国际化，凡是能由市场形成的价格都交给市场，政府不进行干预，放开竞争性环节价格，强化垄断行业价格规制，注重发挥市场形成价格作用，进一步完善社会主义市场价格体制，提升价格治理能力，真正实现市场价格反应灵活和规制有效。

第一，稳慎推进重点领域价格改革。首先，重点推进自然垄断行业、公用事业、公益性服务等重点领域等价格市场化改革，区分竞争性与非竞争性环节、基本与非基本服务，稳步放开竞争性环节和非基本服务价格，完善政府定价制度，建立健全科学反映成本、体现质量效率、灵活动态调整的政府定价机制。其次，深化农产品和农业综合水价改革，完善农产品和水价相关政策，优化补贴办法。最后，创新和完善生态环保价格机制，发挥价格杠杆调节作用，缓解资源和环境约束。清理规范各类涉企收费，优化发展的价格环境。

第二，完善价格调控机制与体系。首先，综合运用大数据、人工智能等现代技术，加强对价格相关的重要国民经济指标的监测管理，强化价格监测、分析和预警，扩大价格监测范围，定期形成和发布价格监测、分析和预警报告。其次，逐步建立覆盖重要商品和

服务的价格指数体系，合理引导通胀通缩预期，同时制定应对价格异常波动的相关预案，有效防范价格大起大落、异常波动。最后，创新价格调控手段，健全重要商品储备制度，加强价格与财政和货币等政策的协调配合，以经济手段为主，综合运用法律、行政、媒体等手段，加强对市场价格特别是民生价格的间接调控；必要时，根据经济运行总体状况，对市场价格进行直接调控，把握好宏观调控的力度，确保价格总体水平以及重要商品和服务的价格稳定。

第三，强化垄断行业规制能力建设。首先，完善价格、服务质量规制的规则体系，尽快出台成本规制规则和价格定期调整规则，完善价格水平核定方法，逐步建立反映分类用户成本的价格结构，修订和完善技术标准和产品服务质量标准体系。其次，建立管制信息系统，根据履行规制职能所需的企业信息，设置管制信息上报系统，规定企业定期按规定格式和要求填报和提交，规制机构就重要信息进行定期评估。最后，更好地发挥特许经营权制度在事前竞争中发现价格的功能，在价格规制和服务质量规制中引入价格上限、浮动收益率、区域比较（标尺竞争）等激励性方法，将服务质量与允许收益率挂钩，建立服务质量奖惩机制，对不同地区的企业成本和绩效进行比较，对企业效率和服务质量提高以及成本下降设置合理的要求。此外，构建全方位、多层次的监督体系，完善规制决策程序，建立完善的听证制度等，提高规制的公开透明程度，建立可问责机制和绩效评估机制。

四、完善竞争政策体系与现代监管框架，实现现代化市场机制竞争公平有序

以加快完善社会主义市场管理与监管现代化为核心，打破行政

性垄断，防止市场垄断，完善市场监管体制，加快确立竞争政策基础性地位，充分发挥竞争在提高资源配置效率、激发经济发展活力上的积极作用，有效发挥监管在市场有序运行和持续发展上的重要作用，形成统一开放、竞争有序的现代市场体系，实现现代化市场机制竞争公平有序。

第一，形成竞争优先的经济政策体系。首先，把公平竞争作为政策制定的基本理念，逐步形成"竞争统帅、公平为本、效率为先"的政策环境，把维护市场公平竞争、预防和制止垄断行为作为各类经济政策的重要目标。其次，清理废除妨碍统一市场和公平竞争的各种规定和做法，竞争政策主管部门要通过对增量和存量政策的公平竞争审查，逐步取消各类歧视性的市场准入政策，减少财税、融资、政府采购等领域的歧视性政策，禁止直接限制竞争的政府行为。最后，建立健全竞争政策与产业政策、投资政策以及其他经济政策的协调机制，探索构建竞争政策与其他政策之间的事前协商制度，推动经济政策制定部门开展政策的竞争影响评估，充分发挥公平竞争审查工作部际联席会议的作用，在政策协调中贯彻公平竞争原则，协商解决竞争政策实施中的重大问题。

第二，多方面完善竞争领域法律法规。首先，加快推动《反垄断法》修订工作，重点针对滥用行政权力排除限制竞争、数字经济、知识产权、"互联网+"等领域完善法律条文，将公平竞争审查纳入《反垄断法》，结合修法进程及时修订各项配套法规和政策。其次，制定完善专门领域反垄断指南，制定完善横向并购、纵向并购、纵向约束、滥用市场支配地位、滥用行政权力排除限制竞争等方面的反垄断指南，制定完善汽车、医药等重点行业和知识产权等重点领域反垄断指南，制定完善网络经济、平台经济、共享经济等新经济形态反垄断指南，制定公平竞争审查制度实施指南。最后，完善实施细则、程序和处罚相关规定，制定完善垄断协议豁免、横向垄断协议宽大制度、反垄断案件经营者承诺指南，完善经营者集中申报、审查、简易案件、附加限制性条件等方面的规定，完善查处垄断协议、滥用市场支配地位案件的程序规定，制定认定经营者垄断行为违法所得和处罚标准指南，制定和完善未按规定申报经营者集中的处罚规定。

第三，进一步优化竞争政策实施机构。首先，强化竞争政策主管部门反行政垄断执法、公平竞争审查、反垄断经济分析等方面的职能，进一步提升反垄断执法机构的独立性、专业性和权威性，提升反垄断部门人员和预算的独立性，加强经济和法律领域专业人员的配置，赋予竞争政策主管部门调查、听证和问责等方面的权力；在时机成熟时，设置完全独立的竞争政策部门。其次，把国务院反垄断委员会升级为国务院竞争政策委员会，由委员会组织、协调、指导竞争政策实施工作。最后，全面加强执法能力建设，充实执法力量，合理保障技术投入，统筹安排执法能力建设经费。

第四，推动竞争政策各项工作常态化。首先，推动常规领域反垄断执法常态化，建立健全垄断案件线索收集机制，充分发挥专家学者的决策咨询作用，完善反垄断执法工作信息公开制度，提升反垄断执法精细化水平，不断扩展执法的广度和深度。其次，建立完善反国企垄断的制度和规则体系，明确反国企垄断的基本原则，对于竞争性领域的一般企业、承担部分政府职能的特殊企业以及关系国民经济命脉和国家安全行业中的特殊类型企业在竞争政策领域实施分类管理。最后，加大行政垄断案件查处力度，打破滥用行政权力制造的市场壁垒，清理违法给予市场主体的各项优惠政策，清理前置审批相关的有偿中介服务，清理和规范政府主管部门在集中采购、公共工程招投标过程中的失范行为，清理和废除各类源自行政权力的垄断经营，促进统一开放、竞争有序的现代市场体系建设。此外，积极推进存量政策审查，全面落实增量政策公平竞争审查，把公平竞争审查作为排除和限制竞争的各类经济政策的总抓手。

第五，健全现代化市场监管体系。首先，健全中央直接领导、高层次机构统一实施、上下衔接配合的监管质量提升机制，建成切合实际的、预防为主、全程覆盖、责任明确、协同高效、保障有力的市场监管体系，建立与国际接轨的公共安全风险评估与预警机制、应急处置机制，力争从管控型监管向治理型监管转变。其次，健全公开透明、多元共治的现代监管体系，加强行政执法与司法衔接，积极发展能够真正代表消费者利益的新型专业性消费者协会，提高消费者群体的集体协商能力，落实规范性文件制定的公开征求意见和集体审议机制，完善专家咨询论证和集体审议机制，引导企业主动披露社会责任信息，完善公共安全监督员制度。最后，强化对监管机构的监督，建立抑制监管机构滥用权力和减少决策失误的多元监督机制，进一步完善我国社会性监管的绩效评价体系，建立健全监管决策的影响评估机制，监管影响评估报告要及时向社会公布和接受公众问询。

第一篇

市场主体

第二章　市场主体的发展历程与展望

　　1978 年 12 月召开的中国共产党十一届三中全会开创了中国改革开放和现代化建设新的历史进程。作为一条重要主线，市场主体的发展一直贯穿始终。在这 40 年的发展历程中，我国市场主体改革平稳有序推进，结构更趋合理，国际化水平显著提升，体制机制约束明显缓解。当前市场主体发展环境仍需完善，市场主体自身也存在一些亟须突破的发展瓶颈，这些问题的存在使得进一步激发市场主体活力变得更加迫切和必要，未来各方需要在加大产权保护力度，深化体制机制改革，鼓励、支持和引导民营经济发展，扩大双向开放等方面持续发力，久久为功，使市场主体更好地推动我国经济高质量发展，更好地助力全面建成小康社会，夺取新时代中国特色社会主义的伟大胜利。

　　市场主体是指具有独立的产权资格，依法成立并实行独立经营、自负盈亏的企业组织和经营者。至于参与市场交换进行购买活动的消费者、政府、社团，虽然也是市场交换的当事人，但不是严格意义上的市场主体[①]。鉴于企业是市场主体中最主要的

[①] 马洪：《中国改革全书（1978—1991）》，大连出版社，第 297 页。

部分①，且统计口径较为一致，本章所指的市场主体主要指企业。我国的市场主体大致可分为三大所有制特征的企业类型：即国有企业、民营企业和外资企业（民营企业和外资企业又可统称为非国有企业）。其中，国有企业包括国有独资企业、国有控股企业②；外资企业包括港澳台商投资企业③、外商投资企业；民营企业包括内资企业中除了国有企业之外的市场主体，主要成分是私营企业和个体经营户④。下文将梳理我国市场主体的发展历程，在此基础上总结改革开放以来我国市场主体发展的主要经验和成就。随后分析进一步激发市场主体活力的必要性和紧迫性，并指出未来激发市场主体活力的思路和主要任务。

第一节　我国市场主体的发展历程

改革开放的 40 年也是我国市场主体蓬勃发展的 40 年。在改革开放的大潮中，我国市场主体的发展历经了数次重要洗礼：1993 年

---

① 规制课题组：《国家对市场经济的法律规制》，中国法制出版社，第 71 页。
② 根据国资委的定义，我国的国有及国有控股企业，包括中央管理企业、中央部门和单位所属企业以及 36 个省（自治区、直辖市、计划单列市）的地方国有及国有控股企业，不含国有金融类企业。
财政部网站：《2017 年 1—12 月全国国有及国有控股企业经济运行情况》，2018 年 1 月 23 日，见 http://www.sasac.gov.cn/n2588035/n2588330/n2588370/c8515497/content.html。
③ 文献中有把港澳台投资企业视为外资企业的惯例。
④ 1999 年国家统计局为了统计方便，将不是企业的个体经营户纳入登记注册类型（《关于"个体经营"登记注册类型分类及代码的通知》国统办字〔1999〕2 号），基于此，本章也将个体经营户纳入市场主体（民营企业）范畴。

党的十四届三中全会首次提出要建立现代企业制度，2002 年党的十六大首次明确支持公有制经济和非公有制经济发展的"两个毫不动摇"，2013 年党的十八届三中全会将发展混合所有制经济的重要性提升到前所未有的高度，2017 年党的十九大强调要"激发各类市场主体活力"。实践证明，这些重大改革举措对于促进体制机制完善，推动市场主体繁荣发展起到了至关重要的作用。纵观 40 年的历程，我国市场主体的发展大致可以划分为三个阶段：发展起步期、改革探索期和内涵提升期。

一、发展起步期（1978—1992 年）：从"一家独大"到"多元发展"

改革开放之初，我国尚未建立相互竞争的市场结构，微观市场主体发展滞后。当时的国有企业是执行政府计划任务指令的生产单位，不具有自主经营的权力，人、财、物和产、供、销都完全依靠政府计划指令和行政调拨，生产和社会需求严重脱节，企业积极性不足。非国有企业的发展则刚刚起步，数量和规模都十分有限。为了解决这些问题，政府一方面对国有企业进行经营权改革，以提升企业积极性；另一方面开始鼓励非国有企业的发展，以增强经济活力。

在国有企业积极开展企业经营权改革。这个时期的改革历程大致经历了"放权让利"和"两权分离"两个阶段。第一个阶段是"放权让利"改革，改革从扩大企业自主权开始。1978 年 10 月，四川省率先选择了 6 家地方国企进行"扩权"试点，试点企业允许提留少量利润，也可给职工发放少量奖金。试点改革的效果得到了政府的充分认可，不久扩大企业自主权的改革经验便开始向全国推广，到 1984 年，企业自主权已经扩大到了生产经营计划权、产品销售权等十个方面①。"放权"改革开始后不久，"让利"改革也开始启动，主要形式是"利改税"，即将国有企业上缴利润制度改为所得税制度。"放权让利"改革在调动国有企业积极性方面起到了一定积极作用。第二个阶段是"两权分离"改革。1984 年 10 月，十二届三中全会通过了《中共中央关于经济体制改革的决定》，首次提出了"所有权与经营权是可以适当分开的"改革思路。此后几年，以"两权分离"为重点的改革在全国范围内迅速发酵，出现了包括企业承包制、租赁制、资产经营责任制在内的多种改革形式。

非国有企业开始"萌芽"并逐渐多元发展。这一阶段，我国对个体经济和私营企业的态度逐渐从限制变为允许，并逐渐开始向外资企业开放国内市场。一是个体经济和私营企业获得合法地位。新中国成立以来，经历了生产资料私有制的社会主义改造，加之"大跃进"和"文革"，我国个体经济力量十分微弱。直到十一届三中全会以后，个体经济才逐步得到恢复和发展。1981 年 6 月，中共中央《关于建国以来的若干历史问题的决议》，肯定了"一定范围内的劳动者个体经济是公有制经济的必要补充"，首次正式承认了个体经济的合法性。随后在 1988 年 4 月审议通过的《中华人民共和国宪法修正案》中，私营经济的存在和发展也获得了法律的认可。这样，我国的个体经济和私营企业就都有了合法身份，这为其随后的快速发展奠定了基础。二是逐渐向外资企业开放市场。20 世纪 70 年代末，

---

① 1984 年 5 月，《国务院关于进一步扩大国营工业企业自主权的暂行规定》将企业自主权扩大到生产经营计划、产品销售、产品价格、物资选购、资金使用、资产处置、机构设置、人事劳动管理、工资奖金和联合经营十个方面，赋予了国有企业更多自主权。

我国利用外资基本处于空白状态，是一个既缺资金又缺外汇的典型的"双缺口"国家，为了填补资金和外汇缺口，我国开始积极引进外资。通过赋予外资企业合法地位，给予外资企业政策优惠，以及通过兴建经济特区打造吸引外资企业的投资和营商环境，极大地促进了早期外资企业在中国的萌芽和发展。

二、改革探索期（1993—2012 年）：从"公私分明"到"共同支持"

20 世纪 90 年代以来，我国市场主体的发展面临新的形势。一方面，由于上一阶段的国企改革只是赋予了国有企业一定的经营权和有限的剩余索取权，没有建立起有效的企业制度，国有企业的经营状况不断恶化，90 年代初，我国国有企业亏损严重，呈现出盈亏"三三制"的格局，即三分之一亏损，三分之一虚盈实亏，只有三分之一真正盈利[①]，国企亟须进一步改革来摆脱困境。另一方面，尽管非公经济在国民经济中的比重不断提升，对经济社会发展的贡献不断加大，但仍然只是被视为对公有经济的补充。提升非公经济地位，进一步促进其发展也成为下一步经济体制改革的应有之义。这一阶段，政策上对不同市场主体的态度有了明显变化，开始积极推动国企改革，并开始更多地强调支持不同市场主体共同发展。

国有企业开始进行以所有权改革为核心的改革模式探索。一是建立现代企业制度。1992 年，党的十四大明确提出了社会主义市场经济体制这一目标模式，要求国企建立与社会主义市场经济要求相适应的企业制度。1993 年的十四届三中全会提出建立以"产权清晰、

---

① 吴敬琏：《当代中国经济改革教程》，上海远东出版社 2010 年版。

权责明确、政企分开、管理科学"为特征的现代企业制度，标志着企业改革开始向产权清晰的方向迈进。随后一年，《公司法》开始正式实施，从此企业在法律意义上成为独立的法人，为接下来以所有权改革为核心的国有企业公司化进一步扫清了障碍。到 1997 年底，国有企业改造成股份公司的已达上万家，其中在上海、深圳证券市场挂牌的上市公司达到 745 家①。二是对国有企业进行战略性改组。20 世纪 90 年代中后期以来，国有企业亏损问题再次变得严峻。通过"抓大放小"推动国有企业战略性重组成为这一时期的政策重点。具体来说，"抓大放小"是指国家集中力量抓好关系到国民经济命脉和国家安全的大型国有企业、基础设施和重要自然资源领域的重要骨干企业。而对国有小企业，则通过改组、联合、兼并、股份合作制、租赁、承包经营和出售等多种形式进行改革。"抓大放小"改革曾由于引起国企职工大量下岗问题产生一定争议，但从成效看，确实为国有企业转变机制、轻装上阵，乃至成长为有国际竞争力的竞争主体奠定了基础。2006 年底，国务院、国资委出台《关于推进国有资本调整和国有企业重组的指导意见》，明确了中央企业集中的关键领域和重组的目标。党的十七大进一步明确通过公司制股份制改革优化国有经济布局，国有企业的布局领域更加集中。三是推进国有资产监管体制改革。从 2002 年的党的十六大开始，我国进行了一系列围绕建立国有资产管理体制的改革。2003—2004 年，中央和地方两级国资委组建成立，成为推动国企改革的重要抓手。国资委的成立也标志着政府公共管理职能和出资人职能实现了初步分离。

---

① 剧锦文：《改革开放 40 年国有企业所有权改革探索及其成效》，《改革》2018 年第 6 期。

　　促进非国有企业发展的政策体系逐渐完善。随着建立社会主义市场经济体制目标的提出，市场化改革持续推进，非国有企业地位不断提升，相关政策、法律体系不断完善。一方面进一步提升非公经济地位。这个阶段国家对非公经济的态度更多从"精神上支持"转向"行动上支持"。1993 年十四届三中全会强调"鼓励个体、私营、外资经济发展"，并提出"对各类企业一视同仁"，非公有制经济获得公平国民待遇的问题开始受到重视。1999 年的《宪法修正案》提出各类非公经济是"社会主义市场经济的重要组成部分"，这标志着对非公经济的定位已经由"体制外"转向了"体制内"。2002 年党的十六大进一步提出两个"毫不动摇"，即在"毫不动摇地巩固和发展公有制经济"的同时，还要"毫不动摇地鼓励、支持和引导非公有制经济发展"，政府促进非公经济发展的决心更加坚定。2005 年和 2010 年非公经济"旧 36 条"和"新 36 条"① 相继出台，非公经济的一些重要经济权益，如市场准入、财税金融支持等从政策层面得到了保障。另一方面利用外资的政策法规体系逐渐完善并开始与国际接轨。1992 年党的十四大提出"必须进一步扩大对外开放，更多更好地利用国外资金、资源、技术和管理经验，形成多层次、多渠道的全方位对外开放格局"，这为我国全方位多领域地开放奠定了基础。1998 年4 月出台的《关于进一步扩大对外开放，提高利用外资水平的若干意见》中提出要"多渠道多方式吸收外商投资，实施利用外资多元化的战略"。2001 年我国加入 WTO，外资领域的法律法规加快与国际接轨。这一阶段，我国还通过给予优惠的方式引导和鼓励外资投向中西部和

---

① 非公经济"旧 36 条"和"新 36 条"分别指 2005 年和 2010 年国务院发布的两个支持非公经济发展的文件，即《国务院关于鼓励支持和引导个体私营等非公有制经济发展的若干意见》和《国务院关于鼓励和引导民间投资健康发展的若干意见》。

东北地区。此外，我国先后四次修订《外商投资产业指导目录》（2002年、2004年、2007年和2011年），积极引导外资的产业流向。对外资企业在"两高一资"（高污染、高能耗和资源性）行业的投资进行了限制或禁止，而对于发展循环经济、清洁生产、可再生能源和生态环境保护等方面的外资投资则给予了明确的鼓励。

三、内涵提升期（2013年至今）：从"传统主体"到"现代主体"

2013年以来，国内外经济形势持续下行，我国市场主体的一些深层次矛盾开始凸显。国有企业方面，一些大型国企的国有股权"一股独大""混而不合"问题愈发突出，这些企业激励不足、运营效率低下、腐败案件频发，与现代企业制度的要求相距甚远。非国有企业方面，由于面临越来越高的用人、融资和资源环境成本，非国有企业发展面临困难，普遍存在企业规模小、寿命短、竞争力不强的问题。2017年，习近平总书记在党的十九大报告中强调，要"激发各类市场主体活力"。自此，推动我国市场主体由"传统市场主体"向更加规范、更有活力的"现代市场主体"身份转变也成为当前和未来的重要目标。

混合所有制改革成为国企深化改革的突破口，此外，我国在国资监管体制改革以及完善现代企业制度方面也取得了积极进展。一方面，开始积极发展混合所有制经济。2013年，党的十八届三中全会提出"积极发展混合所有制经济"的命题。这为进一步深化国有企业改革、完善基本经济制度指明了方向。2015年国务院发布《关于国有企业发展混合所有制经济的意见》（国发54号文），强调"发展混合所有制经济，是深化国有企业改革的重要举措"。在此基础上，2016 年底的中央经济工作会指出："混合所有制改革是国有企业改革的重要突破口，按照完善治理、强化激励、突出主业、提高效率的要求，在电力、石油、天然气、铁路、民航、电信、军工等领域迈出实质性步伐。"对于在国有企业发展混合所有制经济以及国有企业混合所有制改革的定位和主要领域有了更为深入的诠释。经过探索和实践，我国国有企业混合所有制改革逐渐形成了分类、分层推进，国有和非国有资本"交叉持股、相互融合"，开展员工持股等具体思路和举措。另一方面，逐步完善国资监管体制和现代企业制度。2015 年和 2017 年国务院相继印发了《关于改革和完善国有资产管理体制的若干意见》和《国务院国资委以管资本为主推进职能转变方案》两个重要文件。在完善国有资产管理体制、明确国资监管事项上取得重大进展，实现了从以管企业为主向以管资本为主的重要转变。此外，我国国有企业现代企业制度也逐渐完善，国有企业党建工作持续发力，公司制改革基本完成，国资监管部门向建有规范董事会的国有企业陆续下放发展决策权、经理层成员选聘权，业绩考核权等重要权限。

非国有企业方面，不断放宽非国有企业的市场准入，大力鼓励创新创业和小微企业发展。十八届三中全会将非公经济的地位提升到一个新的高度，指出："公有制为主体、多种所有制经济共同发展的基本制度是中国特色社会主义制度的重要支柱，也是社会主义市场经济体制的根基，公有制经济和非公有制经济都是社会主义市场经济的重要组成部分，都是我国经济社会发展的重要基础。"这为这一阶段鼓励非公经济发展的政策出台奠定了基础。一方面，我国不断放宽非国有企业的市场准入。对国内民营经济，2013 年以来，国务院已经进行了三次《政府核准的投资项目目录》修订，不断放宽市场准入限制。对于外资企业，2016年政府提出全面实行准入前国民待遇加负面清单管理制度，此后，政府在推进重点领域开放、放宽外资准入、便利人才出入境、优化营商环境等方面持续加力①。目前我们已基本形成开放型经济新体制新格局。另一方面，我国开始大力鼓励创新创业和小微企业发展。自2014年提出以来，"大众创业、万众创新"在全国快速推广，国家随后在加快科技成果转化、拓展企业融资渠道、促进实体经济转型升级、完善人才流动激励机制、创新政府管理方式等方面相继出台鼓励"双创"的配套措施②。同年10月，国务院发布了《关于扶持小型微型企业健康发展的意见》，从落实优惠政策、加大资金支持等十个方面扶持小微企业发展。此外，营造企业家健康成长环境，弘扬优秀企业家精神也成为这一阶段政府工作的重要任务③。

第二节　我国市场主体发展的主要经验与成就

改革开放40年来，在一些关键改革措施的推动下，我国市场主体改革有序推进，结构更趋合理，国际化水平显著提升，体制机制

---

① 2017年1月国务院发布《关于扩大开放积极利用外资若干措施的通知》，2017年5月进一步修订了《外商投资产业指导目录》，2017年8月16日国务院又印发了《关于促进外资增长若干措施的通知》等。
② 2017年出台的《国务院关于强化实施创新驱动发展战略进一步推进大众创业万众创新深入发展的意见》对以上几个内容做了细化。
③ 相关文件包括2017年的《中共中央国务院关于营造企业家健康成长环境弘扬优秀企业家精神更好发挥企业家作用的意见》《关于进一步激发和保护企业家精神的意见》等。

不断完善。市场主体的发展为经济体制改革的顺利推进、人民生活水平的不断提高以及由高速发展阶段向高质量发展阶段的成功转换提供了重要支撑和保障。

一、通过渐进推进的思路保障市场主体改革平稳有序进行

我国市场主体改革，尤其是国有企业改革，坚持了"先经营权改革后所有权改革，先试点后推广"的渐进式改革思路，从实践上来看，取得了积极的效果，市场主体改革总体有序平稳推进。原因有三：第一，先经营权改革后所有权改革符合我国当时的历史条件。改革开放之初，我国仍然处在计划经济体制，对国有企业直接进行"激进"的所有权改革并不符合我国实际。由于农业领域率先在经营权改革方面取得了成功，其经验向国企改革领域推广也变得水到渠成，而国有企业经营权改革的启动，也为后一阶段的所有权改革奠定了基础。第二，无论是经营权改革还是所有权改革均调动了企业的积极性。经营权改革在"人财物，产供销"方面给予企业一定的自由裁量权，增强了企业的活力，而所有权改革则进一步赋予企业更多的剩余索取权，显著增强了企业的激励。第三，先试点后推广很大程度上减少了改革的风险。无论是改革探索期的"放权让利"改革，制度创新期的建立现代企业制度，还是深化改革期的混合所有制改革，都坚持了先试点后推广的思路。这为政府部门以较小的改革成本找到行之有效的改革举措提供了极大便利。

二、坚持"两个毫不动摇"，促进市场主体协调发展

党的十六大首次提出了"两个毫不动摇"，即"必须毫不动摇地

巩固和发展公有制经济；必须毫不动摇地鼓励、支持和引导非公有制经济发展"。之后的党的十七大、十八大均再次强调这一方针，党的十九大更是把"两个毫不动摇"写入新时代坚持和发展中国特色社会主义的基本方略，作为党和国家一项大政方针进一步确定下来。"两个毫不动摇"是我们党对社会主义市场经济发展实践的新概括，是对我国基本经济制度内涵的丰富和发展，是对我国公有制经济和非公有制经济在经济社会发展重要地位作用的充分肯定。

在"两个毫不动摇"的支持之下，我国市场主体发展协调性显著增强，过去作为"有益补充""必要补充"的民营经济逐渐成为推动我国发展不可或缺的力量。截至2017年底，我国民营企业数量超过2700万家，个体工商户超过6500万户，注册资本超过165万亿元。民营经济贡献了50%以上的税收，60%以上的国内生产总值，70%以上的技术创新成果，80%以上的城镇劳动就业，90%以上的企业数量。在世界500强企业中，我国民营企业由2010年的1家增加到2018年的28家[1]。被世界誉为中国"新四大发明"的高铁、移动支付、共享单车和网购，除高铁外，其他三项都是由民营企业创新发展起来的。实践证明，在"两个毫不动摇"这一方针支持下，我国民营经济发展进一步提速，并成为今天的强国经济、富民经济、创新经济、活力经济和开放经济，成为我国社会主义市场经济的重要组成部分和经济社会发展的重要基础。

三、以开放促发展，既"引进来"又"走出去"

以开放促改革、促发展，是我国改革发展的成功实践。我国以

---

① 习近平：《在民营企业座谈会上的讲话》，《经济日报》2018年11月2日。

开放促发展在"引进来"和"走出去"两方面都有突出体现。

在"引进来"方面，我国把握住了发达国家和地区产业转移的机遇以及全球化的机遇，积极引进外资，在促进了我国外资企业发展的同时，也显著带动了我国经济社会发展。自1993年以来，我国吸引外资数量一直居发展中国家首位，自2008年以来，我国吸引外资数量一直居全球前三位，2014年居全球首位。根据国家统计局的数据，外资企业投资项目数量从1985年的3145个增长到2016年的27900个，同期实际利用外资金额从48亿美元增长到1260亿美元，分别翻了9番和26番。近年来，我国引进外资企业的领域不断拓宽，层级不断提升。随着外资企业发展相关的法律环境逐渐改善，行业准入限制不断减少，外资在我国的发展进入了一个全方位的转型发展时期。

在"走出去"方面，我国积极利用全球化和"一带一路"的机遇，对外投资水平不断提升。根据国家统计局的数据，我国每年的对外投资净额已经从2003年的29亿美元上升到2016年的1962亿美元，年均增长42%。对外承包工程合同数量从2003年的3708份增长到2016年的19157份。合同金额从2003年的177亿美元增长到2016年的2440亿美元。此外，根据商务部的数据[①]，2017年，我国企业共对"一带一路"沿线的59个国家进行非金融类直接投资143.6亿美元，占同期总额的12%，较上年提升了3.5个百分点，对"一带一路"沿线国家实施并购62起，投资额88亿美元，同比增长32.5%。

---

① 商务部对外投资和经济合作司：《2017年对"一带一路"沿线国家投资合作情况》，2018年1月17日，见 http://www.fdi.gov.cn/1800000121_33_10060_0_7.html。

四、持续推进体制机制改革，缓解阻碍市场主体发展的深层次问题

改革开放之初，我国市场主体的发展面临较明显的体制机制障碍。通过持续改革，这些制约市场主体发展的体制机制问题逐渐得到解决和完善。

国有企业方面，一是国企改革顶层设计基本完成。经过多年的改革探索，我国国企改革的顶层设计已基本完成。2015 年，党中央、国务院出台了《关于深化国有企业改革的指导意见》，《意见》成为后一阶段改革的纲领性文件。目前，以《意见》为统领，以若干文件为配套的"1+N"政策体系已经形成（其中"N"指配套文件，目前已出台 22 个）。二是现代企业制度不断完善。在公司制改革方面，到 2017 年，全国国有企业公司制改制面已经达到 90%，国资委监管的中央企业各级子企业公司制改制面达到 92%，省级国资委监管企业改制面达到 95.8%，其中 20 个地方国资委所监管一级企业全部完成改制。在董事会建设方面，截至 2017 年，建设规范董事会的中央企业已经达到了 83 家。中央企业二级国有独资、全资企业中，建立董事会的占到了 49.8%。各省（区、市）国资委所监管的一级企业中则有 92% 已经建立了董事会。在国企分类改革方面，目前中央企业功能界定与分类工作已经完成，分类的考核分配政策正在逐步落地，29 家省级国资委出台了分类的意见或方案[1]。

民营企业方面，在完善现代企业制度上也取得了积极成效。自党的十四届三中全会提出建设现代企业制度以来，不少民营企业不

---

[1] 国务院国有资产监督管理委员会：《一张图读懂国企改革这五年》，2017 年 9 月 29 日，见 http://www.sasac.gov.cn/n2588030/n2588924/c7941469/content.html。

断学习相关法律制度，健全公司治理结构和组织管理制度。公司现代企业制度改革逐渐深化和完善，治理水平和管理效率显著提升。据"中国公司治理指数"数据显示，2003 年至今，上市公司治理水平整体上呈上升态势，民营上市公司治理水平连续多年高于国有上市公司[1]。

第三节　进一步激发各类市场主体活力的必要性和紧迫性

激发市场主体活力是促进经济高质量发展的重要举措。党的十九大报告明确强调要"激发各类市场主体活力"，此外，党的十九大报告还提出要构建"三有"经济体制[2]，其中也包含了"微观主体有活力"的内容。2017 年的中央经济工作会议再次强调，"要激发各类市场主体活力"。之所以反复强调这一点，是因为尽管我国社会主义市场经济体制不断完善，但当前仍然存在不利于市场主体活力充分发挥、不利于市场和价值规律充分发挥作用的因素。这些问题不解决好，完善的社会主义市场经济体制是难以形成的，转变发展方式、调整经济结构也是难以推进的[3]。具体来说，进一步激发各类市场主体活力的必要性和紧迫性体现在以下三个方面。

---

[1] 王海兵、杨惠馨：《中国民营经济改革与发展 40 年：回顾与展望》，《经济与管理研究》2018 年第 4 期。
[2] "三有"经济体制，即"市场机制有效、微观主体有活力、宏观调控有度"的经济体制。
[3] 杨英杰：《激发各类市场主体活力》，2017 年 12 月 29 日，见 http://theory.people.com.cn/n1/2017/1229/c40531-29735564.html。

一、国际环境：挑战与机遇并存

第一，国际环境给我国市场主体发展带来了挑战。一方面，多变的国际形势带来了经营风险。比如，2018 年以来，美国高举贸易保护主义大旗，以缩小贸易逆差、保护知识产权等借口为由，实施了一系列贸易保护主义政策。尽管我国经济实力今非昔比，有能力承受贸易摩擦的冲击，但贸易摩擦无疑给我国市场主体的发展带来了巨大的风险。一旦高关税大面积开征，我国出口企业的竞争力将被削弱，进口企业也将面临寻找替代市场的压力，此外，跨国企业还可能会因为对紧张形势的担忧而调整在华布局。另一方面，市场主体"走出去"也面临挑战。由于相关国家在经济发展、国家治理、社会发展、人文环境等方面存在较大差异，我国企业在"走出去"过程中不可避免会遇到由此产生的风险和挑战。比如，一些地区存在多元的宗教环境，让不少企业产生困惑；有的国家社会不稳定因素较多，企业投资风险较高；有的国家道路交通、厂房电力能源等基础设施不完善，工程项目建设投资大、周期长；有的国家对"一带一路"建设存在误解，参与建设的积极性不高。除此之外，相关国家的政治法律体系、语言文化习俗、商业规则标准不同，对我国企业的经营管理与适应能力提出了很高要求。①

第二，国际环境同样给我国市场主体发展带来了机遇。首先，"一带一路"建设为我国市场主体"走出去"创造了良好的机遇。近年来，我国与"一带一路"沿线国家经贸往来愈加频繁。据海关统计，2018 年前 7 个月，我国对"一带一路"沿线国家合计进出口 4.57 万

---

① 吴志成：《有效应对企业"走出去"的风险挑战》，《人民日报》2017 年 11 月 10 日。

亿元，增长 11.3%，高出全国整体增速 2.7 个百分点，占我国外贸总值的 27.3%，比重提升了 0.7 个百分点。未来，随着"一带一路"项目的持续推进，我国企业将面临更大的机遇。一方面，沿线国家大量的基础设施市场需求将给我国铁路、公路、电力、电网、通讯等行业的企业带来大量潜在合同。另一方面，随着基础设施逐渐完善，合作不断深化，商品和服务市场逐渐打通，我国其他行业的企业也将从这些广度和深度不断扩大的市场中受益。其次，在一些领域，我国不少企业已经具备了较强的国际竞争力，对它们而言，国际市场本身就是机遇。比如，我国一些手机制造商就通过积极开拓国际市场取得了骄人的业绩。目前在欧洲，每卖出 5 台手机就有 1 台是华为的产品；小米在 2018 年已经取代三星成为印度最大的手机供应商；在中国名不见经传的传音公司则已"占领"非洲移动市场多年。

二、国内环境：市场主体发展环境亟待改善

第一，营商环境仍有待提升。营商环境是滋养企业发展、创新创业的丰厚土壤，直接影响国家或地区经济发展的质量和速度。优化营商环境是目前我国经济发展的重点、热点和难点问题。我国近年来在改善营商环境上做了大量工作，但当前我国的营商环境仍亟待提高。根据《世界银行》发布的《2018 年营商环境报告》，2017年我国营商环境全球排名 78 位，与上一年持平。尽管较 2013 年已经提高了 18 位，但相对我国全球第二的经济体量而言，发展仍然相对滞后。我国营商环境方面的问题体现在多个方面，如开办企业登记便利度不够高，政府部门内部之间衔接不畅，政企沟通缺乏畅通渠道，企业退出机制有待完善，企业获得感不强；有的市场准入门槛高，搞地方保护，各种隐性壁垒不同程度存在；有些监管理念和

管理模式滞后，无法适应新经济发展特点等①。

第二，知识产权保护力度有待加强。2018年4月10日，国家主席习近平在博鳌亚洲论坛年会发表主旨演讲时强调"加强知识产权保护是完善产权保护制度最重要的内容，也是提高中国经济竞争力最大的激励"。近年来，为推进知识产权保护，我国在立法、司法、执法、行政、宣传教育等各方面都做出了巨大努力，并取得了显著成就。但目前我国知识产权保护仍有待加强，集中表现在侵权易发多发，维权仍面临举证难、成本高、赔偿低等问题，管理体制机制还不够完善等方面。

三、自身发展：亟须提升市场主体内生发展动力

第一，仍然存在制约市场主体发展的体制机制障碍。体制机制障碍在国有企业和民营企业发展中都有体现。在国有企业方面，一些企业的市场主体地位仍未真正确立，现代企业制度尚不健全，国有资产监管体制仍有待完善，国有资本运行效率还需进一步提高，企业办社会职能和历史遗留问题还未完全解决。在民营企业方面，很多企业管理决策不科学，家族式管理模式盛行，"任人唯亲"和"一言堂"问题突出，引进和使用人才的机制不健全。这些体制机制问题直接影响了企业的发展和经济效益，并可能造成企业发展后劲不足。

第二，市场主体创新能力仍不能适应高质量发展要求。随着我国经济发展进入提质增效的新阶段，创新已成为结构调整和产业转

---

① 李国强：《优化营商环境是促进高质量发展的重要基础》，《中国经济时报》2018年5月7日。

型升级的第一动力。近年来，我国企业的创新能力不断提升，但与国际上一些创新型发达国家相比，我国企业的总体创新活力仍显不足，许多产业仍处于全球价值链的中低端，一些关键核心技术仍然受制于人。党的十九大报告作出了我国经济已由"高速增长阶段转向高质量发展阶段"的重要判断。高质量发展在企业发展方式上的重要体现就是发展由要素驱动为主转向创新驱动为主，随着我国要素成本不断上升，这种动能转换的迫切性也不断加强，未来，我国大量传统市场主体将面临越来越大的转型升级压力。

第三，企业家精神仍需进一步弘扬。当前，我国企业面临的发展环境、机遇和挑战与过去三十多年存在较大差异，转型升级压力不断加大，要适应新常态、新趋势，就需要进一步弘扬优秀企业家精神，更好发挥企业家的积极性、主动性、创造性。一方面，实现高质量发展需要发挥企业家精神。当前我国已经进入高质量发展阶段，对高质量产品和服务的需求不断增加，但当前的供给结构仍未能跟上需求升级的节奏，中低端产品供给过剩，高质量产品供给不足。要适应未来市场的发展，企业家必须以需求变化为导向，勇于自我革命，不断提升产品和服务质量。另一方面，商业模式转变需要发挥企业家精神。当前新一轮科技革命兴起，数字技术与传统经济深度融合，极大改变了传统商业模式，企业家只有发挥开拓精神，把握技术趋势，才能在日新月异的技术变革时代抓住机遇。另外，推动"大众创业、万众创新"也需要企业家精神。目前我国经济面临一定的下行压力，创新创业不易，只有涌现一批具有吃苦耐劳、苦干实干精神，能发现机会、整合资源、勇于创新、敢于拼搏的企业家、创业者，才能更好带动全社会创业创新的热潮。

第四节　未来发展思路与主要任务

当前，既是攻坚克难的关键时期，也是可以大有作为的重要战略机遇期。应进一步激发市场主体活力，做强做优做精各类企业，为建立现代经济体系提供坚强支撑和微观基础。未来需要直面问题，推动现实矛盾、重要任务顺利化解、稳步推进；需要准确把握战略机遇期内涵的深刻变化，充分利用各种有利条件，提升我国市场主体国际环境适应能力，营造更有利于激发市场主体活力的国内环境，促进市场主体高质量发展。

一、以完善产权制度为重点，加大产权保护力度

党的十九大报告强调，经济体制改革必须以完善产权制度和要素市场化配置为重点。完善产权制度，加大产权保护力度对于激发市场主体活力至关重要。

第一，要加强各种所有制经济的产权保护。国有产权保护方面，要健全国有企业和国有资产产权保护和监管制度，进一步明晰国有产权所有者和代理人关系，推动实现国有企业股权多元化和公司治理现代化，健全涉及财务、采购、营销、投资等方面的内部监督制度和内控机制，强化董事会规范运作和对经理层的监督，完善国有资产交易方式，严格规范国有资产登记、转让、清算、退出等程序和交易行为，以制度化保障促进国有产权保护。非公经济产权保护方面，要健全非公有制经济依法平等使用各类生产要素和平等保护机制，废除对非公有制经济各种形式的不合理规定，消除各种隐性

壁垒，保证各种所有制经济依法平等使用生产要素、公开公平公正参与市场竞争、同等受到法律保护、共同履行社会责任。

第二，要加强知识产权保护。一是要实行严格的知识产权保护制度。加快推动专利法修改，引入惩罚性赔偿措施，加大对各类侵权行为的惩治力度，让侵权者付出沉重的代价。二是要积极构建知识产权"大保护"的工作格局。国家知识产权局应和其他相关部门一起，综合运用审查授权、行政执法、司法保护、仲裁调解等多种渠道，形成知识产权保护的合力。三是要积极推进知识产权的"快保护"。即利用知识产权保护中心的建设，实现快速审查、快速确权、快速维权的协调联动，提高保护的效果。四是坚持做到知识产权的"同保护"。就是要对国内企业和国外企业的知识产权一视同仁，同等保护；对国有企业和民营企业的知识产权一视同仁，同等保护；对大企业和小微企业的知识产权一视同仁，同等保护；对单位和个人的知识产权，也要能够做到一视同仁，同等保护，营造更好的创新环境和营商环境①。

二、深入推进混合所有制改革，完善现代企业制度

当前，体制机制问题依然是制约我国市场主体活力提升的瓶颈，为克服体制机制障碍，需进一步推进混合所有制改革，持续完善现代企业制度。

一是要深入推进混合所有制改革。一方面要重点推进大型国有企业集团公司层面进行混改，具体来说，可通过引进战略投资者、

---

① 人民网：《国家知识产权局局长申长雨：四项举措加大知识产权保护力度》，2018 年 3 月 13 日，见 http://ip.people.com.cn/GB/n1/2018/0313/c179663-29865678.html。

兼并重组、公开募股、交换股权、中外合资等办法进行股份制改革，通过增持减持的股权流转和交易，实现股权结构优化，促进公有、非公有资本双向进入，交叉持股、融合发展[①]。另一方面要鼓励非公资本参股或控股混合所有制经济。按照市场导向和公开公正原则，构建有效的利益共享和风险共担机制，优化市场结构，提高企业活力和效率。此外，在混改中要兼顾地方差异，有针对性地推进。不同地区国有企业的特点、面临的问题存在差异，在具体实施混改时，要进行专题调研，有针对性地采取措施，综合施治，不能"削足适履"，不能搞"一刀切"。

二是进一步完善现代企业制度。要按照《公司法》的要求，进一步引导市场主体规范组建公司股东会、董事会、监事会和经理层，明确各自的职权及议事规则，按照现代企业制度要求，在议事程序、决策程序、议事规则、财务规则、工作准则和工作守则等方面规范运作。要继续深化企业人事、用工、分配制度改革，建立更加科学的考核分配和激励约束机制，完善经营管理者激励机制，深化企业内部管理人员能上能下、员工能进能出、收入能增能减的制度改革。

三、帮助民营企业解决发展中的困难，激发民营经济高质量发展的内生动力

当前，我国民营企业在经营发展中仍然面临不少困难和问题，被形容为遇到了"三座大山"，即市场的冰山、融资的高山、转型的火山。这些困难和问题是外部因素和内部因素、客观原因和主观原

---

① 臧跃茹、刘泉红、曾铮：《促进混合所有制经济发展研究》，社会科学文献出版社2018年版。

因交织叠加的结果，要解决这些问题，一方面要帮助民营企业扫除发展障碍，另一方面要激发民营经济发展内生动力，促进其高质量发展。

一是要帮助民营企业解决发展中的困难。习近平总书记近日在民营企业座谈会上强调"当前一些民营经济遇到的困难是现实的，甚至相当严峻，必须高度重视"，并指出"也要意识到，这些困难是发展中的困难、前进中的问题、成长中的烦恼，一定能在发展中得到解决"。具体来说，应着重在以下三个方面集中发力。第一要减轻企业税费负担。要推进增值税等实质性减税，对小微企业、科技型初创企业实施普惠性税收免除，并根据实际情况，降低社保缴费名义费率。第二要解决民营企业融资难融资贵问题。要增加民营企业的信贷，特别是小微企业的信贷，支持民营企业发债，并研究设立民营企业股权融资支持工具。第三要完善政策执行方式。要加强政策协调，推动政策落地，增强民营企业的获得感，不能随意对民营企业抽贷断贷，安检、环保执法要从实际出发，不能搞"一刀切"。

二是激发民营经济高质量发展的内生动力。破解民营经济发展困境，促进民营经济高质量发展，需要政策支持，也离不开民营企业自身的努力。一方面，民营企业要练好内功，释放内生动力，勇于自我革命，企业要根据各自具体情况，提升经营能力和管理水平，完善法人治理结构，拓展国际视野，提升创新能力，打造核心竞争力。另一方面，新一代的民营企业家要继承和发扬老一辈企业家艰苦奋斗、敢闯敢干、聚焦实业、做精主业的精神，努力把企业做强做优。

四、加大双向开放，更好地"引进来"和"走出去"

党的十九大报告指出，要以"一带一路"建设为重点，坚持"引进来"和"走出去"并重,遵循共商共建共享原则,加强创新能力开放合作,形成"陆海内外联动、东西双向互济"的开放格局。

一是进一步扩大对外开放、放宽准入限制,提升利用外资水平。要积极有效引进境外资金和先进技术,提升利用外资综合质量,放开育幼、建筑设计、会计、审计等服务领域外贸准入限制,扩大银行、保险、证券、养老等市场准入。鼓励外资更多投向先进制造、高新技术、节能环保、现代服务业等领域和中西部及东北地区,支持设立研发中心。

二是为企业"走出去"提供充分后勤保障。要充分发挥开发性金融机构的引领作用,利用现有国际担保机构化解和分担投资风险,建立完善海外投资金融支持体系和担保机制,为企业"走出去"提供有力的资金支持;要完善风险评估机制,组建专门的综合性服务平台和网络信息系统,为企业"走出去"提供信息咨询服务、财务法律技术支持等,用法律和经济手段有效降低企业投资和生产经营风险[1]。

五、培育具有全球竞争力的世界一流企业,提升企业创新能力和国际资源整合能力

世界一流企业不但是现代化经济体系的重要组成部分和微观建设主体,而且也是适应经济全球化新趋势、增强国际竞争力的关键要素。习近平总书记在党的十九大报告中明确强调要"培育具有全球竞争力的世界一流企业"。

一方面,培育世界一流企业要在创新引领发展上下功夫。世界

---

[1] 吴志成:《有效应对企业"走出去"的风险挑战》,《人民日报》2017 年 11 月 10 日。

一流企业不仅体现在资产、营业收入等规模指标方面，更是体现在创新能力、效益等发展质量方面。当前，以互联网、大数据、人工智能等信息技术为代表的新一轮科技革命正在深入推进，为我国企业实现跨越式发展提供了机遇。我国企业要着力在自主创新特别是原始创新上下更大的功夫，着力突破战略性前瞻性领域关键核心技术，要下大气力尽快培育一批能够支撑国家重大战略需求、引领未来科技变革方向、参与国际竞争合作的创新力量。此外，还要推动企业实现体制机制、管理以及商业模式创新。

另一方面，培育世界一流企业要在提高企业配置国际资源能力上下功夫。要成为具有全球竞争力的一流企业，必须具备在全球范围内有效配置资源的能力。通过全球化配置资源，企业可以极大降低成本，提升运营效率，并可能通过资源的整合创造出新的资源。当前，我国的"一带一路"建设正在深入推进，我国的企业要充分抓住"一带一路"带来的国际化经营的机遇，深化同沿线国家和企业在装备、技术、标准、管理等各领域的交流合作，扎实推动重大项目的落实落地，以工业园区和物流园区为载体，打造深化国际产能和装备制造合作新平台，在"一带一路"建设中实现资源的高水平跨国配置。

六、弘扬优秀企业家精神，激发创新创业内生动力

当前，我国的制度性交易成本依然偏高。监管缺失、检查任性、执法不力等问题比较突出，企业家的合法权益不能得到充分保障，未来需要进一步加大对企业家的支持力度，更好地激发企业家精神。

一是要支持企业家创新发展。要充分激发企业家创新活力和创造潜能，依法保护企业家拓展创新空间，持续推进产品创新、技术

创新、商业模式创新、管理创新、制度创新，将创新创业作为终身追求，增强创新自信。提升企业家科学素养，发挥企业家在推动科技成果转化中的重要作用。吸收更多企业家参与科技创新政策、规划、计划、标准制定和立项评估等工作，向企业开放专利信息资源和科研基地。引导金融机构为企业家创新创业提供资金支持，探索建立创业保险、担保和风险分担制度。

二是要实现对企业家精准帮扶。对经营困难的企业，有关部门、工商联、行业协会商会等要主动及时了解困难所在、发展所需，在维护市场公平竞争的前提下予以积极帮助。支持再次创业，完善再创业政策，根据企业家以往经营企业的纳税信用级别，在办理相关涉税事项时给予更多便捷支持。加强对创业成功和失败案例研究，为企业家创新创业提供借鉴。

七、发挥竞争政策的基础性作用，清废妨碍统一市场和公平竞争的规定和做法

要激发市场主体活力，使市场在资源配置中发挥决定性作用，必须进一步破除各种不必要的市场壁垒和体制机制障碍，构建更加公平的市场竞争环境，发挥竞争政策的基础性作用。

一是要加强反垄断执法。要推动反垄断执法常态化，充分调动各方参与反垄断工作的积极性，建立健全垄断案件线索收集机制。进一步壮大反垄断执法队伍，提高反垄断执法水平，不断加大执法部门在经营者集中审查、查处垄断协议和滥用市场支配地位方面的力度。要加强重点领域执法，重点查处对社会福利影响大、消费者反响强烈、竞争机制作用缺失等相关领域垄断行为。加大对滥用知识产权排除和限制竞争案件的查处力度。加强执法部门之间的协调。

　　二是要进一步清理阻碍市场主体发展的制度性障碍。一是要放宽制约企业发展的制度性障碍，包括逐步放宽部分行业市场准入门槛，清理行业隐形壁垒，放宽外籍高端人才进出的制度性规定。二是要全面改进政府职责中的短板、障碍与不作为。包括提升政策的稳定性和透明度，提升政策执行的一致性，促进各类所有制经济公平参与市场竞争等[①]。

---

① 张威：《我国营商环境存在的问题及优化建议》，《理论学刊》2017 年第 9 期。

第三章　混合所有制经济的发展历程与展望

　　伴随着改革开放 40 年波澜壮阔的历程，混合所有制经济从最初的探索到新时期经济改革的"主战场"，俨然已变为中国智慧的有机组成。回顾 40 年来的经验与成就，混合所有制经济围绕"完善治理、强化激励、突出主业、提高效率"，走出了一条具有中国特色社会主义的产权改革和微观主体市场化之路。当下持续推进"混改"能够实现国企和民企优秀基因的重组再造，助推国企改革难题破冰，最终实现我国经济结构的转型升级和开放水平的全面提高。站在新的历史起点上，需更加地客观评估和总结经验教训，明确在深入发展混合所有制经济过程中，尚存在改革内生动力不足、现实阻力较大、历史遗留问题较多、国资管理机制僵化和配套改革进展迟缓等障碍。因此，要进一步坚定改革信心、明确改革范围、突出改革重点、规范改革程序、营造改革氛围。在新时代发展混合所有制经济的宏伟蓝图上，勾勒出具有创造性和可行性的实施路径，使其成为新一轮国有企业改革的有效载体和激活民营经济的长久动力，进一步巩固和完善社会主义基本经济制度。

　　本章所指的混合所有制经济聚焦于中国特色产权制度改革的范畴，其主要内涵是：公有制资本与其他多种经济形式的非公有资本通过股份制形式，共同从事生产经营活动，实现产权主体多元投资、交叉持股、融合发展，故而形成的一种具有产权结构多元、治理结构优化特征的微观经济形式。它反映了公有制主体与私有制主体间共享剩余要素与剩余价值、共同分担成本和风险的经济关系[①]。下文将梳理混合所有制经济的发展历程，在此基础上总结其成就与经验，并就下一阶段持续推进混合所有制经济发展的必要性和紧迫性进行阐述，最终提出相应对策建议。

第一节　混合所有制改革的演绎历程

混合所有制经济发展历程是我国基本经济制度完善发展的缩影，其从最早的中外合资企业雏形，发展至我国坚持和完善基本经济制度的有机组成部分，为我国加速国企改革进程和释放民营经济发展活力作出了重要贡献。1993 年十四届三中全会中央首次提出了"财产混合所有"的概念。1997 年党的十五大中央决策层第一次确立"混合所有制经济"的提法，并在之后的十五届四中全会确立了发展混合所有制经济的战略。2003 年十六届三中全会进一步明确混合所有制经济的内涵。2013 年十八届三中全会将混合所有制经济发展提升到前所未有的战略高度，将其列为经济体制改革的核心内容。实践证明，混合所有制经济是结合我国社会主义初级阶段国情做出的重要战略部署。下面将从理论和实践两个层面回顾混合所有制经济发

---

① 臧跃茹、刘泉红、曾铮：《促进混合所有制经济发展》，社会科学文献出版社 2018年版。

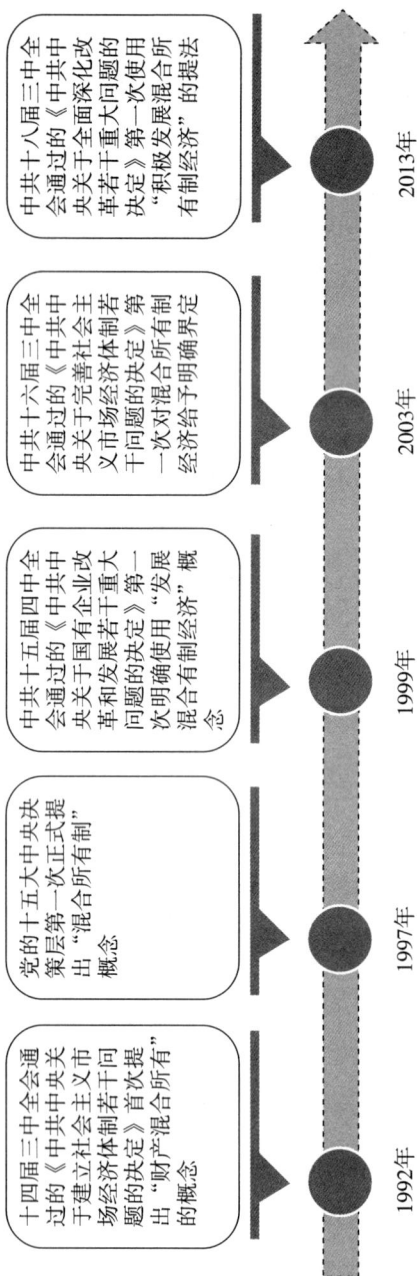

图 3-1 我国混合所有制发展历程

资料来源：作者整理。

展历程。

一、酝酿阶段（1978—1992 年）：开始了实践早于理论的有益探索

改革开放之初，我国处在新旧经济思想的过渡及碰撞期，实践中混合所有制经济的雏形已破土而出，而理论上还停留在财产混合的层面。可以说，这一阶段受到意识形态的束缚，混合所有制经济发展还未真正意义上触及现代产权制度改革。

1984 年，随着东部沿海地区开放，以合作经营为主的外商对华投资方式开启了混合所有制经济的探索之路，国有企业或集体企业开始与外资企业合资合作，通过引进技术和模仿创新增加出口规模，形成了早期混合所有制经济发展的有益范本。同时，不同行业和地区的国有企业与集体企业或私人企业之间的合资经营日益增多，由于投资方属于不同的所有制，采取的是股份制形式，就形成了混合所有制。此外，有一些国有企业和集体企业向内部职工发行股票筹集资金，这样的企业也是兼有公有制与合作制的混合所有制[①]。

在政策层面，1992 年邓小平南方谈话后，中央确立了建设社会主义市场经济体制的改革目标。在此目标指引下，十四届三中全会首次提出"财产混合所有的经济单位会越来越多，将会形成新的财产所有结构"。一是这里"财产混合所有"的主体指经济单位，而不是整个经济形态；二是这里指出的"财产混合所有"还不是完整意义上的混合所有制经济，其所指含义相对是狭义的，但也提出了混合所有的一种有益尝试；三是将会形成的是"新的财产所有结构"，

[①] 薛暮桥：《我国生产资料所有制的演变》，《经济研究》1987 年第 2 期，第 15—28 页。

而未用基本经济制度的实现形式这一范畴，可视为"混合所有制经济理论的雏形"[①]。

二、萌芽阶段（1993—2002 年）：奠定了混合所有制经济发展的重要基础

这一时期，以经济建设为中心的基本发展路线已确立，社会主义现代化建设开始了"摸着石头过河"的大胆尝试。通过股份制改革试点和东南沿海的产权改革试验，股份制改造逐步推开，完成了混合所有制经济发展的重要前置程序。政策上也将其视为激发微观主体活力和经济体制动力的重要抓手。

1996 年，国有企业亏损面从 10% 以下攀升至 20% 以上，资产负债率高达 80% 以上。1998 年，国有及国有控股工业企业当年利息支出接近利润总额的 3 倍。在此背景下，国有企业探索以建立现代企业制度为方向的改革，一是按照"抓大放小"的原则优化国有经济布局，开始股份制改革试点，大型国有企业通过联合、兼并组建企业集团，逐步建立了现代企业制度。中小型国有企业通过承包和租赁经营等方式，纷纷改制成为混合所有制或非公有制企业。1997 年至 2002 年，通过股份制改造，国有工业企业单位数减少了近 70%。二是东部沿海地区成为混合所有制经济的重要试验田，率先推动以股份制为核心的产权制度改革。1997 年，江苏 89% 以上的乡镇企业改制成了以民间资本为主的混合所有制企业，且混合所有制经济产出占比也高达 40% 以上[②]，大大释放了经济增长空间。2002

---

① 常修泽：《混合所有制经济新论》，安徽人民出版社。
② 徐善长：《关于江苏、浙江混合所有制经济发展的调查报告》，《经济研究参考》2006 年第 83 期。

年，上海市混合经济增加值占比已高达40%，成为经济增长的重要组成。

表3-1　国有企业数量及股份制改造情况（1997—2002年）

指标	1997年	1998年	1999年	2000年	2001年	2002年
国有工业企业单位数	98600	64700	50651	42426	34530	29449
国有企业股份制改造单位数	—	—	14629	15938	16556	16191

数据来源：国家统计局网站。

在政策层面，中央决策层第一次正式提出"混合所有制经济"概念，并提出了发展"股份制"的思想，还将其视为公有制的有效实现形式之一。1997年党的十五大报告中指出"公有制经济还包括混合所有制经济中的国有成分和集体成分"。1999年党的十五届四中全会提出："国有资本通过股份制可以吸引和组织更多的社会资本。国有大中型企业宜于实行股份制的，要通过规范上市、中外合资和企业互相参股等形式，改为股份制企业，发展混合所有制经济。"一是从中央层面认识到混合所有制经济对完善社会主义市场经济体制的重要性。二是添加"发展"二字将混合所有制经济上升到国家战略层面，体现了当时党中央和国务院着力发展的意图。三是将股份制改革和混合所有制相提并论，已经开始谋篇布局[1]。明确了通过国有企业股份制改革，建立现代企业制度，完善法人治理结构，实现企业形式同社会主义基本经济制度相统一[2]。

---

[1] 常修泽：《混合所有制经济新论》，安徽人民出版社。

[2] 厉以宁：《中国股份制改革的历史逻辑》，《人民日报》（理论版）2018年7月18日。

三、成长阶段（2003—2012 年）：活跃了混合所有制经济的发展形态

2002 年以后，我国对"社会主义市场经济"的认识进一步深化，更强调市场在资源配置中的基础性作用。与此同时，中央首次明确了混合所有制经济的内涵，并将其纳入市场化改革框架，实践中混合所有制经济发展也逐渐活跃。

2003 年党的十六届三中全会提出："要适应经济市场化不断发展的趋势，进一步增强公有制经济的活力，大力发展国有资本、集体资本和非公有资本等参股的混合所有制经济，实现投资主体多元化，使股份制成为公有制的主要实现形式。"明确将混合所有制经济纳入市场化改革的进程，成为国企改革的重要推手。十六届三中全会的《决定》首次明确界定了混合所有制经济的含义，对混合所有制改革的进程具有全局性的指导意义。同时，中央对市场化的认识更加深刻，对所有制改革的要求和力度也进一步提升，在"推行股份制，发展混合所有制经济"前面加上"积极"二字，态度明确，程度加深。

在实践中，前一时期国有经济战略性调整与改组取得一定进展，但与市场经济要求相比，国有资产管理体制依然不顺，国有股权仍然过分集中，国有经济运营效率亟待提高。因此，这一阶段国有资本逐步向关键领域和重点行业、优势大企业集中。坚持有进有退，有所为有所不为，加大股份制改造力度，混合所有制经济得到进一步发展。一是混合所有制企业的数量和规模逐步扩大，经济活跃度不断提升。资料显示，这一时期混合所有制经济对全国税收的贡献率逐年提高，至 2011 年已达到 48.52%，超越了其他各种所有制经济。二是混合所有制经济推动创新发展成效明显，这一时期混合所

有制经济在研发经费投入和专利申请方面也同样位居各种所有制经济的首位，2011 年其研发经费占比高达 41.1%，申请专利占比高达 41.5%[①]。三是混合所有制发展的基础逐步夯实。国有企业的股份制改造加快，为混合所有制经济的发展埋下了重要伏笔。股份制已经成为公有制的主要实现形式。根据数据统计，截至 2013 年，已有约 90% 的国有企业实现了公司制、股份制，中央国有企业及子企业引入非公资本的户数已占总户数的 52%。企业现代治理结构的逐步完善，为混合所有制经济发展提供了有益条件。

四、突破阶段（2013 年至今）：成为新时期经济改革的"主战场"

党的十八届三中全会以来，经济体制改革成为全面深化改革的重中之重，并进一步明确了市场在资源配置中起决定性作用。对于混合所有制改革的定位和设计有了更深入地诠释，实践中也已经开始了以完善企业产权结构、现代企业制度和激励机制等为主要内容的改革，混合所有制经济发展已进入黄金时期。

2013 年，党的十八届三中全会将发展混合所有制经济提升到基本经济制度重要实现形式的高度，这一提法首次出现在中央文件中，是经济制度理论的重要突破。2017 年党的十九大报告进一步提出"深化国有企业改革，发展混合所有制经济，培育具有全球竞争力的世界一流企业"的重要目标。随后，出台了一系列政策文件完善混合所有制经济发展的顶层设计体系。中央为混合所有制经济注入了新

[①] 郭克莎、胡家勇：《中国所有制结构变化趋势和政策问题研究》，广东经济出版社 2015 年版。

内涵、新要求，并将其提升至新高度。一是"鼓励发展非公有资本控股的混合所有制企业"。并进一步明确了混合所有制经济的发展方向和路径，注重各种所有制经济成分的公平竞争和融合创新，使各种所有制资本取长补短、相互促进、共同发展。二是将混合所有制改革列为经济体制改革的核心内容，战略定位高度前所未有。把发展混合所有制经济作为完善基本经济制度的着力点之一。三是将发展混合所有制经济视为国企改革的重要突破口，混合所有制是否能够实质性推进，将成为判断国企改革是否能够成功的关键。并为"混改"设定了"培育具有全球竞争力的世界一流企业"的战略目标。使混合所有制经济这种富有效率和活力的资本组织形式，成为深化国企改革新的有效载体。

2015—2017 年发展混合所有制经济的相关文件

时间	发文机构	文件名称	文号
2015 年 9 月	中共中央、国务院	《中共中央、国务院关于深化国有企业改革的指导意见》	中发〔2015〕22 号
2015 年 9 月 24 日	国务院	《国务院关于国有企业发展混合所有制经济的意见》	国发〔2015〕54 号
2015 年 10 月 26 日	发展改革委	《关于印发〈关于鼓励和规范国有企业投资项目引入非国有资本的指导意见〉的通知》	发改经体〔2015〕2423 号
2015 年 11 月 4 日	国务院	《国务院关于改革和完善国有资产管理体制的若干意见》	国发〔2015〕63 号
2015 年 12 月 7 日	国资委、财政部、发展改革委	《关于国有企业功能界定与分类的指导意见》	国资发研究〔2015〕170 号
2016 年 7 月 1 日	国务院、国资委、财政部	《企业国有资产交易监督管理办法》	国务院 国资委 财政部第 32 号令

续表

时间	发文机构	文件名称	文号
2016 年 8 月 18 日	国资委	《关于国有控股混合所有制企业开展员工持股试点的意见》	国资发改委〔2016〕133 号
2017 年 5 月 3 日	国务院办公厅	《关于进一步完善国有企业法人治理结构的指导意见》	国办发〔2017〕36 号
2017 年 7 月 26 日	国务院办公厅	《中央企业公司制改制工作实施方案》	国办发〔2017〕69 号

资料来源：作者整理。

　　实践中，混合所有制经济发展进入全面发展时期。一方面，混合所有制经济改革试点工作全面开展。围绕七大重点领域，第一、二批共确立了 19 家试点单位，第三批共 31 家试点企业，其中已批复 8 家央企子企业试点方案。从中央到地方层层推进，形成了改革亮点和经验，具有较好的示范效应，实现了"国民共进"的良好格局，为释放国有经济活力和拓展民营经济空间作出了重要贡献。另一方面，在实践探索中逐步明确了混合所有制经济的实现方式。一是通过开放式改制重组，采取资产剥离、人员分流、挂牌转让及债务重组等方式实现资产、业务和人员的重组。二是通过引入战略投资者，能够在资金、人才、管理方法、资本市场上给企业提供资源，实现企业的产业链优化，使被投资企业创造更大的市场价值。三是通过推进员工持股，形成利益共享、风险共担的格局，完善市场化的激励约束机制，有效推进"混改"。四是通过设立政府引导基金，吸引更多社会资金投资国有企业混合所有制改革。五是通过整体或核心资产上市，帮助企业优化治理结构，最终实现"混改"目标。

第二节　发展混合所有制经济的突出成就与经验

经过 40 年的探索，混合所有制经济的发展在广度和力度上呈现出以点带面、层层递进的情形，逐步凝聚了改革共识，倒逼企业建立现代化治理机制和激励机制，大幅提升了国有经济的主业竞争优势，实现市场化经营，激发了微观主体活力，为健全社会主义市场经济体制、加快实现经济转型和发展方式转变作出了重要贡献。

一、围绕"完善治理"，实现以股份制为核心的现代产权制度改革

发展混合所有制经济，倒逼国有企业实现了所有权与经营权分离，优化了国有企业公司治理结构，使国有企业逐步成为独立自主、自负盈亏、自担风险的市场主体。

通过股份制改造，逐步建立"三会一层"的现代公司治理结构。优化了国有企业的所有权结构，一定程度上改变了国有企业"一股独大""所有者缺位"的局面，为企业的科学决策提供了组织基础，使国有企业逐步成为具有独立法人地位的经济实体。在法人治理结构上，打破"内部人控制"，强化不同"东家"的相互制衡，形成有效制衡的公司法人治理结构。通过引入非公有资本投资者，允许管理层、科技骨干、企业员工分别组建持股公司规范参与持股，解决了市场化股东缺位问题，实现企业治理规范化。此外，逐步建立了外部董事制度，形成了规范的公司外部治理制度。通过混合所有制经济发展，国有独资企业数量大幅下降，国有企业产业布局得以优

化，竞争力持续提升，使国企产权制度改革取得一定成效。

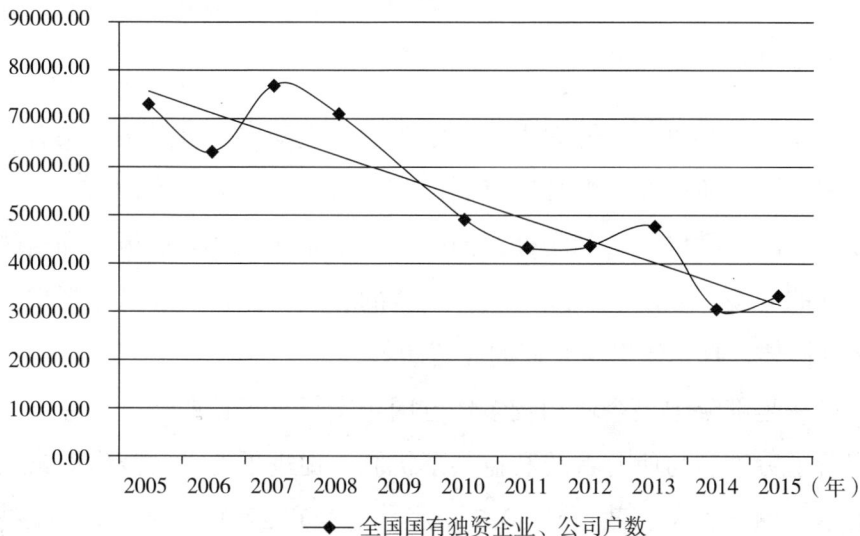

图 3-2　全国国有独资企业、公司数量

数据来源：wind 数据库。

通过混合所有制经济发展，倒逼我国推进国有资产管理方式和监管机构自身的改革。一是通过建立国资委实现政企分开。2003 年国资委成立，对国有企业行使管人管事管资产的权力。在新的国有资产管理体制推动下，国有企业通过兼并重组、分拆出售、整体改制、投资控股、债转股等改革措施进行股份制改造，推动各类资本流动和重组，基本消除了在一般竞争性领域内的国有独资公司，基本实现了产权多元化，引导资源合理有效配置。二是部分地方成立了国有投资运营公司，实现从"管人管事管资产"到"以管资本为主"的转变。截止到 2018 年 8 月，中央企业层面已经选择了 10 户企业开展投资运营公司试点，各地方国有企业已改组组建国有资本投资、运营公司 89 家。[①] 初步实现政府公共部门只管公权不管资本。

二、围绕"强化激励",建立了符合市场化要求的企业激励机制

缺乏激励机制,进而无法激活企业内生动力一直是困扰国有企业的难题。通过发展混合所有制经济,将员工持股、弹性薪酬、职业晋升等激励机制落到实处,彻底改变了企业吃"大锅饭"和薪酬平均的局面,实现了企业与员工利益的绑定,让企业与员工形成命运共同体,真正激发了企业的经营活力。

一是部分中央企业和较多地方国企实行员工持股制度,建立和完善了劳动者与所有者的利益共享机制。促进了劳动、技术要素与资本的融合发展。截止到 2017 年底,已经有 22 个省制定了员工持股的操作办法和操作细节,27 个省市 158 户企业正在开展员工持股试点[②]。通过发展混合所有制经济,开展员工持股的企业数量大幅增加,2017 年 1—5 月已实施员工持股计划的企业数占到 2016 年的58%[③]。此外,开展员工持股的企业领域有所拓宽,由一般竞争类行业扩大到非竞争类领域,电信、轨道交通、有色等非竞争类领域的集团企业子公司也开始试点员工持股。员工持股制度是我国探索产权制度和企业制度改革的重要组成部分,其通过股权长期激励,将决定企业核心竞争力的人才资源紧紧地与企业的命运与发展前景结合在一起,充分调动员工的积极性,挖掘公司内部成长的原动力,提高职工凝聚力和公司竞争力。

---

① 数据来源:http://finance.sina.com.cn/china/gncj/2018-08-30/doc-ihikcahf6931926.shtml。
② 经济参考报:http://jjckb.xinhuanet.com/2018-02/02/c_136943332.htm。
③ 中国证券网:http://news.cnstock.com/news,yw-201708-4112047.htm。

二是实现了市场化的薪酬制度，规范企业的管理体制和运行机制，形成了更有效的企业内部激励和约束机制。通过发展混合所有制经济，较多企业实现了"双对标"：经营业绩与先进企业对标、薪酬水平也与先进企业对标，不吃"大锅饭"、不搞薪酬平衡。如广东省的一些企业开展双轨道、差异化薪酬体系的探索和研究。对于基础性业务和职能部门，采取"岗位薪酬＋绩效薪酬"的调和型薪酬模式，实行薪酬总额控制，旨在提高效率，兼顾公平。对于市场化业务部门，采取"底薪＋提成＋超额奖励"的高弹性薪酬模式，实行业绩优先、优胜劣汰，旨在建立市场化的考核机制，打通能力与收入相匹配的职业发展通道。市场化薪酬机制的建立，使得激励约束透明化，公司绩效得到大幅改善，企业的经营机制加快转换，活力大为增强。

三、围绕"突出主业"，促进了国有经济布局的战略性调整

通过发展混合所有制经济，改善了原先企业盲目"铺摊子"、主业不突出的状况。国有企业围绕"突出主业"，通过调整国有资产布局、推动业务整合重组、在整体上市中退出低端产业和盘活各类资产、董事会职权制衡中聚焦主业、创新商业模式等方面取得了突出成效。一方面，企业明确主业的发展目标和重点，坚定不移聚焦主业、突出主业。另一方面，企业开展并购重组和专业化整合，推动技术、人才、资本等各类资源要素向主业集中，不断增强核心业务的资源配置效率、盈利能力和市场竞争力。"混改"使得国有资本投资运营实现了服务于国家战略的目标，更多投向关系国家安全、国民经济命脉的重要行业和关键领域，重点提供公共服务、发展重要前瞻性战略性产业、保护生态环境、支持科技进步、保障国家安全。

国有企业通过主业的精耕细作使其盈利能力持续提升，通过推进"瘦身健体"、着力提质增效，发展质量和水平明显提高。2017年中央企业实现利润14230.8亿元，首次突破1.4万亿元，同比增长15.2%，经济效益的增量和增速均为五年来最好水平。98家中央企业中，49家企业效益增幅超过10%，26家企业效益增幅超过20%，利润总额过百亿的中央企业达到41家。10家国有资本投资运营试点企业加快培育战略性新兴产业，提高国有资本配置效率，全年效益同比增长31%[①]。

通过聚焦主业发展使盈利结构逐步优化。2017年中央国有企业各月的效益增速都在15%以上。同时，从效益的结构来看也更加稳定。中央国有企业的营业利润占整个效益的比重较原来有大幅提高，营业利润占利润总额的比重达到97.7%，表明其主业盈利能力增强。

四、围绕"提高效率"，有效推动了国有企业的强身健体

混合所有制的发展加大了降成本、去产能和去杠杆的力度。一是降成本幅度较大。2017年中央企业成本费用总额增速低于收入增速0.4个百分点，其中三项费用支出同比增长7.7%，低于同期收入增幅5.6个百分点。资产周转效率进一步提高，"两金"压降力度加大，应收账款周转率、存货周转率同比分别提高0.5次和0.2次，经营活动现金流净流入同比增长4.8%。二是去产能成效明显。2017年中央企业共化解钢铁过剩产能595万吨、化解煤炭过剩产能2703万

---

① 国务院国有资产监督管理委员会网站：http://www.sasac.gov.cn/n2588025/n2643314/c8492129/content.html。

吨，主动淘汰、停建、缓建煤电项目 51 个，煤炭资产管理平台公司整合煤炭产能 1 亿吨。已累计完成超过 1200 多户"处僵治困"任务，其中约有 400 户实现市场出清。三是降杠杆减负债力度加强。2017年末中央企业平均资产负债率 66.3%，同比下降 0.4 个百分点；62家企业资产负债率比上年下降，40 家企业资产负债率降幅超过 1 个百分点。四是国资管理效率显著提升。国资委监管的中央企业户数调整至 98 家，累计减少法人户数 8390 户，减少比例达 16.1%，仅管理费用一项就节约 135 亿元。

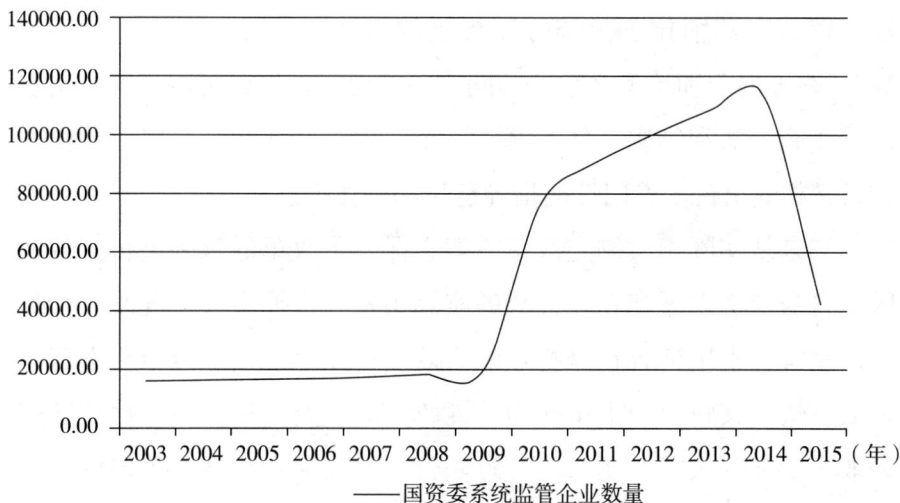

图 3-3　国资委系统监管企业数量

数据来源：wind 数据库。

五、明确阶段改革目标和实施路径，克服了改革深水区中的重重阻力

习近平总书记指出，"发展混合所有制经济，关键是细则，成败

也在细则"。新一轮混合所有制改革的亮点在于将这项复杂庞大的系统性工程细化到操作层面，捋顺了多方面的关系，加快了改革进度。

一是用具有战略性思维的顶层设计统筹推进"混改"工作，提升改革凝聚力。中央层面首先明确发展混合所有制的基本原则和战略方向，提供了坚实的制度保障。2015年9月23日，国务院出台了《关于国有企业发展混合所有制经济的意见》，明确了现阶段发展混合所有制经济的基本原则，并提出分类推进国企"混改"的思想，较为清晰地勾勒出了"混改"路线图。

二是相关部门和地区遵循中央政策精神，将目标任务层层分解、逐一落实。其细化了分类分层推进的办法，明确地回答了"谁能混""跟谁混"和"怎么混"的问题。各地方也出台了混合所有制改革的实施办法和细则，如上海、广东、山东、江西、四川、重庆等省份又相继出台了专门性的指导意见和操作指引。

三是从实际出发制定改革方案，保障了改革的顺利进行。各地区从自身经济发展和企业优势的实际出发，根据中央"混改"精神因地制宜探索出适合自身特点的有效改革途径。如上海市资本市场发展较快，其将公司上市作为"混改"的主要途径。而其他地区则采取了诸如开放式改制重组合资联营、设立混合型基金等多种形式的改革方式。

第三节　新时期发展混合所有制经济的必要性和主要挑战

迈入新时代，混合所有制经济已纳入中央改革顶层设计，从"公有制的有效实现形式"跃升为"基本经济制度的重要实现形式"的崭新高度，其意义非同一般。然而反观现实，也要看到持续推进混合所有制经济发展面临盘根错节的历史问题和参差错落的现实矛盾，应该梳理主要难点，找准根源，才能助力混合所有制改革爬坡过坎，最终在改革的历史长河中留下浓墨重彩的一笔。

一、持续发展混合所有制经济的必要性

发展混合所有制经济可以为国有企业注入新鲜血液，为民营企业创造公平的竞争环境，加速微观主体间优秀基因的有效融合，实现培育世界一流企业的重要目标，最终推动整个经济结构转型升级，提升经济开放水平。

（一）能够实现国企民企优秀基因融合，加快培育世界一流企业

党的十九大报告提出"发展混合所有制经济，培育具有全球竞争力的世界一流企业"的目标。混合所有制经济可以通过资源优化配置和生产要素优化组合，创新性地实现国企民企优秀基因的重组和再造，加速我国企业进入世界一流企业的步伐。

一是从资源禀赋上看，双方具有优势互补的合作基础。国企拥有较好的装备、技术、人才、渠道和品牌基础，掌握的资源也比民企丰富；而民企则产权更加明晰，机制更加灵活，员工激励更加到位，对市场反应更加灵敏。国有和民营企业的"联姻"能够取各种所有制企业之长，集各种所有制企业之优，强强联合回避劣势。

二是从实现方式上看，双方具有灵活多样的合作模式。其既有产业链上的合作，也有跨领域跨行业的联合；既有以资本为纽带的联手，也有以项目为依托的携手；既有在国内的混改，也有在海外

的抱团。通过灵活多样的合作方式，能够把国有企业的优良传统和民营企业的创新基因优化组合，进而打造一大批具有中国特色和全球竞争力的世界一流企业，为经济可持续发展奠定微观基础。

三是从合作的实践看，已经取得了初步的成效，还有深度融合的空间。如 2017 年中国联通的混改，通过引进百度、阿里、腾讯、京东等民营企业作为战略投资者，融资金额高达约 780 亿元，成为国企与民企强强联合、国民共进的典范。再如 2017 年，"杭绍台"城际铁路项目建设，是由上海复星集团等民企与中国铁路总公司、浙江省交通集团等共同投资兴建的中国首条民营资本控股的高铁，项目总投资 448.9 亿元，民间资本占比 51%，该项目的实施，展示了国有企业人才、技术与民营企业资金、管理融合发展的活力和效率。这些成功案例，不仅是不同所有制企业参与"混改"的有益探索，更是国民携手共进，推动混合所有制经济发展的生动实践。

（二）促使国企在深化改革中"浴火重生"，全面走向高质量发展之路

习近平总书记强调，发展混合所有制"是新形势下坚持公有制主体地位，增强国有经济活力、控制力、影响力的一个有效途径和必然选择"。国企在实践中逐渐暴露出经营机制僵化、现代企业制度和法人治理结构不健全、国有资本配置和运行效率低下、国有经济布局不合理等问题。通过"混改"，可以强化国有经济肌体与活力，进而实现经济高质量发展。

一是加快国企实现产权多元化，倒逼其实现管理体制和运营机制的改革，促进放大国有资本功能，实现保值增值。"混改"能够促进国企实现产权多元化，有效地完善国有企业公司法人治理结构和市场化运行机制，加快国有企业现代企业制度的建设，更好地转换国有企业经营和治理的体制机制，吸引和调动更多的非国有资本参与国有企业发展，有力地扩大资本总量并激发资本活力，推动国有企业做大做强，进一步放大国有资本的功能。

二是有利于优化国有经济战略布局，增强国有经济控制力和影响力。发展混合所有制经济通过所有制结构的调整，能够更好地发挥国有经济在增进全社会福祉、保障公益性方面的战略角色，使国有资本立足于功能和整体效率的最优化目标。实现国有资本的重组整合、战略投资和创新发展，向国家重要行业和关键领域集中，向代表国家竞争力的优势企业集中，推动国有经济战略布局的进一步优化，增强和体现国有经济的控制力和影响力。

三是有利于处置"僵尸企业"，化解系统性风险。发展混合所有制经济，推进国有资产监督管理体制改革，由"管企业"向"以管资本为主"转变，用市场化的手段切实淘汰"僵尸企业"，有利于破除政府干预企业经营决策的行为，让混合所有制企业真正成为自主经营、自负盈亏、自担风险、自我约束的市场经济主体，从而有效避免国有资本在预算软约束下的盲目扩张，防范化解相关企业的债务风险，有助于消弭全社会系统性风险。

（三）有利于消除所有制歧视，营造公平竞争的市场秩序

习近平总书记指出："非公有制经济在稳定增长、促进创新、增加就业、改善民生等方面发挥了重要作用，是稳定经济的重要基础，是国家税收的重要来源，是技术创新的重要主体，是金融发展的重要依托，是经济持续健康发展的重要力量。"但在实际中，民营企业仍然面临市场准入、融资成本和所有制歧视等多方面的桎梏和障碍。

一是发展混合所有制经济，将逐步实现国有资本和民营资本间无差别的产权保障。营造平等竞争的市场环境，吸引民营资本进入传统垄断行业领域，塑造公平的市场秩序。让非公有制资本参与到国有企业股份制改造的进程中来，能够为民营企业开辟广阔的投资空间，盘活大量社会闲置资本，也为民企创造了公平的市场准入门槛，是撬开民营投资的"三道门"。

二是发展混合所有制经济能够通过削弱国有资本不合理垄断地位，减少其超额利润带来的超额收入。避免因国企特权造成的群体性收入差距问题，并通过产权多元化优化治理结构和内部收入分配机制，重塑公正合理的社会分配格局。

三是进一步发挥民营企业对市场敏感和灵活性强的优势，有利于通过资源再配置释放效率红利。鼓励非公资本参与"混改"，能够提升全社会的资源配置效率，从而为我国经济在中高速区间平稳增长创造必要条件。使用整体上市、引入战略投资者等方式，让非公有制资本参与到国有企业股份制改造的进程中来，引导非公有制经济健康发展，使其能够在产业链优化、管理模式改进和创新意识提升方面都取得较大发展，最终形成民企与国企公平竞争、螺旋上升的良性互动格局。

（四）加快经济结构转型升级，全面提高开放型经济水平

通过混合所有制经济发展，有利于提高国有企业投资效率，从而逐步优化我国的产业结构。由于利用特殊地位获取低成本融资优势以及治理结构不完善造成的预算软约束等原因，国有企业的投资冲动较强，造成近年来过度投资和债务积累等问题。混合所有制改革能够使国有企业投资行为回归理性，经营行为符合市场化规律，进而为经济结构优化调整奠定合理的微观基础。

　　发展混合所有制经济，通过国有经济布局有进有退的战略性调整，有利于顺利突破国际双边或多边投资贸易协定对于我国国有企业的相关约束。同时，利用好"一带一路"的发展契机，使企业加快适应新一轮全球贸易投资规则，在更广范围和更高层次上推动全方位开放，全面提升开放型经济水平。

二、加快推进混合所有制经济发展的主要挑战

　　展望新的改革征程，通过混合所有制经济夯实中国特色社会主义基本经济制度任重而道远。现实中，仍然存在改革内生动力不足、现实阻力较大、历史遗留问题难以化解、国资管理体制僵化和配套改革进展迟缓等问题。因此，亟须直面挑战，加快改革。

（一）"混改"原动力不足

　　推进混合所有制改革进程中，来于市场化冲击的内生动力不足，"为混而混"的政府行政化指标推进方式尚需改善，"想改革、争改革、会改革"的局面还未真正形成。

　　国有企业顾虑重重。一是国有企业决策者和经营者担心背上国有资产流失的"黑锅"。由于改革容错机制、保护措施尚不完善，总担心造成国有资产流失，或被怀疑暗藏利益输送，极大地影响了国有企业实施混合所有制的主动性和积极性。二是有的企业因处于暂时发展的优势地位，担心股权多元化带来的决策机制复杂化，造成国资与民资常陷入"控股权之争"，拘于"肥水不流外人田"的意识而抵制改革。有的企业不敢在集团公司和核心业务板块推进混改，仅仅浅表性、象征性地在一些不大重要下属公司做做样子。三是担心"混改"后的企业遭遇政策歧视，在融资成本、土地使用等政策

方面丧失优势。

民营企业纠结徘徊。民企担心在"混改"中不是大股东，没有话语权，自身权益难以保证。由于缺乏在产权、市场、公司治理等各方面的法律制度保障，民营企业在政治地位及市场地位上，相对于国有企业大多处于相对弱势，对与国有资本混合发展存在矛盾心理。既想通过与国有资本发展混合所有制进入被国有企业长期垄断和占据优势的领域，获得更大发展，又担心混合后无法保障自己的话语权和合法利益，更担心被套牢甚至血本无归。此外，民营企业还担心合作后无法摆脱行政性干预，国企的管理体制会侵蚀民企的活力和效率。

地方政府瞻前顾后。"混改"中，部分地方政府仍存在"有了意见等办法、有了办法等细则、有了细则等案例"的现象。其表面看怕"错过一个机会，错失一个时代"，实际上却抱有"等靠要"思想，认为目前追责多容错少，"不改革出了问题有政府兜底，改革出了问题要自己兜底"，不愿承担国有资产流失、内部利益输送、员工安置不稳定等风险，担心被问责。

（二）存在较多现实阻力

国企对民营资本的吸引有限。首先，适合的项目少，国企由于自身定位问题，不少项目缺乏理想的盈利空间，对非国有资本缺乏吸引力。其次，适合的对象少，国企的很多项目都是投资体量比较大的项目，且非经营性资产体量大，难以盘活。非国有资本往往实力不够，有心无力。最后，具有核心竞争优势的对象少，引入财务投资者容易，但引入真正的战略投资者难。

国有资本与民营资本难以深度融合。混合所有制改革寄希望于各类资本可以协作共赢实现包容性发展，但现实却复杂得多，很容易引发各种矛盾和问题。由于存在定位、理念及决策流程的差异，可能使国企和民企之间因为投资比例、经营管理权、收益分配、投资决策、经营理念和目标分歧等原因造成争权夺利、相互拆台、相互掣肘的情形，最终导致经营和决策效率低下。

（三）历史遗留问题难化解

历史包袱难卸。国企偏重由于从资源型和传统型产业发展起来，老企业多、冗员多，职工身份置换、离退休人员社会化管理、厂办大集体、僵尸企业处置、历史债务、资产核销、"三供一业"等难题成为吸引非公资本参与"混改"的"拦路虎"。思想观念难转。部分国企职工还存在"铁饭碗"的老观念，特别是国企职工身份转换就必须拿经济补偿金的观念已经根深蒂固，部分年龄偏大的职工队伍，对"混改"工作存在一定抵触情绪。改制成本难补。企业改制为非国有绝对控股，需要支付职工经济补偿金、预留离退休职工费用等。按规定向地方移交离退休人员时，地方政府表现消极。

（四）国资管理行政化严重

董事会职权落实不到位，决策权虚化弱化。董事会自主决策是"混改"企业完善公司治理的核心内容。在实际中，一些企业虽然股权"混"了，但机制却没建起来，"仍然需要向实际控制人层层请示，董事会就是走个程序"，这种"新瓶装老酒"的改革收效甚微。一些民营企业反映，参加"混改"就怕董事会发挥不了作用，没有话语权。还有一些企业，"混改"后受母公司和董事会双重领导，影响企业正常经营决策。

片面追求绝对控股，习惯于保持"一股独大"地位。部分国企在混改中存在追求绝对控股的倾向，希望"说一不二"，不愿相互制衡，还大量存在"一把手""一支笔""一句话"等情况。这种情况下，"混改"企业很难成为真正的市场主体，完善法人治理结构、改善国企预算软约束问题、保护小股东权益等目标也很难实现。

对国有绝对控股、相对控股和参股企业监管差别不大，难以真正体现"同股同权"。实际中，国资监管机构仍沿用对绝对控股乃至独资国企监管的方式监管混合所有制企业，名义上下放的监管权限实质性内容不多，在企业投资决策、薪酬激励、工资总额管理、选人用人等关键事项上仍然管得过多过宽过死，"混改"企业很难放开手脚闯市场。

层层委托代理，行政化色彩较浓，影响企业经营效率。部分企业认为，无论委托代理的链条多长、制度设计多精巧，最终只是影响了决策效率，带来了行政干预，仍然很难找到真正对企业盈亏最终负责的人。过度复杂的决策程序严重影响了企业的正常发展。例如，某家上市公司由地方国资委出资 21.5% 相对控股，按照现有流程，重大事项决策一般需要耗时 6 个月左右，而类似决策民营企业仅需不到 1 个月[①]。

（五）配套改革政策进展迟缓

混合所有制改革是一项"系统工程"，从现行政策和实际情况看，企业推进"混改"涉及资产评估增值、股权现金交易、土地变更登记、抵债资产处置等多个环节，但相应改革进展迟缓阻碍了"混改"进程。

[①] 宋葛龙、刘小丽等：《闯关过坎 负重前行以混改助力东北老工业基地再次振兴》，《东北混合所有制改革调研报告》。

资产价格难定。受历史条件所限，一些国企在过去几轮改革中不可避免地出现了资产确权不规范、股权变动未审计、产权交易没进场等问题。这些问题由于时间久远变得难于回溯处理，但在"混改"过程中都一一浮出水面，很大程度上影响了民企投资意愿，特别是国有资产定价问题，留下了发展隐患。

税收问题难解决。改制的每个环节都可能涉及不同种类的税收。按照现有混合所有制改革方案，涉及股权现金转让或增发新股应缴纳所得税；因资产评估增值，需要缴纳企业非货币性资产注入所得税和增值税及附加、房产税、印花税等。目前政策只支持税收递延的方案，并未有相应税收优惠，大幅增加了企业的改革成本。

土地变更复杂。历史上获得划拨国有土地证照不够齐全，变更用地属性手续繁琐、确权困难、评估复杂、无法抵押，还需补交土地出让金，这都提升了改革的成本。

债务剥离不易。国有企业过去承担了较多社会公共职能，持有大量的非经营性资产，对应巨大的政府债务。在资产剥离过程中地方政府由于财力有限，仍将债务留在企业，降低企业对社会资本的吸引力。此外，还有部分企业净资产为负，无法出资，其债务形成主要原因是对大股东的欠款，一般做法是债务豁免，但根据要求，在债务处理过程中除全资子公司外均需缴纳所得税，降低企业"混改"积极性。

第四节　新时期持续推进混合所有制改革的对策建议

未来要"坚持混合所有制经济是我国基本经济制度重要实现形

式"的战略定位，要从实践层面采取切实可行的办法，促进混合所有制经济可持续发展。总的来看，需进一步坚定改革的信心、明确改革范围、突出改革重点、规范改革程序、营造改革氛围，在政策、体制和操作层面多管齐下，才能取得事半功倍的成效。

一、总体思路

按照"四个全面"战略布局要求，以转换国有企业经营机制、提高运行效率、应对国际竞争与挑战、推动我国经济发展迈向中高端水平为出发点和落脚点，明确培育具有全球竞争力的世界一流企业目标，持续深化国有企业混合所有制改革。推动完善现代企业制度，健全企业法人治理结构，提高国有资本配置和运行效率，优化国有经济布局，实现国有经济结构性、战略性调整，促进国有资产保值增值，增强国有经济活力、控制力、影响力和抗风险能力，实现各种所有制资本取长补短、相互促进、共同发展，夯实社会主义基本经济制度的微观基础。

二、政策建议

（一）充分激发各方活力，全方位凝聚改革共识

一是激发政府"放"的活力。首当其冲的是要解决政府与市场的关系，使市场力量发挥更重要的作用，让政府赋予企业更多的决策权，履行相应职责，促成企业混改，才能最终实现"混改"初衷。同时，要充分评估"混改"企业的具体情况，根据其条件制定"混改"具体任务，避免"为混而混"和生硬指派任务等现象。二是激发国有企业"闯"的活力。要科学制定战略规划，结合自身产品和技术领域，积极接洽相应的战略投资人，主动优化自身的产业链布

局，进行大刀阔斧的改革。明确只有通过市场才能获得非可替代性的人才和技术，且为企业注入新鲜血液后与原先资源结合才能形成新的竞争优势，培育出企业的"闯"劲。三是激发社会资本"投"的活力。要通过政策的宣传解读，打消社会资本的重重顾虑。通过推动保护产权和企业家精神的相关改革提供保障措施，完善国企治理结构，打破民营资本投资的制度藩篱，激发社会资本参与"混改"的积极性。

（二）突出改革重点，将优化股权结构作为"混改"突破口

优化股权配置结构，形成利益风险共担、相互制衡的局面。在国有资本必须保持独资和绝对控股约束条件下，突破国有资本股比限制思维，要以多元化、相互制衡的股权结构代替一股独大的股权模式。通过股权结构的合理设置形成科学决策程序，真正实现市场化决策机制。确保"同股同权"，建立有效制衡的法人治理结构。深入推进企业"三会一层"建设，完善各负其责、协调运转的决策、执行和监督机制。真正实现股权多元、权责明确、相互制衡、激励有效的公司治理。通过董事会集体决策和监事会的监督，避免大股东干预、一把手说了算和内部人控制等情形。此外，还要深化董事会职能建设，落实董事会业绩考核、薪酬管理等职权，规范董事会市场化选聘和管理层经营，积极完善外部董事选聘机制，并探索完善战略、薪酬、投资决策等方面的董事会专门委员会制度。

（三）确保依法合规操作，严守国有企业"混改"底线红线

进一步完善国有资产评估机制。改善国有资产评估与市场评估差距较大的情形，通过市场化的交易平台，实现企业有形和无形资

产的价格发现功能。确保混合所有制的操作流程公开公正。企业国有产权股权转让、增资扩股、上市公司增发等，除国家有规定外，都应在产权、证券等多层次资本市场上公开披露信息，实现价格发现功能，择优确定投资人。同时，要健全第三方监督机制，国有产权持有清产核资、财务审计、资产定价、股权托管等方面，采取公开竞争方式引入第三方机构，建立股东付费的委托服务模式，杜绝场外交易和内幕交易。此外，还要建立利益相关人员回避制度，其不得参与"混改"方案的制定和组织实施工作，以防止关联交易和利益输送。要确保方案制定合程序规范、公开公正，并主动接受监督。

（四）适应监管主体变化，完善国资管理体制

完善国有资本管理方式，要彻底实现去行政化，从管控走向治理。进一步优化国资管理职能，明确出资人审批事项清单，更清晰的划定出资人与企业的权利边界，以管控资本投向、优化资本结构、规范资本运作、提高资本使用效率和效益为重点，完善国资监管体系。

以混合所有制改革为契机，通过组建或新建国有资本投资运营公司实现以管资本为主的转变。组建国有资本投资或运营公司，行使国有资本出资人职能，引导所出资企业关注价值创造。在国资管理体制上，要合理明确监督者、出资人和运营人的定位，科学安排运营权、考评权和监督权，进而形成相对分离、相互制约和有机协调的权力配置结构和运行管理系统。

（五）营造良好的制度环境，保护地方和企业的改革积极性

完善产权保护制度，确保各种所有制经济公平竞争。本着充分尊重市场规则和契约精神的原则，在国有企业混合所有制改革中，要进一步摒弃在产权保护中仍遗留的所有制歧视，形成产权交易的市场化平台，促使不同所有制的企业都能平等地使用各种生产要素及资源。在公有股权或公有资产定价方面，对公有资本和非公资本的双向参股，都要遵循公开、公允、市场化的原则，形成市场化的定价机制。

建立改革创新容错机制。随着"混改"实践的发展，不可避免地会出现一些我们不太熟悉的新情况、新问题。因此，要在依法治国原则下积极探索容错纠错机制，使"混改"在实践中不断丰富和完善。同时，进一步完善容错机制的实施细则和程序，在实践中真正使容错机制可以贯彻落实下去，以保护好地方和部门推进"混改"的积极性、主动性、创造性。

第二篇

重点市场

第四章　大宗商品市场体系的发展历程与展望

改革开放以来，我国大宗商品市场经历了"市场培育—市场体系初步形成—高速发展—规范完善"四个发展阶段，成功确立了市场配置资源和市场形成价格的机制，建立了多层次、多类别的市场体系，完善了市场组织体系和交易方式，逐步实现竞争有序、规范化发展，对外开放度和国际影响力明显提升。在市场体系建设过程中，我国走出了一条渐进过渡的改革路径，由自下而上的市场自然演进与自上而下的政府强制性制度变迁相结合。展望未来，以建立健全现代化大宗商品市场体系为目标，需要进一步构建全国统一的大宗商品交易市场体系，着力提高市场集中度；建设更加开放的市场体系，提升我国主要交易中心的国际影响力和价格话语权；不断创新和完善市场交易规则和制度保障体系，营造有利于各类市场主体公平发展的竞争环境；推动市场监管体系和监管能力现代化，保障大宗商品市场体系健康有序发展。

大宗商品（Bulk Stock）是指进入流通领域而非零售环节，具有商品属性、用于工农业的生产与消费的大批量买卖的初加工商品。在金融投资领域，大宗商品指同质化、可交易、被广泛作为工业基础原材料的商品。大宗商品涵盖几十个种类、数百种产品，可归纳为能源化工、金属和农副产品三个大类。我国大宗商品市场作为一个相对新兴的市场，伴随着改革开放的伟大历程，经历了艰难突破的起步期、超常规增长的成长期，以及问题迭出的整顿期和走向规范的完善期。在改革开放40年之际，站在继往开来的新起点上，回顾和总结我国大宗商品市场体系发展取得的成就和经验，探索和展望未来发展的趋势和方向，具有重要的历史意义和实践价值。

第一节　改革开放以来我国大宗商品市场体系发展历程

我国大宗商品市场经历了"市场培育—市场体系初步形成—高速发展—规范完善"四个发展阶段，逐步朝着建立健全统一开放、竞争有序的现代化市场体系迈进。

一、市场培育阶段（1984—1991年）：现货交易平台破茧而出、增量突破

我国最初的大宗商品市场发展得益于流通体制改革和生产资料价格逐步市场化。1984年，党的十二届三中全会通过了《中共中央关于经济体制改革的决定》，经济体制改革的重心由农村转向城市。生产资料价格双轨制正式形成，即生产资料的增量部分可以以市场价格进入市场流通。市场调节商品的范围随之迅速扩大。到1991年年底，国家统一分配的生产资料由256种减少到30种，企业逐步取代政府部门成为掌握生产资料流通的主体。

在这一阶段，生产资料的各类交易平台从无到有开始建立。一是农产品和工业品贸易中心启动建立。重庆在全国率先建立了农产品和工业品贸易中心，标志着地方性大宗商品市场开始起步。之后此类贸易中心在全国范围内迅速发展起来，到 1985 年年底，商业部系统共有贸易中心 1630 个，其中工业品贸易中心 1001 个，农副产品贸易中心 629 个（其中粮食贸易中心 182 个）。经清理和整顿，到 1987 年年底，全国共有贸易中心 871 个。[①] 二是批发交易市场开始组建。1984 年，全国人大六届二次会议明确提出"广泛设置农产品批发市场"。全国各地陆续组建了一批综合性或专业性的批发交易市场，例如黑龙江、吉林、江西、安徽、湖北等地的区域性粮油批发市场。1990 年，经国务院批准，我国第一家全国性、规范化的粮食批发市场——郑州中央粮食批发市场成立，较为规范的农产品批发市场逐步发展起来。[②] 在这一时期，我国大宗商品市场建设处于初级探索阶段，改革局限于"增量"部分，市场规模与交易品种非常有限，市场发展仍然受到计划经济体制的羁绊。

二、市场体系初步形成阶段（1992—2000 年）：期货平台、交易品种、法律制度、监管体系全面推进

1992 年邓小平同志南方谈话和党的十四大、十四届三中全会推动了我国由商品经济向市场经济的转变。邓小平同志在南方谈话时指出，"改革开放胆子要大一些，敢于试验，不能像小脚女人一样。看准了的，就大胆地试，大胆地闯"，"证券、股市……这些东西要

---

① 参见《中国改革开放 30 年》，辽宁人民出版社 2008 年版。
② 参见《中国改革开放 30 年》，辽宁人民出版社 2008 年版。

坚决地试。搞一两年对了，放开；错了，纠正，关了就是了"，"社会主义要获得比较优势，就必须大胆吸收和借鉴人类社会创造的一切文明成果，包括当今发达资本主义国家的一切反映现代社会化生产规律的先进技术、经营方式、管理方法等"。邓小平同志南方谈话指明了发展市场经济是中国未来前进的方向，有力推动了改革开放和发展市场经济的进程。鼓励各地方大胆地进行改革，敢于尝试，为各地积极发展大宗商品市场解除了思想包袱、给予了重要的支持和保障。中国共产党第十四次全国代表大会确立了建立社会主义市场经济体制的改革目标，提出了在国家宏观调控下，发挥市场机制对资源配置起基础性作用的重要理念，标志着改革开放和现代化建设进入了一个新阶段。1993年召开的中国共产党第十四届中央委员会第三次全体会议首次提出建立"统一开放、竞争有序的市场体系"，为市场体系建设指明了方向，使市场体系建设无论在广度上还是深度上都取得了前所未有的进展。

在这一阶段，生产资料价格基本实现市场化，到1993年，除少数（10种）物资尚需按计划分配供应外，生产资料基本实现自由买卖。沿海地区地市级生产企业所需物资的95%、重点大型企业所需物资的85%都是通过市场化方式获得，初步实现由政府定价向市场形成价格的体制转轨。在这一阶段，大宗商品市场体系发展取得了四方面突破性进展。

从单一的现货交易向期货现货融合的方向发展。随着市场调节商品的范围不断扩大，价格机制的负作用也开始显现，农产品价格大幅波动[1]，给生产经营者带来了巨大损失。现货市场不能有效地

---

[1] 政府对农产品实行价格双轨制。在计划定购之外，可以实行议购议销。

平抑价格波动，生产经营者缺乏相应的套期保值机制，为解决这一困境，我国由政府推动成立了大宗商品期货市场。1990年10月12日，我国第一家农产品期货交易所——郑州商品交易所（郑州粮食批发市场）正式开业，并于1991年3月签订了第一份远期合同，1993年5月正式推出我国第一个农产品标准化期货合约——小麦合约。在有色金属市场方面，1991年6月，我国第一家金属期货交易所——深圳有色金属交易所成立，1992年5月，上海有色金属交易所成立，并于1993年推出第一张铜标准期货合约，开启了有色金属品种的期货交易。在能源市场方面，1993年，我国第一家能源期货交易所——上海石油交易所成立，同年推出了石油期货交易。到1994年，该交易所的日平均交易量已超过世界第三大能源期货市场——新加坡国际金融交易所。之后，原华南商品期货交易所、原北京石油交易所、原北京商品交易所等相继成立，并推出了石油期货合约。

交易所"由乱到治"，交易行为进一步规范。交易品种迅速增加。全国各地的期货交易所建立起覆盖能源化工、金属、农产品三大领域的商品期货品种体系，推出了汽油、柴油、原油、铜、铝、玉米、小麦等近60个品种的期货商品。期货交易所的出现，显著提升了我国大宗商品市场的发展水平。然而，由于当时石油等期货市场机制和管理体制尚未健全，受部门利益和地方利益驱使，期货市场之后一度出现了盲目发展势头。截至1993年年底，全国竟然有50多家期货交易所、300多家期货经纪公司、近2000家可代理期货交易的会员单位。1994年起，中国证监会禁止各试点交易所交易原油、汽油、燃料油、柴油等期货合约，我国石油期货交易平台中止了交易。经过1994—1995年、1996—2000年的两次整顿，中国证监会将期货交易所压缩合并为大连、郑州、上海3家期货交易所，将期货品种压缩到 12 个，将期货经纪公司压缩至 178 家。从 1999 年起，有色金属期货品种只在上海期货交易所（SHFE）上市交易，农产品期货只在郑州和大连商品交易所挂牌交易，初步实现了期货市场"一品一市"的格局（见表 4-1、表 4-2）。期货市场交易量虽然有所萎缩，但交易行为得到了进一步规范。

表 4-1　我国有色金属期货品种上市时间及所在交易所

期货品种	上市时间	推出交易所	现状
铜	1993 年 3 月	原上海金属交易所	目前，铜期货集中在上海期货交易所进行交易
铝	1992 年 10 月	原深圳有色金属交易所	目前，铝期货集中在上海期货交易所进行交易
铅	1993 年 11 月	原深圳有色金属交易所	1999 年关闭铅期货市场至今
锌	1993 年 11 月	原深圳有色金属交易所	1999 年停止锌锭期货交易，2007 年，锌期货在上海期货交易所重新上市交易
锡	1993 年 11 月	原深圳有色金属交易所	1999 年关闭锡期货市场至今
镍	1993 年 11 月	原深圳有色金属交易所	1999 年关闭镍期货市场至今

资料来源：根据相关资料整理而成。

表 4-2　我国农产品主要期货品种及所在交易所

交易所	主要农产品期货品种（上市时间）
大连商品交易所	大豆、豆粕（2001），玉米（2004），豆油（2006），棕榈油（2007），鸡蛋（2013），玉米淀粉（2014）
郑州商品交易所	小麦、绿豆（2001），硬麦、强麦（2003），棉花（一号）（2004），白糖（2006），菜籽油（2007），早籼稻（2009），菜籽粕（2012）

资料来源：郑州商品交易所、大连商品交易所。

探索建立规范化交易制度并出台相应的法律法规。在这一阶段，针对商品期货市场，我国制定实施了第一部全国性期货市场法规《期货市场管理暂行条例》（1999 年）及与之相配套的四个管理办法《期货交易所管理办法》（1999 年）、《期货经纪公司管理办法》（1999年）、《期货从业人员资格管理办法》（1999 年）和《期货经纪公司高级管理人员任职资格管理办法》（1999 年）。针对现货市场，制定实施了《商品市场登记管理办法》《批发市场管理办法》《拍卖管理办法》等法规，为市场的有序发展初步奠定了法治基础。

完善市场监管的组织体系并明确职责分工。在现货市场监管方面，1993 年撤销原商业部、物资部，组建国内贸易部，主管全国商品流通。1998 年将国内贸易部改组为国家国内贸易局，承担大宗商品现货市场的监管职责。在期货市场监管方面，1993 年，国务院决定由国务院证券委员会负责对期货市场试点工作的指导、规划和协调、监督，具体工作由中国证券监督管理委员会（以下简称证监会）执行。1998 年国务院证券委与证监会合并，以证监会为主的期货市场政府监管机构正式形成。同时期还成立了中国期货业协会，负责促进行业自律、推动期货市场稳步发展。

三、市场高速发展阶段（2001—2010 年）：信息化、国际化进程取得突破

进入 21 世纪，信息网络技术飞速进步，物流仓储日益完善，金融服务不断丰富，支持和推动了大宗商品交易不断升级创新。2001年，我国加入了世界贸易组织(WTO)，开放程度和国际化水平进一步提高。在上述背景下，我国大宗商品市场进入高速发展阶段，取得了两方面的进展。

大宗商品电子交易市场兴起。1997 年，国家八部委推出了一种新型的现货交易模式——大宗商品电子交易。通过电子交易平台，实现大宗商品的网上交易、交收和结算，可进行即期现货、现

货延期或中远期订货交易。大宗商品电子交易有多种交易模式，包括挂牌竞价、挂牌撮合、竞价拍卖、竞价招投标、网上商城、网上超市、专场交易等，同时还具备行情分析、统计查询、风控监管等功能。2003年，国家质检总局发布《大宗商品电子交易管理规范》，对现货市场大宗商品电子交易提供基本性规范。由于期货市场功能相对缺位、地方政府强烈的利益诉求和电子交易带来的财富效应，2007—2011年，我国大宗商品电子交易市场出现了井喷式的增长，全国涌现出300多家具备一定规模、交易活跃的大宗商品"中远期"电子交易平台。

大宗商品市场国际化步伐加快。2001年中国加入WTO后，对大宗商品交易制度进行了修订与完善，我国大宗商品市场在交易规则、运行机制、法律制度等方面与国际市场接轨步伐加快，对国际市场的价格影响力有所增强，我国大宗商品市场成为国际市场体系的重要组成部分。以我国铜期货市场为例，1993年，上海铜市年成交量只相当于伦敦金属交易所的1/42。到2010年，上海期货交易所的累计铜成交量已占到全球市场的1/4。

四、市场规范完善阶段（2011年至今）：规则制度日趋完善

大宗商品电子交易平台在自主发展过程中，现代交易制度、交割和结算制度、风险控制制度、交易者分级与准入制度等多方面均存在不足，违约和风险事件频发。针对大宗商品电子交易市场发展过程中出现的违约和风险事件，2011年，国务院发布《关于清理整顿各类交易场所切实防范金融风险的决定》（国发〔2011〕38号）、《国务院办公厅关于清理整顿各类交易场所的实施意见》（国办发〔2012〕37号），为大宗商品市场的有序发展奠定了基础。全国各地

对大宗商品市场、特别是电子交易市场开展了清理整顿工作。截至2017年年底，我国大宗商品电子类交易市场共计1231余家，实物交易规模超过30多万亿。在上述背景下，我国大宗商品市场进入规范发展阶段，尤其是在制度和体系完善方面取得了明显进展：

规范期货现货市场发展的法律法规体系全面完善。现阶段我国期货市场已经形成由法律、法规和若干部门规章、规范性文件组成的法规体系。《刑法》中增加了有关期货交易的内容。制定出台了期货市场法规——《期货交易管理条例》（2007年、2012年修订）和与之配套的《期货交易所管理办法》《期货公司管理办法》《期货公司董事、监事和高级管理人员任职资格管理办法》《期货投资者保障基金管理暂行办法》《期货从业人员管理办法》《期货公司首席风险官管理办法（试行）》等一系列部门规章与规范性文件。针对现货市场，商务部、中国人民银行、证监会令《商品现货市场交易特别规定（试行）》（商务部令〔2013〕3号）等规章制度相继出台。

交易所的交易制度和风险控制制度进一步完善。在这一阶段，我国交易所完善了结算制度、交割制度、保证金制度、涨跌停板制度、持仓限额制度、会员管理制度、大户报告制度、紧急事件处理制度、纠纷调解和仲裁制度等。各项制度不断规范，市场交易更加透明公开、公平高效，市场的风险控制能力得到显著提高。

市场运行监测体系和应急管理系统逐步健全。2005年，商务部系统完善了重要生产资料、生活必需品、重点流通企业和特殊内贸行业管理4个直报监测系统，建立了全国商品流通数据库，形成了国内与国际市场、现货和期货市场密切连接的市场监测系统网络。建立了市场应急管理系统，覆盖31个省、自治区、直辖市的40个应急商品品种。运行监测和应急管理系统的建立有助于及时向市场公开供求信息，及时预警和防范市场风险，使大宗商品市场的发展基础更为牢固。

我国交易市场对国际市场价格形成的影响力进一步提升。在改革开放 40 年之际，站在继往开来的新起点上，我国大宗商品市场正向着引领国际市场、掌握价格形成主导权的宏伟目标砥砺前行。2018 年 3 月 28 日，人民币原油期货在上海上市交易，这是我国推出的第一个国际化的期货品种，在我国大宗商品市场体系发展史上具有重大的意义和深远的影响。人民币原油期货有望成为具有国际重要影响力、亚太地区原油贸易的定价基准，增强亚太地区新兴经济体的定价影响力，通过影响甚至掌握全球原油价格形成来增强我国的国际竞争力。

第二节　我国大宗商品市场体系建设的成就和经验

大宗商品市场体系是现代市场体系的重要组成部分。改革开放以来，我国绝大多数大宗商品价格已经由市场形成。大宗商品市场发展迅速，多层次、多类别的商品市场体系基本建立，多元化市场竞争格局已经形成，市场现代化和国际化水平显著提高，交易方式和业态不断创新，市场运行的规则制度也逐步完善，市场体系建设取得了突出的成就，探索和积累了不少宝贵经验。

一、实现了价格形成市场化

改革开放以来，我国成功实现了从高度集中的计划经济体制向充满活力的社会主义市场化经济体制转型。我国在工业生产资料价格双轨制合并为市场价格机制的基础上，进一步放开价格，基本实现了由政府定价向市场价格形成的体制转轨。其中，原油、燃料油、石油脑等石化产品以及绝大多数有色金属和铁矿石价格实现了与国际市场接轨，成品油等价格形成机制得到进一步完善，粮食、棉花等农副产品价格形成机制改革不断深化。

我国大宗商品市场化改革采取了渐进式改革路径，经历了"有计划的商品经济"和"社会主义市场经济"两个阶段，是适应当时经济发展水平的阶段式改革。大宗商品改革方式由改革开放初期的中央政府主导逐步向地方政府主导转变，最终过渡到市场主体的自发性改革，成功实现了从高度集中的计划经济到市场经济体制的过渡，没有发生市场的过度震荡。我国大宗商品市场化改革立足国情、从实际出发，"双轨制"改革举措尽管也存在不足和局限性，但是在特定阶段还是推动了我国大宗商品市场化的进程。

二、建立了多层次、多类别的大宗商品市场体系

我国成功构建起由现货市场（中远期交易、即期交易）和期货市场组成的多层次的大宗商品市场体系。其中，现货市场最为基础，主要指各地的批发市场和现货电子盘市场。代表性现货交易平台有天津渤海商品交易所、山东寿光果蔬交易所、广西糖网、天津贵金属交易所等万亿级交易平台。现货交易市场中的产品及标的选择比期货市场更加多元化，能够更为灵活地满足实体经济的需求。尤其是中远期市场的发展，极大地扩展了现货交易的时间维度，实现了商流、物流与资金流的初步分离，对原有市场体系起到补充和拓展作用。期货交易作为一种相对高级和规范的交易形式，对促进大宗

商品市场发展、提高整个市场体系的运转效率具有重要的意义。诺贝尔奖得主、美国经济学家米勒说过："真正的市场经济是不能缺少期货市场的经济体系。"期货交易的标的是标准化的期货合约，极大地降低了交易成本。大量的交易者集中在一起，对标准化合约不间断地进行买卖和信息公布，提高了交易效率和市场流动性。期货交易遵循一系列交易规则和制度，由交易所作为第三方对交易的履约进行监督，使交易在规范化的制度下进行，减少了生产经营者承担的风险，避免了大量的交易纠纷。我国代表性期货交易平台主要有上海期货交易所、大连商品交易所和郑州商品交易所三家，经过三十年的发展，其交易规模已经在国际大宗商品市场上居于领先地位，并对国际价格形成具有一定的影响力。

我国成功建立了场内市场和场外市场共生互补的、多类别的大宗商品市场体系。场内市场是指有固定的交易场所和交易时间的集中交易市场，包括大宗商品期货和现货交易所。场外市场是指分散、非标准化的市场，如批发市场、地方商品交易平台和一些金融机构开展的商品衍生品市场等。场外市场能够对场内市场起到补充作用，在标准化的期货合约之外为企业提供个性化的产品设计和风险管理需求。大宗商品场内市场和场外市场的共生互补有利于加强产业链上下游的联系，优化整合供应链，降低社会资金占用和运行成本，提高实体经济流通效率。

在多层次大宗商品市场体系建设中，我国采取了自下而上的市场自然演进与自上而下的政府强制性制度变迁相结合的方式。一方面，我国大宗商品现货市场是在价格放开后由市场自然演进推动形成的，由于现货市场适应市场需求，因而在全国各地如雨后春笋般迅速出现，推动了市场交易总量显著增长。另一方面，我国的期货市场是在政府主导下自上而下建立的。不同于发达国家由现货交易商和行业协会自发组织建立期货市场的发展路径，我国期货市场是从解决农产品价格上涨过快的实际问题出发，由政府主导组织建立的，以三家商品期货交易所为核心，是一种强制性的制度变迁。大宗商品市场形成中两个方面的结合，使市场的发展具有坚实的基础，也保证了市场的有序与稳定运行。

三、形成了现代化的市场组织体系和交易方式

改革开放 40 年来，我国大宗商品市场体系不断创新和升级，现已成为集交易、融资、信息、仓储、物流、价格发现、风险规避等多功能于一体的市场体系。

大宗商品市场的信息化水平显著提升。随着互联网技术不断融入商品交易和流通的各个领域，市场参与者的范围突破了地域的限制，扩大至全国甚至国界以外。原来不同地域的市场实现了相互联通，极大地降低了交易费用，促进了大宗商品流通，交易效率显著提升。例如，在大数据的支持下，成交的大宗货物能够实现就近配送、商流和物流信息的无缝对接，大幅降低了物流成本。电子仓单使货物入库申请、货权过户、提货申请等业务操作变得安全和高效。大宗商品交易平台成为信息流会聚、整合与发布的场所。完成的交易同时向市场的其他参与者发布了真实可信的价格信息，有利于形成公允市场价格，更好地发挥了市场资源配置作用。大宗商品交易平台还有专门的信息收集和分析服务，供客户决策参考。

大宗商品市场实现了高度金融化。市场体系现代化的一个突出特征就是金融化，表现为交易方式、交易对象、融资工具、物流仓储服务等日益金融化以及市场参与者中大型机构投资者的增多。金

融化一方面带来了市场流动性的大幅提高,使期货市场能够更好地实现价格发现和套期保值的功能。另一方面促使了成交量和市场规模的大幅增加,使我国大宗商品市场的国际影响力显著提升。

现代物流、仓储对交易平台的支撑不断增强。现阶段,我国大宗商品市场已实现了商品交易、现代物流与供应链的协同发展。一些大型现货交易平台在交易之外还提供一站式信息化仓储加工服务、物流配送服务、物流金融服务等。凭借强大的信息技术支撑,物流平台能够在全国范围内为货物运输选择最优化的路径,实现就近配送,显著降低了物流成本、提高了经济效率,使实体产业与商品交易之间的联动不断加强。

大宗商品市场交易模式和品种不断创新和升级。改革开放以来,我国大宗商品市场在交易品种、交易方式、制度规则、商业模式方面不断创新,取得了可喜的成就。我国大宗商品市场经过多年的探索,开展了竞价交易、挂牌交易、中远期交易、现货递延交易等各种交易模式,新的投资方式算法交易、高频交易也不断发展。随着金融创新的推进,近年来不断涌现出新型的金融产品,交易制度和交易规则也在不断演进、完善和提升。

四、实现了市场竞争有序、规范化发展

法律法规体系、信用制度、交易规则逐步成熟和规范化。改革开放 40 年来,我国陆续出台了一系列规范大宗商品市场运行的法律法规、部门规章和行业规范。大宗商品交易所也制定完善了交易规则、风险控制制度、交割制度、资金结算制度等,初步形成了适应我国经济体制和发展环境的法律和制度体系框架,促进了大宗商品市场的规范化发展。我国期货市场经历过几次清理整顿后,进入了

规范发展阶段。

市场的组织形式和市场结构趋于合理。改革开放40年来，我国大宗商品市场从最初分散、不固定的组织形式，逐步发展到有固定地点和一定组织形式的场外市场，最终出现了具有完备组织形式、交易场所和制度规则的市场高级组织形式——场内市场，即各类交易所。针对我国曾一度出现的大宗商品交易所盲目发展的势头，2011年起，国务院对地方大宗商品交易市场进行了清理整顿，关闭了百余家资质较低甚至无资质的大宗商品交易所，市场参与者结构趋于合理，机构投资者数量增加，散户主导的格局得到改观。

市场监管体系逐步健全。改革开放40年来，我国大宗商品市场逐步形成了由"政府监管＋行业自律＋交易所内部管理"构成的多层次监管体系。政府监管方面形成了以商务部为主导的现货市场政府监管机构、证监会为主导的期货市场政府监管机构。中国期货业协会作为行业自律监管主体，主要负责制定行业自律规则和规范、从业人员资格和执业行为管理、对会员与客户的交易纠纷进行调解等。此外，各大交易所也逐步健全了各自的内部制度和规则，通过涨跌停制度、保证金制度、会员制度和结算制度有效地控制了违约风险和金融风险。

五、对外开放度和国际影响力显著提升

大宗商品市场实现了从对外贸易到对外投资的转变。20世纪90年代生产资料价格放开之后，我国对原油、有色金属、铁矿石、大豆等大宗商品的进口量逐年增长，成为全球首屈一指的大宗商品进口国。同时，钢材、精炼金属的出口规模也在不断扩大。近年来，我国大宗商品企业加快了"走出去"和对外投资的步伐。对外投资

方式已经从建点等简单方式发展到收购兼并、股权置换、境外上市和建立战略合作联盟等高级方式，我国在重要大宗原材料领域的战略性全球布局正逐步实现。

我国大宗商品市场的国际影响力不断提高。在全球价格形成方面，我国的影响力显著提高。在贸易规则方面，加入WTO以来，我国进一步融入世界贸易的多边体制，国内贸易规则逐步与世贸组织规则和国际惯例全面对接，法律、法规和规章不断完善，全面建立了开放型经济的体制框架。

第三节　进一步健全现代化大宗商品市场体系的必要性和挑战

进一步建立健全现代化大宗商品市场体系意义重大。发达的大宗商品市场有助于提高整个市场体系的运转效率，提升经济发展速度。大宗商品市场产生的有效的价格信号，有助于实现资源的优化配置。期货市场的套期保值功能能够降低原材料库存占用的资金成本、锁定企业采购成本，稳定企业生产经营、实现预期利润，保障上下游企业之间的合作利益，为我国成为全球制造业中心提供稳定的物质保障。然而，我国在进一步推进大宗商品现代化市场体系建设中还面临以下挑战与难点。

一、全国统一、竞争有序的大宗商品市场有待形成

我国亟须打破地方保护，提高现货交易平台集中度。大宗商品市场具有明显的平台外部经济特征，规模大、交易活跃、参与者数

量众多的平台能够给买卖双方带来更多的选择空间，使规模经济效益得到发挥。然而，由于建设大宗商品交易平台能够增加地方税收、拉动地方经济，各地地方政府出于强烈的利益诉求，纷纷设立大宗商品交易所，导致大宗商品现货交易平台重复建设、竞争过度。部分地方政府还会对外地大宗商品的流入流出设置重重障碍，使得现货市场空间局限于狭小的地方市场，致使现货交易平台规模较小，市场交易清淡，规模经济效应不能得到有效发挥。

　　地方大宗商品交易市场定位有待清晰、有序竞争仍待实现。一个涵盖现货、远期、期货的形态完备、竞争有序的大宗商品市场体系，有利于更好地满足不同层次、不同种类的市场需求，提高大宗商品市场对实体经济的整体服务水平，实现经济高质量发展。然而，目前我国大宗商品市场缺乏整体发展规划，市场平台在发展过程中存在一定的定位不清和无序发展问题。特别是一些大宗商品电子交易平台为了追逐利润，脱离现货交易和服务实体经济，推出准期货、类期货等交易模式，进行实质性的期货交易，却缺乏期货交易所规范的交易规则和监管机制，存在一定的风险隐患。例如，某交易所推出的延期交收制度，使得品牌厂商能够在价格高位恶意买申报、价格低位恶意卖申报，收取延期补偿费获利，几乎是稳赚不赔。某交易所推出的分散式柜台交易模式实际上是投资者和做市商进行一对一的对赌交易。一些综合会员为牟利会通过各种手段诱导投资者作出错误决策，造成大量客户亏损，造成投资者的经济损失和不良的社会影响。[1]

----

① 李正强：《大连商品交易所品种运行情况报告（2017）》，中国金融出版社2018年版。

二、市场开放度和国际价格影响力亟须提升

我国是全球最主要的能源、金属矿石和农产品进口国，由于缺乏价格形成主导权，我国多年来进口大宗商品只能被迫接受"中国溢价"。迫切需要掌握大宗商品国际价格形成的主导权，提升我国经济质量和维护经济安全。

现阶段我国尚未形成全球大宗商品定价中心。除了上海期货交易所在国际铜价格方面具有一定的影响力，其他大宗商品对国际价格的影响力依然比较低。我国大宗商品市场规模小，品种较少，品种之间缺乏联系，市场参与者选择空间小，难以满足大宗商品需求方多样化的需求，国内大宗商品市场的吸引力和影响范围比较有限（见表4-3）。我国大宗商品期货市场对外开放度较低，国外实体企业和投资者难以直接参与我国的期货市场交易，无法参与价格形成过程，因此不会把我国的期货交易价格作为现货贸易的定价基准。

我国产能分散、市场经营主体实力偏弱。我国原油、有色金属、铁矿石等主要大宗商品资源禀赋不足，能矿原材料高度依赖进口。有色金属、农产品行业市场主体数量偏多，产业集中度低，跨国并购的规模和全球布局远未达到控制生产的格局。大宗商品贸易商小而散，没有全球布局，在全球海运方面依赖他国，我国企业因而不具有与大宗商品生产国讨价还价的重要筹码。

表4-3 中国与世界主要矿产资源期货品种对比

期货品种		主要交易所	中国（交易所）
有色金属	铜	LME，NYMEX	SHFE
	铝	LME，NYMEX	SHFE

续表

期货品种		主要交易所	中国（交易所）
有色金属	铝合金	LME	无
	锌	LME	SHFE
	锡	LME	SHFE
	镍	LME	SHFE
	钴	LME	无
	钼	LME	无
	铅	LME	SHFE
贵金属	黄金	NYMEX，CBOT，MCX	SHFE
	银	NYMEX，CBOT，MCX	SHFE
	铂	NYMEX	无
	钯	NYMEX	无
能源	原油	NYMEX，ICE	SHFE
	取暖油	NYMEX	无
	汽油	NYMEX	无
	燃料油	无	SHFE
	天然气	NYMEX	无
	乙醇	NYMEX	无
	丙烷	NYMEX	无
	电力	NYMEX	无

注：NYMEX 为纽约商业交易所；CBOT 为芝加哥商品交易所；SHFE 为上海期货交易所；MCX 为印度多种商品交易所；ICE 为洲际交易所（伦敦）；LME 为伦敦金属交易所。

三、市场监管与风险控制仍需健全

风险管理制度健全、交易交割制度完善、监管有力、规范发展的大宗商品市场能够有效控制投机资金操纵市场，防止主要市场参与者违约和欺诈，保护市场参与者的利益，防止金融风险向其他金融市场和实体经济传导。

我国大宗商品期货市场上市品种盘子小，投机资金容易操纵价格。期货经纪公司的风险管理尚不到位，同行之间的激烈竞争使期货经纪公司过于迁就客户，透支开仓及在保证金不足的情况下不执行强制平仓等现象大量存在，穿仓事件频频发生。期货业协会独立性弱，协会不具有限制或禁止特定市场主体入市交易的基本权力，未能维护会员的合法权利，自律监管职能难以发挥作用。法律法规体系仍需完善，《期货交易法》《现货交易法》等重要法律尚未出台，市场监管的主要依据是法规和行业规范、标准，尚未上升到法律的高度。

四、市场参与者结构、交易工具和平台功能有待完善

市场参与者结构有待优化。生产加工企业和贸易商，特别是其中的大型国有企业在期货市场上套期保值的参与度较低。上游垄断性生产商可通过加价等方式将价格波动风险转移给下游环节，参与套期保值的动力不足。大型机构投资者参与度同样不高，使大宗商品市场的价格发现和套期保值功能得不到有效体现。

相关风险管理工具尚不齐全。国内大宗商品期货交易所目前还没有期权和互换工具，企业套期保值只能以期货为工具，选择余地小。相关期权品种仅存在于场外市场，较为昂贵，难以满足市场参与者个性化的套期保值需求。

大宗商品市场的仓储、物流等配套服务还不够完善。需进一步优化交割仓库的地区布局，推进国内中西部地区和国外主要市场的交割仓库建设。我国大宗商品物流整体成本较高、效率较低，技术

装备和管理水平与国外相比还有较大距离，2016 年以来多次发生煤炭、玉米等大宗工农业原料难以运出产地等突出问题。

第四节　未来建立健全现代化大宗商品市场体系的主要思路和重点任务

深入贯彻党的十九大报告对加快完善社会主义市场经济体制的要求，紧紧围绕使市场在资源配置中起决定性作用和更好发挥政府作用，强化大宗商品市场的重要作用，为经济高质量发展创造良好的机制和条件。坚持正确处理政府和市场关系，国家高层战略引领和市场商品要素自由流动、公平竞争相结合。坚持深化改革、勇于创新，在交易设计、制度保障、监管方式上探索创新。坚持重点突破、综合推进，重点围绕"统一、开放、竞争、有序"四个方面解决实现大宗商品市场体系建设中存在的突出问题。坚持立足当前、着眼长远，准确把握国际大宗商品市场、科技与产业变革趋势，加强战略谋划和前瞻部署，在未来竞争中占据制高点。力争实现四个战略目标：构建全国统一的大宗商品期货市场；建设具有高度全球影响力、开放型的大宗商品交易市场；建设公平竞争、高效活跃的现代交易市场；构建制度完善、稳健发展的大宗商品市场体系。最终全面提升大宗商品市场在促进经济高质量发展中的重要作用。

一、构建统一的大宗商品交易市场，提高市场集中度

一是打破地区分割、地方保护主义等阻碍资源自由流动的体制障碍。强化法律保障，规范政府行为，大力查处滥用行政权力排除

限制竞争案件，着力破除地方保护和区域封锁，打破滥用行政权力制造的市场壁垒，构建全国统一的大宗商品市场。

二是强化优胜劣汰的市场竞争机制，提高市场集中度。通过形成开放、有序竞争的大宗商品市场，引导交易平台之间进行兼并重组，促进平台整合和提高产业集中度，促进资源优化配置和向优势平台集聚。

三是重点支持发展条件较好、发展基础雄厚、发展前景广阔的大宗商品现货交易平台做大做强，不断提升其平台辐射力和影响力，形成具有全国乃至亚太地区影响力的大型现货交易平台。

二、建设更加开放的市场，提升我国交易中心的国际影响力和价格形成主导权

一是推进定价机制市场化。加快推进成品油等大宗商品价格形成机制改革，在竞争主体多元化及有效监管的前提下，实现向实时价格、供需形成价格的转变，实现国内外市场更为紧密的联动。

二是分步骤开放大宗商品期货市场。一方面，放开境外期货业务，允许更多国内企业到境外期货市场进行套保操作，积累成熟市场中的实务操作与风险管理经验。另一方面，逐步放开对合格境外机构投资者的投资限制，在对其资金投向进行严格监控的前提下，允许其参加部分成熟期货品种的交易活动，最终过渡到允许国外机构获得自营席位，允许外资参股和设立期货经纪公司。

三是加快以上期所、大商所、郑商所为代表的国内大型交易所的国际化步伐。加快推出以人民币计价和结算的国际期货品种，完善大宗商品期货品种结构，加大产品创新力度，加快交割仓库全球布局，完善期货交易平台规则体系，完善和拓展交易平台功能，提

高市场活跃度。建立能够客观反映亚太地区市场供求关系的基准价市场，大力打造全球重要的大宗商品期货交易中心，实现国内定价中心—亚太区域性定价中心—全球定价中心的战略转变。

三、破除行政性垄断、完善交易制度，建设公平竞争的大宗商品市场体系

一是进一步破除行政性垄断，形成有利于公平竞争的市场环境。继续放开石油、天然气等自然垄断行业的竞争性业务；进一步放开原油等大宗商品进出口环节的市场准入；完善垄断行业市场价格形成机制，推动要素价格市场化，逐步形成各类市场公平准入、平等使用生产要素的市场环境。

二是完善合约规则和交易制度，形成公平交易的大宗商品市场。完善交易平台会员资格、信息披露、交易模式、结算管理、风险管理、违规者惩罚、投资者保护等方面的规则和制度，规范期货交易行为，使期货交易者能够公平参与市场交易。

四、健全交易制度和监管体系，推动市场有序发展

一是进一步完善我国大宗商品交易法律法规体系。尽快出台期货交易、大宗商品电子交易及场外商品和衍生品市场相关法律法规。进一步规范和完善期货交易所、结算所、经纪公司的各项内部管理章程和制度，保障和体现公共利益，保障市场依法交易、高效运转、稳健发展。

二是优化完善大宗商品市场监管体系。逐步将期货市场与现货市场的双轨监管体制过渡为统一监管体制，以减少监管部门之间的责任推诿、监管真空和政出多门现象。完善大宗商品交易市场设立

的审批制度，避免盲目投资和重复建设。发挥交易所、行业协会等主体的自律监管作用，建立政府监管、行业自律及交易所自我管理的多元、多层次监管体系。加强与国际市场监管当局的协调与合作，建立国家之间信息共享机制和风险联防联控制度。

三是健全大宗商品市场调控机制，防范和化解金融风险，为市场提供稳定预期。加强对供求缺口、进出口、库存变化的监测分析，及时发布市场供求变化与价格波动信息。合理运用政策工具引导企业及时调整采购与生产计划，鼓励企业通过期货市场套期保值减少风险敞口，有效对冲价格大幅变化风险。

第五章　改革开放以来我国资本市场发展回顾与展望

我国资本市场改革是社会主义市场经济体制改革的内在要求，是不断学习和自我完善的发展过程。通过自上而下的顶层设计，尊重市场经济规律，积极引导社会储蓄转化为有效投资，在促进所有制改革、产业转型升级和技术创新等方面发挥着重要作用，已成为金融体系和我国市场经济体制的重要组成部分。但因市场经济的制度环境发展不充分等原因，当前资本市场制度缺陷带来的风险日益显现，已成为制约市场竞争及要素资源配置效率提高的关键环节之一。要根据建设创新型国家的战略要求，按照统一开放竞争有序的目标，系统推进资本市场改革，坚持创新与监管并重，加快向法制化、国际化方向迈进，全面建设面向世界，高效配置要素资源的现代资本市场。

我国资本市场是伴随市场经济体制改革进程逐步发展起来的，已成为中国特色社会主义市场经济体制的重要组成部分。资本市场的健康发展对于加快完善现代市场体系、拓宽企业和居民投融资渠道、优化资源配置、促进经济转型升级具有重要意义。资本市场是货币、债券、股票、住宅及其他形式资本的交易场所[①]。根据我国资本市场发育程度，本章针对较为成熟的资本市场进行阐述，所论述的资本市场主要包括股票市场、债券市场和外汇市场，而其他实物形式的资本性资源和要素资源则在其他章节论述。本章研究目的是对处于市场经济体制改革核心的资本市场进行分析，考察其发展历程、建设成就和制度贡献，阐述在新时代创新型国家战略要求之下的资本市场深化改革的必要性和面临的严峻挑战，并提出其未来发展的思路和政策建议。

第一节　我国资本市场的改革与发展历程

改革开放 40 年来，我国从计划经济向市场经济转型，资本市场相应地具有"新兴加转轨"特征。为推动资本市场改革与发展，国

[①] 早期金融理论认为，金融市场主要由货币市场和资本市场构成。其中，货币市场是以一年期以下（包括一年期）金融产品交易的场所；资本市场则是一年期以上金融产品交易的市场。但随着金融创新突飞猛进，20 世纪 90 年代以后，这种按期限划分的方式遭到了严重挑战，一个突出现象是，在金融交易中，尤其是在调期、期货、期权等交易方式产生以后，人们已经很难根据金融产品的期限来判断某一金融行为的性质。富有代表性的现象是，一个购买了十年期债券的投资者可能在一个月后就将该债券卖出，而一个购买 3 个月期债券的投资者则可能将债券持有到偿付本息的日期，因此，单纯凭期限很难判断谁是长期投资者。有鉴于此，联合国在 1993年新修订的《国民经济核算体系（SNA）》中，对金融交易淡化了以期限作为基本分类标准的重要性。这意味着，随着金融发展，货币市场、资本市场乃至银行信贷市场等边界的严格划分都已失去实践意义。基于以上这些变化，20 世纪 90 年代以后，相当多西方学者已不再用"货币市场"概念，而用"资本市场"来替代金融市场，由此有了资本市场的宽口径和窄口径的划分。更多信息可参考王国刚：《资本市场内涵、功能及在中国的发展历程》，《债券》2015 年第 5 期。

务院在 1992 年、2003 年、2014 年每隔十年发布一个关于资本市场发展的纲领性文件，标志着资本市场发展的阶段性特征。从 1978 年始，伴随改革开放进程，我国资本市场经历了从萌生到全面发展的四个阶段。

一、1978—1989 年：资本市场萌生阶段

以国企股份制改革为契机开启股票发行。20 世纪 80 年代初，我国确立了以"承包制""租赁制""股份制"等方式放开搞活城市集体企业和国营小企业的改革方向，一些企业开始进行股份制尝试。1980 年 1 月，辽宁省人民银行抚顺市支行代理抚顺红砖厂面向企业发行 280 万股股票，改革开放后的第一支股票应运而生。此后北京、上海等城市都开始了股份制试点，股票的一级市场开始出现。当时股票按面值发行，保本、保息、保分红，到期偿还，具有债券的一些特征[1]。由于流通需求强烈，股票的柜台交易开始在各地出现，二级市场雏形初现。

以满足资金周转需要为目标开启债券发行。根据发行主体的不同，我国债券可以分为三种。一是由财政部发行的国库券（即国债）。1981 年我国首次发行总额 40 亿元（实际认购 46.65 亿元）的国债。1988 年经国家批准，国债转让市场在全国范围出现，国债二级市场开始显现。二是由企业发行的企业债。1982 年一些企业开始向社会或企业内部集资并支付利息，企业债开始出现，到 1986 年底企业债总量约为 100 多亿元。1987 年 3 月国务院规定企业债的发行必须由中国人民银行审批，并进行总量管理。在这一阶段，以流通变现为

---

[1] 中国证监会：《资本市场发展报告》，2009 年。

目的的自发交易已私下在各地展开。三是由银行发行的金融债。当时一些银行贷款的项目出现资金不足，银行发行金融债作为一种融资工具，支持项目完成，利率高于存款利率。

以调剂外汇头寸为初衷开启外汇交易。在计划经济条件下，为扩大出口创汇、支持国家集中使用现汇资金、缓解外汇资金短缺困难，我国从1979年起开始实施外汇留成制度：创汇企业的外汇收入，除按一定比例留存外，其余归属国家，必须售给指定银行。当时银行结售汇头寸受到严格管制，当日盈余或不足部分必须及时抛补。为此，1980年我国开办银行间外汇额度调剂，1985年深圳设立首个外汇交易所，1988年上海创办首家外汇调剂公开市场，这些外汇调剂市场并称为外汇调剂中心。为鼓励企业出口积极性，我国汇率体制从单一汇率制转为双重汇率制，即官方汇率与贸易外汇内部结算价并存（1981—1984年）、官方汇率与外汇调剂价格并存（1985—1993年），两个汇率双轨制并存时期。

以规范发展为取向实行人民银行统一监管体系。随着资本市场萌芽的兴起，资本市场的监管需求日益凸显。一方面，银行和非银行金融机构不断涌现，给市场监管带来挑战。另一方面，股票和债券等金融产品不断充实资本市场，也呼唤更为专业化的监管规范。为避免资本市场走向无序，满足资本市场的监管需要，1984年中国人民银行不再办理企业和私人信贷业务，转而专门履行中央银行职能。1986年国务院颁布《中华人民共和国银行管理暂行条例》，进一步明确了中国人民银行作为金融监管者的法律地位，事实上形成了以中国人民银行为唯一监管者的统一监管体系。

二、1990—2002 年：资本市场形成阶段

统一的证券市场开始形成。一是上海证券交易所和深圳证券交易所均于 1990 年成立并开始营业。两大交易所的成立标志着我国资本市场从此扬帆起航。二是 1990 年证券交易自动报价系统（STAQ）落成并投入使用，大大促进了国债的地区间交易，国债流通转让范围扩大到全国 400 个地市以上城市，债券的柜台交易市场正式形成。三是 1994 年我国进行外汇管理体制改革，取消双重汇率制，人民币官方汇率与市场汇率并轨，实行以外汇市场供求为基础的、单一的、有管理的浮动汇率制，银行间外汇市场正式运营，中国外汇交易中心成立。

基础性法律法规相继颁布。为应对证券交易平台建立初期出现的抢购风波，1992 年国务院发布《关于进一步加强证券市场宏观管理的通知》，标志着证券市场管理进入规范化轨道。此后出台了《股票发行与交易管理暂行条例》《公开发行股票公司信息披露实施细则》《禁止证券欺诈行为暂行办法》等文件，确立了证券管理体系的基本框架。债券市场也在先后颁布的法律法规保障下，由混乱无序走向健康发展。在这一时期，上市公司数量快速增长，债券发行量屡创新高，我国资本市场得到较快发展。

分业监管体系基本成型。1992 年国务院证券委员会和中国证券监督管理委员会成立，中国人民银行将证券期货市场监管权移交给这两家机构，1998 年两机构合并成立了中国证监会，统一监管全国证券和期货经营机构。1993 年底《国务院关于金融体制改革的决定》为分业监管体系奠定了坚实基础，明确了中国人民银行的中央银行职能，指出银行业、证券业、保险业、信托业应实行分业经营。

1998 年中国保监会成立，随后中国银监会成立。这一阶段，金融监管体系由统一监管走向分业监管，中国人民银行、证监会、保监会、银监会的"一行三会"分业监管格局基本形成。

三、2003—2013 年：资本市场规范发展阶段

2003 年《国务院关于推进资本市场改革开放和稳定发展的若干意见》（以下简称"国九条"）出台，提出了推进资本市场改革开放和稳定发展的指导思想、任务及相关政策，健全资本市场体系和丰富证券投资品种，进一步提高上市公司质量，促进资本市场中介服务机构规范发展，把证券、期货公司建设成为具有竞争力的现代金融企业，加强法制和诚信建设，加强协调配合以防范和化解市场风险，积极稳妥地推进对外开放，对于大力发展资本市场具有里程碑意义[①]。

股票市场方面，为了丰富资本市场层次，中国证券业协会于 2001 年设立了代办股份转让系统，以承担从上海、深圳交易所退市公司的股票流通转让功能。随后，中小企业板和创业板先后上市，新三板也由地区试点走向全国扩容，多层次资本市场建设取得实质性进展，证券市场体系日渐成熟。同时，基于"国九条"的战略部署，2005 年 9 月证监会正式发布并实施《上市公司股权分置改革管理办法》，将以前不可以上市流通的股份拿到市场上流通，实行同股同权，为大型企业上市奠定了基础，揭开了中国证券市场的新篇章。

债券市场方面，市场交易规则不断完善，可转换公司债券、银行信贷资产证券化、企业资产证券化等新品种开始出现；债券托管

---

① 《国务院关于推进资本市场改革开放和稳定发展的若干意见》，国发〔2004〕3 号。

体系和交易系统等基础设施建设不断加快；以中央国债登记结算公司为平台、以机构投资者为主体、以协议方式交易的无形市场逐渐形成，债券市场得到初步发展。市场品种和规模不断完善，市场参与者逐步扩大到境外机构投资者。

汇率市场方面，2005 年开启人民币汇率形成机制改革，实施了"以市场供求为基础、参考一篮子货币进行调节的、有管理的浮动汇率制度"。人民币汇率不再盯住单一美元，而是按照我国对外经济发展的实际情况，选择若干种主要货币，赋予相应的权重，组成一个货币篮子。以市场供求为基础，参考一篮子货币计算人民币多边汇率指数的变化，对人民币汇率进行管理和调节，维护人民币汇率在合理均衡水平上的基本稳定。

金融监管体系强化协调合作。加入 WTO 之后，为增强业务竞争力，我国金融机构开始实行混业经营。但在分业监管体系下，按照"谁家孩子谁抱走"的原则，容易因监管真空或重复监管等问题，造成监管效率低下。为加强国内各监管主体的交流和协作，2003 年银监会、证监会和保监会正式签署《在金融监管方面分工合作备忘录》。2013 年，国务院正式批复了由中国人民银行牵头的金融监管协调部际联席会议制度，以进一步加强货币政策与金融监管政策之间的协调，加强金融监管政策与法律法规之间的协调，维护金融稳定和防范化解区域性系统性金融风险的协调，加强金融信息共享和金融业综合统计体系的协调，完善交叉性金融产品与跨市场金融创新的协调。此外，受 2008 年金融危机的影响，我国近年来也显著加强了与国际货币基金组织等国际金融监管机构的交流合作。

四、2014 年至今：资本市场全面深化改革阶段

在这一阶段，新"国九条"持续推进金融深化。2014 年，国务院发布了《关于进一步促进资本市场健康发展的若干意见》（以下简称新"国九条"），这是资本市场改革新的纲领性文件，提出资本市场改革要处理好市场与政府的关系、处理好创新发展与防范风险的关系、处理好风险自担与强化投资者保护的关系，处理好积极推进与稳步发展的关系；提出加快建设多渠道、广覆盖、严监管、高效率的股权市场，规范发展债券市场，拓展期货市场，着力优化市场体系结构、运行机制、基础设施和外部环境，实现发行交易方式多样、投融资工具丰富、风险管理功能完备、场内场外和公募私募协调发展；到 2020 年，基本形成结构合理、功能完善、规范透明、稳健高效、开放包容的多层次资本市场体系[①]。

多层次的资本市场全面建立。从 1990 年沪、深两个交易所开办至今，已经形成了沪深主板、中小板、创业板、三板（含新三板）市场、产权交易市场、区域性股权交易市场、债券市场、外汇市场、期货市场等多种交易平台，构建起了多层次的资本市场结构。股票与债券市场改革得到持续推进，直接融资比重稳步提升。汇率改革不断深入。2015 年 8 月，央行启动新一轮汇率改革，宣布进一步完善人民币汇率中间价报价，人民币汇率逐步与美元脱钩，外汇储备管理制度不断完善，外债和资本流动管理体系日益健全。

金融综合监管体系基本确立。随着金融混业经营深入发展，跨市场、跨行业、跨地域的交叉性金融产品不断涌现，金融风险更具

---

① 《国务院关于进一步促进资本市场健康发展的若干意见》，国发〔2014〕17 号。

复杂性和传染性。近年来，银行、证券、保险、信托等资金通过多种渠道进入股市，影响了金融秩序，直至酿成 2015 年股灾。为适应新形势下金融监管需要，各金融监管机构均加强了监管，并对《证券法》等基础性法律及《私募基金监督管理暂行办法》等部门规章条例进行修订，以加强对资本市场的综合监管。近年来，监管体系的机构改革取得重要突破。2017 年 10 月金融稳定和发展委员会（以下简称"金稳委"）成立，成为国务院统筹协调金融稳定和改革发展重大问题的议事协调机构。2018 年 3 月，银监会和保监会合并组建中国银行银保监会。自此，我国金融监管体系进入了金稳委、人民银行、银保监会和证监会"一委一行两会"主导的新时代（图 5-1），综合监管步伐已正式迈开。

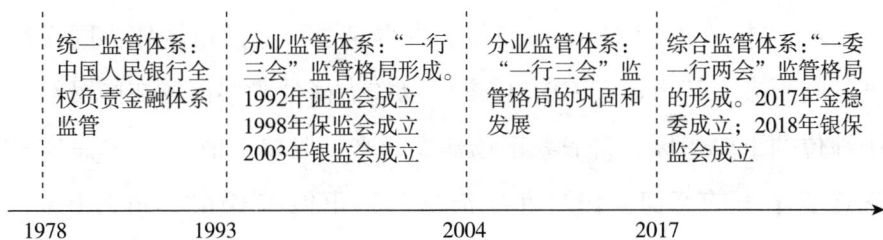

统一监管体系：中国人民银行全权负责金融体系监管	分业监管体系："一行三会"监管格局形成。1992年证监会成立1998年保监会成立2003年银监会成立	分业监管体系："一行三会"监管格局的巩固和发展	综合监管体系："一委一行两会"监管格局的形成。2017年金稳委成立；2018年银保监会成立
1978	1993	2004	2017

图 5-1　改革开放 40 年来我国金融监管体系的发展脉络

第二节　我国资本市场改革与制度建设的成就与经验

我国资本市场在探索中前进，在改革中创新，在创新中快速成长，取得了令人瞩目的发展成就。通过以市场化为导向的改革，资本市场从改革初期的"小池塘"变成了如今的"汪洋大海",成功跻身全球第二大资本市场,对我国经济社会发展产生了巨大的推动作用。作为我国市场经济的重要组成部分,资本市场始终体现着尊重市场主体、尊重市场规律的原则,发挥了促进资本形成、发现价格、管理风险、配置资源等重要功能。资本市场改革是不断学习和自我完善的过程,借鉴成熟市场的经验,借助"后发优势"来设计发展道路,通过政策调整和体制改革进行利益调整,将自上而下的制度设计和自下而上的市场博弈均衡有机结合,对我国市场体系建设做出了重要贡献。

一、我国资本市场改革发展取得了令人瞩目的成就

(一)资本市场快速成长,规模位居全球第二

股票市场快速成长,规模位居世界第二。股票市场作为国民经济的晴雨表,其市值占 GDP 比重可以作为衡量股票市场在国民经济中地位的重要指标。自股票市场建立起来,股票市值占 GDP 总体呈现逐步增大的态势。1993 年,沪深两市市值占 GDP 比重为 0.5%;2017 年股票市值占 GDP 的比重为 76.4%(见表 5-1)。美国、日本的股票市值占 GDP 的比重分别为 147% 和 100%。从总市值看,中国股票交易所总市值(不含港澳台)居世界第二,仅次于美国;我国上交所和深交所都跻身世界前十大交易所,分居第四和第六。

表 5-1　历年我国股票市场情况一览表

年份	上市公司数量（个）	总市值（万亿元）	流通市值（万亿元）	成交金额（万亿元）	GDP（万亿元）	总市值/GDP（%）
1991	13	0.01	0.01	0.00	2.20	0.5

续表

年份	上市公司数量（个）	总市值（万亿元）	流通市值（万亿元）	成交金额（万亿元）	GDP（万亿元）	总市值/GDP（%）
1993	183	0.37	0.07	0.35	3.57	10.4
1995	323	0.39	0.09	0.40	6.13	6.4
1997	745	1.90	0.52	3.03	7.97	23.8
1999	949	2.82	0.82	3.11	9.06	31.1
2001	1160	4.63	1.45	3.33	11.09	41.7
2003	1287	4.56	1.32	3.12	13.74	33.2
2005	1381	3.50	1.06	3.11	18.73	18.7
2007	1550	40.13	9.32	45.41	27.02	148.5
2009	1718	29.07	15.14	53.19	34.91	83.3
2011	2342	25.01	16.50	41.88	48.93	51.1
2013	2489	27.25	19.97	46.35	59.52	45.8
2015	2827	58.45	41.78	253.30	68.91	84.8
2017	3485	63.18	44.91	111.76	82.71	76.4

数据来源：Wind。

债券市场发展迅猛，规模位居世界第三。2000年我国债券市场规模为2023亿美元，2016年达到9.1万亿美元，增长44倍。同期美国债券市场规模由14.6万亿美元增至35.8万亿美元，仅增长1.5倍（见表5-2）。2017年我国债券发行量达到40.39万亿元，债券存量规模达74.14万亿元，仅次于美国和日本[①]。在这个过程中，我国债券品种也不断推陈出新，除包括国债、金融债、央票、企业债等传统产品外，近年来还陆续推出一般性金融债、商业银行次级债和混合资本债券、质押式回购、买断式回购、债券借贷、债券远期等

---

① 《径山报告》课题组：《中国金融开放的下半场》，中信出版社2018年版。

新产品。结构持续优化，企业债和金融债占比迅速上升，2016年分别达到23%和51%[1]。

表5-2 部分国家债券市场规模与增长情况（单位：亿美元）

	2000 年	2010 年	2016 年	2016 年比 2000 年增长（%）
中国	2023	30551	91786	4437
美国	146503	293531	358223	145
日本	65715	143392	116650	78
英国	6955	35380	28675	312
法国	10376	25403	25630	147
韩国	3540	11490	17200	386

数据来源：BIS。

外汇市场产品体系不断丰富。实体经济对于外汇市场的基本需求是有效配置外汇资源和防范汇率风险。外汇市场的改革发展始终将服务实体经济放在首要位置，充分考虑经济主体的风险识别和管理能力，由简单到复杂、由基础到衍生，逐步引入各类新工具。目前我国外汇市场已具有即期、远期、外汇掉期、货币掉期和期权等基础产品体系，与国际外汇市场产品比重相似，基本满足了各类市场主体的汇率风险需求。2017年，我国外汇市场人民币对外汇交易各类产品累计成交24.1万亿美元，较2002年增长43倍，其中衍生品交易量的比重由2002年0.7%增长至2017年60%（图5-2）。根据BIS三年一次外汇市场调查，中国外汇市场交易量占全球外汇市场交易量的比重由2004年的0.02%升至2016年的1.1%[2]。外汇市场

---

[1] 中国人民银行：《中国金融稳定报告》，2017年7月。
[2] 中国外汇管理局：《国家外汇管理局年报》，2017年。

深度和广度不断扩展，为推进汇率市场化改革和支持市场主体适应汇率双向波动提供了有力保障。

亿美元

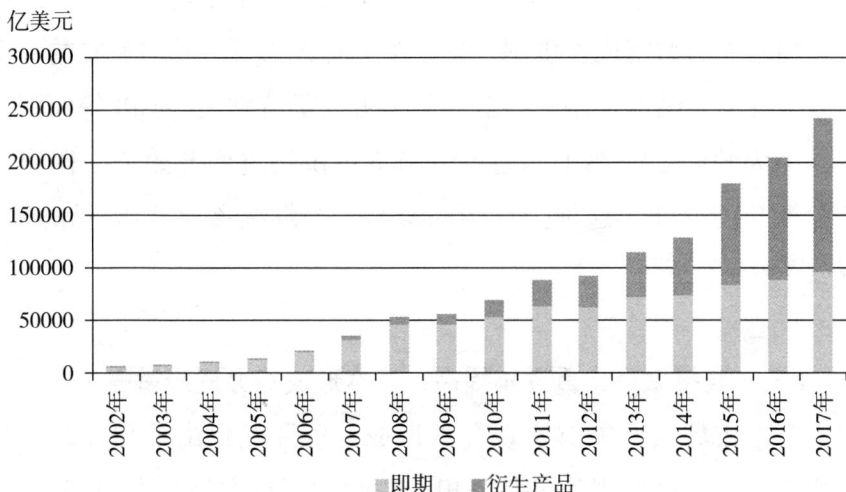

图 5-2 我国外汇市场交易量

来源：中国外管局、中国外汇交易中心。

（二）金融资产迅速增长，新财富分享机制初步形成

通过对资本市场体系的多层次建设、诚信建设和坚决打击违法违规行为，多样化的投融资工具不断涌现，投资者群体日益培育多元化，资本市场逐渐成为经济发展的发动机、供给侧结构性改革的杀手锏，产业升级和创新驱动的推进器，还为老百姓的资产配置多元化和财富增长起到了重要作用。国际资本市场的经验表明，如果从50年到100年的时间跨度来看，股票、房地产、国债、黄金四方面的投资收益最高的第一是股票，第二是房产，第三是债券，第四是黄金。改革开放前国家既是储蓄者又是投资者，改革的结果使储蓄者与投资者分离了，储蓄与投资的分离使资本市场的作用更重要了。改革开放以来，居民储蓄存款之高速增长，其中最主要的根源，是国民收入分配由"藏富于国"转变为"藏富于民"，居民部门分享了较多的社会财富，居民可支配收入增加。资本市场提供了与经济增长相匹配的财富成长机制，建立了一种人人可以参与财富的分享机制。现在中国即使是一些退休的老太太都特别关心 CPI 等经济指标，因为她们炒股票了。通过参与资本市场进而开始关心国家经济和社会的发展，这种全社会的参与，会继续深化我国的市场经济改革。

（三）直接融资比重逐年提高，资本形成能力逐步增强

资本市场具有能够实现资本形成、资源优化配置和分散风险的功能，在价格发现、风险分担、激励创新等方面具有独特优势。在我国资本市场近 40 年的发展中，直接融资占社会融资的比重在逐年提高，2009 年这一比重开始超过 10%，2016 年则为 25%，服务实体经济的能力逐步增强（图 5-3）。截至 2017 年底，沪深两市上市公司达 3485 家，总市值 56.71 万亿元，流通市值 44.93 万亿元。新三板挂牌公司 11630 家，总市值 4.94 万亿元。2017 全年共有 419 家企业实现 IPO，融资 2186 亿元，二者均居同期全球前列；新三板融资 1336 亿元。2017 年上市公司共完成再融资 8002 亿元，完成并购重组交易额达 1.87 万亿元。交易所市场发行债券 2433 只，共筹资 3.91 万亿元。全年新上市公司中高新技术企业占比近 80%[1]。

---

① 杨毅：《多渠道发力提升资本市场直接融资能力》，《金融时报》2018 年 3 月 13 日。

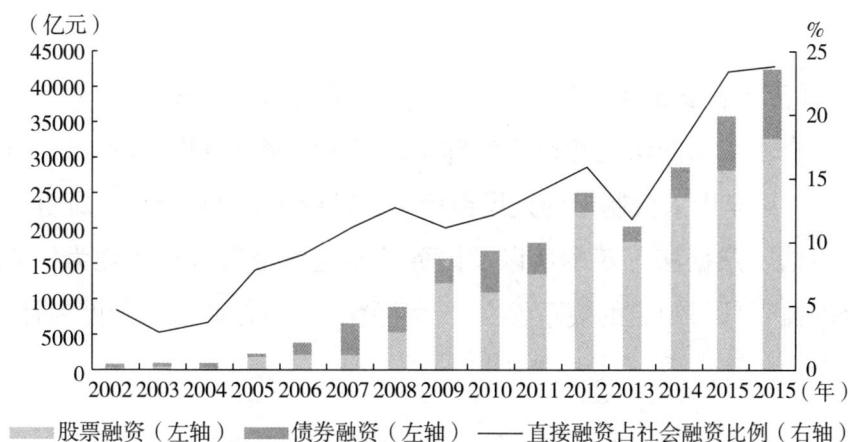

图 5-3　2002—2016 年非金融企业直接融资规模及占社会融资规模比例

资料来源：中国人民银行，2017 年。

（四）双向开放稳步扩大，与国际金融市场不断融合

资本市场开放不断取得成效，外资金融机构数量和资产规模迅速增长。引入外资金融机构一定程度上帮助我国金融机构改善了公司治理结构和经营能力，促进资产、盈利水平、抗风险能力的提升。开放也促进改革，随着中国金融业开放程度提高，汇率和利率的市场化改革不断推进，资本账户可兑换的程度在逐步提升。国际金融机构和商业机构在国内股市、债市、期货市场中都有一定程度参与，股市有合格境外机构投资者（QFII）持股，债市和期货市场有国外商业机构在交易，香港投资者有沪港通、深港通和债券通等通道。我国资本市场也在加快融入全球经济体系，2016 年人民币被纳入SDR（特别提款权），2018 年 3 月中国债券被纳入彭博巴克莱全球综合指数，2018 年 6 月 A 股被纳入全球新兴市场 MSCI 指数体系。国外资本积极参与我国资本市场，不仅协调了我国资产与其他各国资

产的相对定价关系，也改善和强化了我国资本市场的内在机制[①]。

（五）监管工具不断完善，治理金融乱象成效显著

资本市场的法制建设不断健全，监管法制化程度不断提升，形成了"以全国人大制定的人民银行法、银行业监督管理法、证券法、保险法、票据法等基本法以及国务院制定的金融行政法规为核心，金融监管部门制定的规章性文件为主体，金融行业自律制度为补充的金融监管体系"（专栏 5–1）。

专栏 5–1：金融监管主要法规

1. 银行业相关法律法规

国家层面主要包括《中国人民银行法》《商业银行法》《银行业监督管理办法》《票据法》《反洗钱法》《外汇管理条例》等。行业层面主要包括《商业银行资本充足率管理办法》《商业银行流动性风险管理办法（试行）》《商业银行内部控制指引》等。

2. 证券业相关法律法规

国家层面包括《证券法》《证券投资基金法》《信托法》《公司法》《企业破产法》等。行业层面包括《证券公司监督管理条例》《证券公司风险处置条例》《股票发行与交易管理暂行条例》《期货交易管理条例》等。

3. 保险业相关法律法规

国家层面包括《保险法》《外资保险公司管理条例》等。行业层面包括《保险公司合规管理办法》《保险资金运用管理暂行办法》《保

---

① 郑学勤：《资本市场国际化的核心》，《中国金融》2018 年第 1 期。

险专业代理机构监管规定》等。

金融乱象治理成效显著。2017年，银监会连续开展专项治理，行政处罚案件3452起，其中处罚银行业金融机构1877家，罚金29.32亿元。证监会重拳出击治理资本市场，督促天津、云南、北京等地方平稳化解贵金属、邮币卡、原油、"微盘"交易等金融风险；严厉打击内幕交易、操纵市场等违法行为，对资本大鳄进行铁腕执法，全年共行政处罚224件，罚金近75亿元。保监会对违规行为从严、从重处理，经互联网金融风险专项整治，降低了P2P网络借贷、股权众筹、互联网保险等风险。金融的宏观审慎监管工具不断完善，在深度上增加了动态拨备、杠杆率等监管工具，在广度上则强调了对互联网金融、影子银行等新兴金融业务的监管（表5-3）。我国也不断加强与国际金融监管的合作交流，严格履行职责，积极参与议题设计、标准制定和方案实施，主动配合组织和协会的监督检查。

表5-3 宏观审慎监管工具概览

监管维度	宏观审慎监管工具
应对信用过度扩张与高杠杆	杠杆率、动态贷款损失准备、信贷增速上限等
应对期限错配和流动性风险	流动性覆盖率、存贷比上限、贷款与稳定资金比率、准备金要求等
应对金融体系内风险传染	系统重要性金融机构的附加资本要求、附加杠杆率要求、流动性要求，金融机构间敞口限制，差异化的风险权重，中央对手方清算机制等
应对部门性金融风险	部门性资本要求、贷款/价值、债务/收入、贷款/收入、外币贷款风险权重、外汇风险敞口限制等

资料来源：兴业研究：《宏观审慎工具知多少》。

二、我国资本市场改革发展的成功经验

（一）改革方位：始终坚持服务于国家发展战略

资本市场是中国股份制改革与金融体制改革相结合的产物。1978 年改革开放后，伴随国企改革等经济体制改革的深化，资本市场应运而生，在其诞生之初就担负着服务于国企改革的历史使命，发挥资金融通功能，为国有企业融资解困。在计划经济体制下，国家财政统一分配资金。经过市场化改革，企业开始从银行获取信贷资金。资本市场出现后，企业又直接通过市场融资。中国以往任何一轮加速国企改革都伴随着股市制度的大变革。近年来，对于充分竞争类的企业通过混合所有制改革打造出一批优质的上市企业，并推进投融资领域供给侧结构性改革，强化创新驱动调结构增动能，以保持经济平稳增长和推动经济转型升级。新一轮国企改革加快，资本市场中再次为国企效率提升与优势整合提供了重要平台。此外，债券市场的改革发展也长期服务于国家基础设施建设等政府融资需要，外汇市场改革发展应满足保持汇率稳定和国际收支平衡等重要政策定位。

（二）改革目的：始终坚持金融服务于实体经济

资本市场是实体经济发展的晴雨表，市场化的资本市场是实体经济发展的重要支持，资本市场应始终坚持成为实体经济的助推剂。一是发挥资源配置功能。2017 年中国股市总市值已近 57 万亿元，包括上市公司债务在内的总资产约 100 万亿元，占中国经济总量的半壁江山有力推动了经济的持续发展。二是促进科技创新。创业板自 2009 年 10 月底开板，上市公司从 28 家发展到 710 家，2017 年

总市值达到 5.13 万亿元，其融资规模增速、上市公司成长性等都明显优于主板市场。同时风险资本投资机制能极大地促进企业科技创新。此外，企业一旦上市，既受到证券公司、会计事务所、律师事务所训导，又受到交易所、证监部门的监管，企业的股东意识、公司治理理念不断增强，有力推动了现代企业制度的建立。

（三）改革方向：始终坚持市场定价，引导资源优化配置

资本市场的制度建设要借鉴国际成功做法和经验，但每项改革必须牢牢立足我国国情。改革之初，为了在适应经济发展需要的同时保持经济稳定，资本市场长期实行"双轨制"，包括汇率双轨制、利率双轨制、股权分置导致的同股不同权等现象。这些改革实践是立足我国国情下的改革创新，符合社会主义市场经济条件下资本市场发展的客观需要。随着资本市场走向成熟，双轨制并轨也在稳步推进并取得积极成效，使得资产价格逐步市场化并渐渐成为调整资本市场供求状况的重要决定力量，慢慢成为引导资源配置流向的决定性力量。

（四）改革模式：始终坚持自上而下的制度设计

资本市场在建设过程中，通过政策调整和体制改革进行利益调整，将自上而下的制度设计和自下而上的博弈均衡有机结合，不断向前发展。国务院在 1992 年、2003 年、2014 年每隔十年发出的关于资本市场的"国九条"，作为资本市场改革的顶层设计，引导相关改革的协调推进。这些改革对调整产业结构和转换企业经营机制，积极筹措资金和优化资源资源配置，国有企业融资解困等做出了重要贡献。同时，在自下而上的重大项目融资方面，资本市场改

革的作用表现得也较为明显。重大项目建设事关全局和长远发展，既是扩大有效投资、促进经济平稳高效增长的直接抓手；又是加快转型升级、增强发展后劲的有效措施。在推进重大项目建设过程中，我国通过发行专项债等不断创新融资方式，紧紧抓住资金保障这个"牛鼻子"，从而保障了国家和地区重大项目建设的顺利推进。

（五）改革路径：始终坚持渐进式改革

改革是根据解放和发展社会生产力的要求，不断调整和完善相关体制机制的过程，也是一个坚持从实际出发，实事求是、尊重地方的首创精神，取得成功经验再逐步推广的渐进过程。我国资本市场接近40年改革开放取得成功的关键因素之一，就是始终坚持渐进式改革，正确处理好改革发展稳定的关系。注意把握好改革的节奏、力度和市场承受程度，确保资本市场稳定运行。健全多层次资本市场体系是一项长期任务和系统工程，需要立足国情积极稳妥推进，把加强顶层设计和"摸着石头过河"结合起来，充分发挥后发优势。早在2003年，中央就提出建立多层次资本市场体系，当时主要到考虑我国股票市场只有面向大中型企业的主板市场，层次单一，难以满足大量中小型企业特别是创新型企业的融资需求。2004年我国推出了中小板，2009年推出了创业板。经过10年探索，我国多层次资本市场体系初具规模，股票交易所市场日益壮大，中小企业股份转让系统（"新三板"）服务范围已扩展至全国，各地区域股权转让市场和证券公司柜台市场积极探索前行。多层次资本市场建设不仅有力支持了经济社会发展，而且为建立现代企业制度、构建现代金融体系、推动多种所有制经济共同发展作出了重要贡献。

第三节　资本市场深化改革的必要性及面临的挑战

我国经济和资本市场发展的两个重要动力在于，一是实体经济崛起带来了对资本市场的天然需求和发展，二是资本市场发生的任何一项改革都会唤起很多市场参与者的积极性。我国经济市场化改革一个很重要的特色是兼顾社会稳定，资本市场改革同样具有这一特点。因此存在一些制度性缺陷，导致很多问题和风险存在。因此，回顾资本市场改革进程，分析资本市场功能是否得以充分发挥，是否已实现了其价格发现、资源配置、风险管理的基本功能，才能认清在已经开启的现代化经济体系建设的新征程中，资本市场进一步改革的必要性，以及在有效应对未来扩大金融对外开放形势之下需要解决的各类问题和各项挑战。

一、资本市场功能未充分发挥，深化改革势在必行

社会主义市场经济理论的确立和资本市场的产生和发展，是我国经济体制改革具有深远意义的重大进展。但是，我国资本市场是在新旧经济体制的剧烈摩擦和尖锐对抗的夹缝中产生和发展起来的，是对抗双方相互妥协和不断磨合的结果，因而从其产生之日起，就带有先天不足，市场中的一些"原生"的制度缺陷在改革中不同程度地得到了矫正，但是资本市场的市场化发展程度仍不完善，市场化机制仍然不足，这些表现为资本市场功能扭曲、政府干预行为、

制度环境缺陷以及监管不力等方面①。在市场经济条件下，资本市场最基本最核心的功能是实现资源的合理配置，通过创建自由的市场环境，引导资金资源的流量和流向，实现资源有效配置，提交资本市场的效率，而我国的资本市场却未能充分发挥其价格发现、市场定价和市场性资源配置的功能。从国际经验看，高效的市场化金融资源配置方式是美国经济迅速崛起，并在高科技浪潮中步步领先的重要原因。建设现代化经济体系这一战略目标，无疑是围绕资本市场进行构建，不仅中国如此，全世界都是如此。因此，我国经济在由高速增长转向高质量发展过程中，唯有继续深化改革，建设高度市场化和法制化的资本市场，才能促进现代化经济体系的建设。

二、资本市场存在制度缺陷，深化改革面临严峻挑战

（一）市场机制不够健全，资本形成能力受到抑制

股市的上市和退市机制不健全、监管不到位，阻碍其充分发挥资源配置的功能。由于上市退市机制不健全，上市仍被视为企业"圈钱"的手段，企业可持续发展能力弱，资本市场投机性加剧、投资功能弱化；而退市制度实施结果差强人意，问题公司、垃圾股赖在市场不走，大大削弱了自身的造血功能。防范商业欺诈制度不健全，对违规信息披露、违规操作炒作等违法犯罪行为的监管处罚不力，投资者不能得到与其所担风险相应的回报。股市整体上表现为负和博弈——企业拿钱、政府征税、金融业赚取佣金、投资者亏损累累，而价格信号扭曲导致资源无法得到优化配置，抑制了资本市场服务

---

① 胡绍学：《转型时期我国资本市场"制度缺陷"研究》，《财政监督》2012 年第 2 期。

实体经济的能力①。

　　债市问题也很突出，交易市场割裂造成债券定价机制的非市场化，地方债管理机制不健全存在重大风险隐患。债券市场分割较严重，俗称"五龙治水"，有交易所的市场，有银行间的市场；有发改委管的企业债，有证监会管的公司债，有央行管的融资工具等，每个市场有不同的管理规则，相互之间并不连通，标准不一，基础设施不一样，所以债券市场虽然总规模比较大，但是格局看起来很混乱，几个不同的债券市场各自为政。这也导致债券市场的流动性很低，存在非市场化的定价机制，对投资者非常不利，同时银行间市场和交易所市场的分割性使得产生于不同市场的信用利差能在一段时间内持续且存在套利机会，投机者可在两个市场间套利②。这种标准不一的债券市场跟国际市场也难以接轨，导致了一个奇怪的现象：市场打开了，投资者却进不来③。目前地方政府债也蕴藏着高度风险，最初是为满足地方政府的融资需求，融资平台应运而生，"隐性债务"野蛮生长和极速扩张④，并不断通过债务置换进行债务延期，埋下了很大的安全隐患。2017 年以来地方政府债务管理趋严，尤其2018 年财政部接连发布了《关于做好 2018 年地方政府债务管理工作的通知》和《关于做好 2018 年地方政府债券发行工作的意见》，要求地方财政部门严格落实属地管理责任，将防范化解地方政府债务风险作为当前财政管理工作的重中之重，依法健全规范的地方政

---

① 李扬：《"金融服务实体经济"辨》，《经济研究》2017 年第 6 期。

② 李扬：《中国金融改革开放 30 年：历程、成就和进一步发展》，《财贸经济》2008 年第 11 期。

③ 黄益平：《债券市场改革发展的方向》，2018 年 8 月 16 日，见 http://www.sohu.com/a/232110710_330810。

④ 贾康等：《我国地方政府债务风险和对策》，《经济研究参考》2010 年第 14 期。

府举债融资机制，既要开好"前门"，稳步推进政府债券管理改革，又要严堵"后门"，守住国家法律"红线"，坚决制止和查处各类违法违规或变相举债行为，促进经济社会健康持续发展。从目前来看，这些措施应该都能起到有效控制地方债风险的作用。

人民币汇率形成机制不健全，升值或贬值趋势一旦形成容易导致市场投机。人民币汇率机制改革包括汇率波动区间和中间价报价机制的改革，2015年人民币汇率中间价报价机制改革，参考上日收盘汇率和外汇供求情况，向中国外汇交易中心提供中间价报价。汇改后三日内出现了4%的贬值，引起国际金融市场的恐慌。随后我国引入人民币逆周期调节，阻断了人民币贬值趋势，目前受中美贸易战影响，我国贸易顺差大幅收缩，经常项目2018年第一季度甚至出现逆差，加上美元指数不断回升，导致人民币再次出现贬值态势，央行开始实行预期管理。汇率贬值虽然在一定程度上可以促进贸易出口，但在中美贸易战不断升级背景下，难以抵消出口关税增加25%的出口抑制作用，况且如果汇率贬值20%左右必然导致货币危机。因此，汇率市场化改革的制度建设要持续推进，既要抑制市场投机，又要维持我国的对外资本流动平衡，促进人民币国际化的顺利推进。

（二）资产价格大幅波动，价格发现功能未有效实现

过度投机行为造成资产价格暴涨暴跌，没有实体经济支撑的股市疯涨只是泡沫化的虚假繁荣[1]，无论是2007年的外源性股市崩盘，还是2015年的股市疯涨与股灾；无论是2005年以后长达10年的人

---

[1] 吴晓求：《中国资本市场：从制度和规则角度的分析》，《财贸经济》2013年第1期。

民币汇率升值带来的短期资本大举进入，还是 2015 年后由于人民币汇率贬值趋势带来的短期资本快速外逃；资产价格剧烈波动，金融期货起不到有效管理风险的作用，价格发现功能未能完全实现，一旦崩盘则可能造成经济金融系统的剧烈动荡或者货币危机[1]。随着金融发展不断深化，金融市场的复杂联动特性显著增强，金融维稳压力不断加大。近年我国经济增长进入新常态，固定资产投资增速持续低位徘徊，区域性产能过剩问题依然严重，外部政治经济环境更加复杂严峻，资本市场风险不断积累，房地产泡沫、影子银行风险、地方政府债风险、汇率大幅波动等风险相互交织相互影响。房地产泡沫方面，在一、二线重点城市房地产市场严监管背景下，三、四、五线城市房价持续高涨，居民部门杠杆率不断攀升，成为资本市场重要的风险源。影子银行方面，随着资本市场建设加快，通道业务迅猛发展，融资工具日益复杂，金融风险不断集聚，存在诸多风险隐患，P2P 等融资平台违法违规案件快速上升，在一定程度上危及社会稳定。而地方债、房地产泡沫、影子银行风险、资产价格暴涨暴跌，都会将风险传递到银行等金融机构，导致跨市场风险传染加剧，存在发生系统性风险的隐患。

（三）制度缺陷依然存在，投资者保护制度亟待完善

从市场角度看，保护投资者利益特别是中小投资者利益应该是资本市场立法的出发点，资本市场所筹资金用于公司的投资，公司是资金需求者，投资者则是资金供给者，公司使用投资者的资金应

---

[1] 易宪容：《中国股市如何回归常态——A 股暴涨暴跌的原因及政府救退市之路径》，《探索与争鸣》2015 年第 8 期。

当给投资者投资回报，但实际情况远非如此[1]。目前我国资本市场投资者开户数高达 3.8 亿户，实际投资人 1.2 亿人，其中中小投资人8000 万人[2]。多层次的法律体系应当对政府行为、企业行为、个人行为和市场行为进行全面规范，应当有全方位的监管框架来规范会计师事务所、律师事务所、咨询机构等的行为机制，形成市场与社会相结合的监管网络，使资本市场形成高度透明和公平公正公开的市场，但是，资本市场在这方面存在重大的制度缺陷。上市公司作为证券的出售方和市场信息源，在经营状况、盈利水平等等方面具有明显的信息优势；机构投资者由于持股量大，与上市公司联系紧密，也有机会了解上市公司的真实经营状况；但广大中小投资者的信息来源有限，容易受到误导，难以对证券的真实价值做出正确判断。有些上市公司及相关机构利用信息优势容易散布虚假信息，从而操纵市场股价获得不当收益；有些上市公司则借助市场炒作，随心所欲地发布并购重组等信息，扰乱市场正常秩序，同时损害了投资者利益，这些都使得投资者利益保护成为待解的难题。

（四）直接融资占比偏低，市场配置资源功能滞后

我国资本市场体系发端于国企改革和产权变革，从 1990 年沪、深两市开办至今，已经形成了主板、中小企业板、创业板、三板（含新三板）市场、产权交易市场、股权交易市场等多种股份交易平台，初步具备多层次资本市场的雏形，但存在一些突出短板。一是

---

[1] 曹凤岐：《加强制度建设是提振中国股市的根本》，《中国金融》2004 年第 8 期。

[2] 安青松：《新时代金融工作四项重要原则与资本市场发展基本逻辑》，《证券日报》2018 年 6 月 16 日。

直接融资规模占比偏低，由于债务融资具有较强的顺周期性，在经济下行时获贷难度加大，甚至面临抽贷、断贷的窘境，因此直接融资占比较低易引发金融风险，不利于实体经济的健康发展。二是服务实体经济功能不强，从融资可得性看，大量的股权资本被定增占用，对于数量庞大的中小微企业而言，由于区域股权市场等市场挂牌公司数量不多，交易活跃度低，融资功能发挥有限，中小微企业融资难问题并未得到根本性解决。

（五）对外开放步伐较慢，与国际市场融合度偏低

中国经济已和全球经济深度融合，但资本市场国际化程度仍然较低，服务于中国经济走出去的能力远没有跟上。目前 A 股流通市值中外资持股占比仅 3.5%，远低于日本、韩国的 30% 和 16%。从投资者结构看，A 股仍然是以个人投资者为主体的阶段，与韩国等股市相比，我国股市的机构投资者占比偏低。我国资本市场国际化是资源配置必然走向全球化的大势所趋，但从日本、新加坡等资本市场国际化的经验看，资本市场国际化必须以较成熟的市场化机制为前提，监管体制高效给力，信息披露充分透明，惩戒措施相对严厉，有一批有国际影响力和吸引力的优质上市公司，才能建立相对公开、公平、公正并富有效率的资本市场。对于开放型经济大国来说，汇率制度具有牵一发而动全身的全局效应，人民币兑美元汇率弹性虽然在增强，但是波动幅度依然较小，大约只相当于美元、欧元、日元、英镑等货币波幅的 1/3 左右，而合理的汇率波动幅度是汇率市场的主要特征。

第四节　健全完善资本市场的改革思路和措施

资本市场改革要遵循市场发展的基本规律，只有立足国情，才能建设功能完善、开放包容的多层次竞争有序的资本市场。要加强资本市场的基础性制度建设，建立起公平公正的交易平台，形成有效的资产价格市场定价机制，整顿市场秩序与运行规则，处理好监管与创新的关系，在关键领域改革做出进一步的突破和创新。未来要切实解决好资本市场各层级发展的基本关系，处理好政府与市场的关系，使市场在资源配置中起决定性作用，更好地发挥政府作用；处理好风险自担与强化投资者保护的关系，处理好创新发展与防范风险的关系。

一、服务国家发展战略，明确资本市场改革方向

健全完善资本市场改革，应以"三个战略"为指引，服务于国家的制造强国、贸易强国、创新型国家的三个战略目标，提高金融资源配置效率，不断拓展为实体经济服务的广度和深度，建设有国际竞争力的资本市场强国。资本市场改革应以建设现代化市场经济体系为导向，一是要提升资本市场配置资源功能，坚持服务实体经济发展的根本宗旨，发挥好市场配置资源和风险管理的功能，遏制过度投机，不断夯实资本市场发展的根基，真正对企业和国民经济起到支持作用。二是增强资本市场的科技创新服务能力，服务于创新型国家战略，适应我国经济结构发生的深刻变化，支持新技术、新产业、新业态和新模式，促使新经济成为我国经济增长最快的板

块。三是服务于贸易强国战略，为国际贸易和投资服务，加速我国服务贸易升级。推进人民币汇率形成机制改革，充分利用汇率价格杠杆优化资源配置，为发展国际贸易、人民币国际化和金融市场开放奠定更好基础。

健全完善资本市场改革，还应明确资本市场发展的市场化、法制化和国际化方向。市场化、法制化和国际化，这三者是相辅相成的。市场化是用合理监管取代不合理管制，实现市场的自由化；没有法律就没有自由，这对资本市场同样适用，监管是法治的具体落实；国际化是市场法规同国际通行法规接轨。

建立公正、公平、公开的资本市场，保护投资者合法权益，持续优化专项行动与传统常态执法并重的执法理念及模式创新，督促市场各方严守法律法规，切实维护好市场秩序。建立全球资源配置能力的国际化资本市场，培育高质量的上市公司，夯实高质量发展的微观基础，加强对全球长期资本配置，防控国际短期投资流动风险，强化全球资源配置格局。

建立规范管理的法制化资本市场，正确处理政府和市场的关系，健全诚信体系。要守住不发生区域性系统性风险的底线，要加强市场微观主体的监管，强化宏观审慎监管，加强宏观经济分析，加强不同监管部门和地方政府之间的协作，共同防范系统性金融风险[1]。

建立高效一流的国际化资本市场。在资本市场开放过程中，进入我国市场的发达国家金融机构在技术水平、金融知识、市场运作经验和同全球金融市场的衔接能力等方面，整体上均高于国内金融机构。国际化自身不是目的，它的目的是将国内市场提高到国际水

---

[1] 《证券交易所管理办法》，2017 年 11 月 17 日，见 www.csrc.gov.cn。

平，如果从一开始就实行完全开放的准入，会造成对国内市场的不公平竞争，因而需要有序分步骤开放，负面清单的管理方法为我国资本市场融入国际资本市场提供了缓冲的过程。我国资本市场需要掌握金融的核心竞争力，保障金融安全，提高金融机构水准，形成金融体系内聚力。

二、深化市场机制改革，推动资本市场规范高效发展

资本市场发展的根本出路在于制度改革，制度建设的基本点是让更具成长性的企业有上市融资的机会。一要解决股市的制度缺陷问题。要把住入口，动态完善新股发行机制，稳妥推出注册制，提高股票供给，降低发行价格，对上市公司设置分红的法定要求，提升其投资价值[①]。也要疏通出口，强化上市公司退市机制，可按时间划段，新股新办法、老股老办法，老企业可要求大股东注资以改变其亏损经营状况，新上市企业则可实行退市制度。

二要加快债券市场改革。要坚持市场化的原则，无论是发行定价、评级或是刚性兑付等问题，都必须坚持市场化的原则。要保证监管的独立性，监管职责要统一，监管标准要一致，这方面可考虑在国务院金稳委的构架下成立一个"债券市场改革协调小组"，由人民银行、证监会、发改委和财政部参与，明确统一的监管标准，加强各部门的政策协调。要及时化解债券市场风险，警惕地方债到期需要展期的冲击，在打破刚性兑付和维持金融相对稳定之间寻求平衡，平衡债券市场发展和去杠杆的关系。要接受国际化的标准，重

---

① 曹凤岐：《推进我国股票发行注册制改革》，《南开学报（哲学社会科学版）》2014年第2期。

新构建基础设施，让我国债券市场真正地融入世界经济之中，协调好开放和改革的关系，推动债券市场促进下一轮资本市场改革和人民币国际化。

三要推动外汇市场改革。外汇市场有待实现以更为真实需求为基础的供求关系的基本平衡，人民币汇率市场化程度的提高应建立在国际收支基本平衡的基础之上。未来仍需促进人民币汇率市场化改革，加强市场主体汇率风险管理，加大汇率波动区间和市场决定汇率的力度，增强人民币汇率双向浮动弹性，保持人民币汇率在合理均衡水平上的基本稳定。支持人民币在跨境贸易和投资中的使用，推进人民币对其他货币直接交易市场的发展，促使人民币成为国际市场的主要储备货币之一，加强配置全球金融资源的能力。还要淡化人民币贬值预期，避免当前经济下行压力之下的股市和汇市形成联动效应带来人民币贬值压力，通过增加汇率弹性和逐步改善内外条件来影响市场预期[1]。同时密切关注国际形势变化对资本流动的影响，完善对外汇和资本流动的宏观审慎管理。不断发展和完善多层次外汇市场，帮助企业和个人规避汇率波动风险，逐步拓宽个人和企业参与外汇市场投资的渠道。加强对外投资的政策引导，推动对外投资对接国家战略，聚焦有利于产业升级和结构调整的重点行业和领域。

三、建设包容性资本市场，更好满足中小微企业等实体经济融资需求

完善以资本市场为核心和纽带的投融资服务链，为各类创业企

---

① 连平：《汇率市场化改革仍待深化》，首席经济学家论坛，2018 年 8 月 16 日。

业搭建直接融资平台。一是完善主板市场制度，丰富市场产品和层次，降低市场交易成本。二是完善创业板发展，明确市场定位，强化"创新""成长""孵化"内涵，加大对创新型企业支持力度，引导风险投资等产业基金进入企业发展的各个阶段，有效缓解创业企业融资难问题。三是大力培育新三板市场，提升其交易、融资功能，加快做市商扩容，改革完善协议转让制度，改善中小微企业融资难题。四是补齐资本市场短板和完善转板制度，加大对创新型产业支持，建立各层次市场间的转板机制以提升资本市场服务功能和流动性，探索进入成熟期的创业板上市公司向主板市场转移的转板机制，重点推进新三板向创业板转板试点，支持一批适应实体经济、契合国家发展战略且发展前景广、创新能力强的优秀新三板挂牌企业转板上市。五是规范发展区域股权市场，为地方政府扶持中小微企业提供综合平台，稳步发展股权投资、天使投资、种子基金等投资，为企业生命周期提供全产业链的融资服务解决方案。

四、形成资本市场对外开放新格局，增强全球资源配置能力

稳妥推进资本市场对外开放，把握好金融开放次序，借鉴他国经验，完善对外开放举措，破除市场准入等制度性障碍，既要留住国内优质企业，又要吸引海外上市企业回归，吸引优质境外公司来华，打破我国资本市场成分单一的尴尬局面，提升在全球资本市场的地位。遵循金融监管能力与开放度相匹配的原则，以维护金融安全为前提，清醒认识外资金融机构的增资控股削弱我国政府宏观调控作用的可能性，审慎审批外资增持我国金融机构的持股比例，防止国际资本主导甚至全面控制我国资本市场。推进资本市场国际监

管合作，及时了解国际金融监管规则的最新动向，防范金融风险跨境传染，逆周期调节跨境短期资金流动，完善现有的监管磋商和监管联席会议等合作交流机制，参与国际金融规则与监管标准制定的各个环节。

五、健全投资者保护机制，促进证券市场健康发展

监管最终目的是保护投资者权益，从根本上保障资本市场稳健运营，严格防范和坚决打击市场操纵，防范资本市场的系统性风险。个人投资者是保持资本市场活力与活跃度的重要基础，要提升对投资者教育的深度与广度，加强政策宣传与舆论引导，力争使资本市场每一项制度改革的政策信息全覆盖地传达至每一个投资者，引导树立正确的投资理念和减少非理性行为。要完善投资者损失赔偿制度，完善信息披露制度，加大对误导性陈述、虚假记载或重大遗漏等影响投资者做出决策的违规现象的查处力度；严格执行高管减持制度，对违反规定的公司及股东做出行政处罚，让违法者付出高昂代价；健全集体诉讼制度，着重保护中小投资者利益。

六、完善金融综合监管，平衡金融安全与创新发展

完善金融综合监管体系，关键在于找准金融安全与金融创新的平衡点。要发挥"一委一行两会"金融监管功能，强化金融监管协调。通过金融稳定委员会加强各监管机构的信息交流，实行统计数据共享，完善跨行业、跨市场、跨地区金融风险的评估和化解。要加强金融监管法律体系顶层设计，完善金融监管法治体系和宏观审慎管理框架，统一规范金融领域监管标准，加大金融违法惩戒力度，推动金融立法与金融体制改革密切衔接。在当前综合监管模式下，

应增强宏观审慎管理意识，通过动态拨备、逆周期资本等政策工具，加强对房地产泡沫、影子银行、地方政府债等潜在风险点的监测、评估和防控，加快打破银行间和交易所的债券市场分割现状，实现宏观审慎、微观监管的有效统筹。建立健全中央地方两级金融监管体系，界定中央和地方金融监管职责和风险处置范围，通过"权责下移"和"因地施策"，实现地方金融发展与风险防范的有效匹配。加强金融监管政策与货币政策配合，定期向社会公开其运行情况，防范金融市场对政策预期产生的波动。

第六章　要素市场发展改革历程及其展望

　　40 年改革开放肇始于要素市场体制改革，通过打破生产要素高度集中管理的"统配制"，我国经济社会实现了快速发展。总体来说，改革开放以来，我国要素市场改革发展可以分为四个阶段：1978—1991 年，重点是促进要素市场交易和激活拥有者积极性；1992—2000 年，重点是规范要素流通交易和完善要素市场机制；2002—2013 年，重点是要素交易机制和促进要素市场发育；2014 年至今，重点是提升要素市场化和交易制度化程度。通过 40 年的土地制度改革、劳动力市场机制改革以及科技体制改革，有效促进了我国"人口红利"的形成，有序助推了我国城镇化进程，有力支撑了我国产业发展转型升级。当前，我国进入新的历史发展阶段，但是改革滞后导致要素市场难以满足愈发迫切的发展诉求，主要表现为：要素市场改革不到位不利于城镇化质量提升和城乡融合发展，要素市场改革不到位不利于新动能有效培育和企业"走出去"，要素市场改革不到位不利于要素自由流动和经济体制改革。面向我国经济进入高质量发展阶段的内在诉求，以及针对现代化经济体系建设的紧迫需求，未来应该坚持市场化改革的导向，紧紧扣准要素市场体制机制问题，以完善产权体系和推进一体化为重点，建立产权明晰和交易有序的土地市场制度；以破除劳动力市场各类分割为重点，形成有助于促进灵活就业的劳动力市场机制；以管理体制改革和创新服务为重点，构建激励有效和转化有力的科技市场体制。通过体制改革和机制创新，促进生产要素产权明晰、流动自由、价格合意、配置高效，加快构建符合我国经济社会发展阶段的现代市场体系，为实现经济高质量发展和建立健全现代化经济体系奠定重要基础。

　　要素数量投入是经济稳定增长的基本引擎，要素优化配置是经济持续发展的核心动力。为此，历史上各国推进改革都肇始于要素市场层面的改革。回望40年改革开放历程，除了本书之前所提及的资本市场改革之外，我国在劳动力、土地和技术等要素市场都推进了相应改革，使要素市场逐步摆脱了计划经济条件下的"统配制"，要素产权权属逐步明晰，要素自由流动持续优化，要素价格市场化不断推进，极大释放了"要素再配置"的"改革红利"。然而，和世界许多国家的历程相似，由于要素市场调整难度大、范围广、影响深，我国要素市场的制度变革滞后于商品市场，要素市场"双轨制"在一定范围内、一定领域中和一定程度上依然存在，不利于我国经济结构升级、发展效率提升、收入分配优化[①]，既与我国经济高质量发展的阶段特征不适应，也与现代化经济体系建设与完善的现实需求不匹配。因此，面向建成社会主义现代化强国目标，要素市场改革成为未来我国供给侧结构性改革和经济体制改革的重中之重。应以市场化为导向，逐步破除要素市场领域依然存在的"双轨制"，打破要素流动的地区分割、行业分割和所有制分割，形成统一的要素

[①] Xu C., The Fundamental Institutions of China's Reforms and Development, *Journal of Economic Literature*, 2011, 49（4）:1076–1151.

市场，完善要素价格市场形成机制，向要素市场机制优化以及要素合理再配置索要新的"市场化改革红利"[①]。

第一节　计划经济约束了要素流动与活力释放

新中国成立以来，与我国计划经济模式相适应，我国对生产要素实行高度的集中管理制度，中央政府对地方、企业、个人直接分配生产要素，呈现出较为典型的"统配制"特征[②]。在那个阶段，要素交易规模十分有限，基本上不存在真正意义上的要素市场。城乡土地基本国有化，城市劳动力主要依靠行政安排并由国家支付固定报酬，农村劳动力固化在土地上难以流动，科技要素产权权属归于国家并无法交易。这些因素都极大限制了我国经济起飞和社会发展，成为改革开放之初我国要素市场改革的历史逻辑起点，而改革伊始也是从要素市场入手的[③]。

一、城市无偿划拨和农业合作化的制度制约了土地资源优化配置

新中国成立以来我国对城乡土地制度进行了调整，经过过渡期后基本确立了城市无偿划拨、农村合作化或公社化的土地使用制度。

---

① 刘世锦：《供给侧改革的主战场是要素市场改革》，《智慧中国》2016年第9期。

② Kornai J., Maskin E., Roland G., Understanding the Soft Budget Constraint, Journal of Economic Literature, 2003, 41（4）:1095–1136.

③ 王永钦、张熙：《市场、政府与企业：不完全市场、内生的经济组织与要素市场改革》，《学习与探索》2013年第1期。

在城市，新中国刚成立的过渡时期内，国家对城市土地曾实行有偿使用，无论是全民所有制用地单位，还是集体所有制用地单位，都必须向国家缴纳租金。1954年2月24日，财政习字第15号文件明确规定，"国营企业经市人民政府批准占用的土地，不论是拨给公产或出资购买，均应作为该企业的资产，不必再向政府缴纳租金或使用费；机关、部队、学校经政府批准占用的土地，亦不缴纳租金或使用费"，正式确立了全民所有制单位用地一律采取无偿划拨的方式，一直延续到改革开放之初。在农村，1949—1951年过渡时期内，我国实施的是农民的土地所有制，"所有没收和征收来的土地和其他生产资料，除本法规定收归国家所有外，均应统一地、公平合理地分配给无地及缺乏其他生产资料的贫苦农民所有"[1]。但是，其后随着我国农业生产组织方式的调整，农村土地制度先后经历了初级农业合作化、高级农业合作化和人民公社化三个阶段，其核心都是将土地归为集体所有的农村合作化土地制度[2]。然而，城市土地无偿划拨的制度单纯利用计划的手段配置土地资源，忽视国家与企业之间、企业与企业之间的利益差异，对于土地资源配置极为不利。同时，农村农业合作化和人民公社化背景下的土地集体所有制模式，脱离了当时我国农村生产力发展的实际水平，基层生产单位没有自主权，生产中没有责任制，分配上实行平均主义，极大地挫伤了农民生产积极性[3]。应该说改革开放前，我国并不存在真正意义上的土地市场，僵化的土地制度对我国城乡经济社会发展形成了明显制约，

---

[1] 中华人民共和国政务院：《中华人民共和国土地改革法》，1950年6月28日。
[2] 欧旭东：《建国以来我国农村土地制度变迁分析》，《企业导报》2013年第4期。
[3] 朱方林、朱大威：《建国以来中国土地制度重大改革回顾与展望》，《江苏农业学报》2015年第1期。

这也是改革开放后的要素市场改革首先在土地领域开启的原因。

二、统包统配制和流动僵化的劳动力市场束缚了人力资源效率提升

新中国成立后，由于城市百废待兴、产业基础薄弱，我国就业形势极为严峻，加之实施计划经济体制，逐步形成了以统包统配制为主要内容的城市计划就业制度。1952 年以后，从"一五"计划开始，我国实施了重工业导向发展战略，与之相适应，正式确立了统包统配制的劳动就业制度，即对城镇劳动力统一由国家包揽就业，用行政手段实行统一计划、统一招收、统一调配[①]，一直延续到改革开放前夕。在这种制度下，劳动者就业由政府包揽，劳动力配置靠行政调配，企业无用工自主权，只能执行国家招工计划，工资、福利、保障全部由国家统一承担，企业不可辞退职工，导致劳动力难以流动。主要依靠计划配置劳动力要素的制度，实际造成企业内隐性失业人口大量存在，不利于城市人力资源的合理配置[②]。与此同时，我国从新中国成立之初开始，依托户口登记和管理进行社会管控、维护城市公共秩序，出台了《城市户口管理暂行条例》和《中华人民共和国户口登记条例》等规定，将城乡居民区分为"农业户口"和"非农业户口"两种不同户籍，并在农村户口和城市户口基础上形成差别性的福利制度安排、差别性的土地产权制度、差别性的管理体制和限制人口迁移流动，依托户籍制度对人口迁移进行严格管控，避免城市部门的人口增长和集聚。城市统包统配制的就业制度以及农

---

① 袁志刚、方颖：《中国就业制度的变迁》，山西人民出版社 1998 年版。
② 高书生：《中国就业体制改革 20 年》，中州古籍出版社 1998 年版。

村人口的限制流动都内生于计划经济体制，呈现出劳动力市场的一种低效率动态均衡，导致我国人力资源配置固化，随着经济体制改革的推进，这种就业制度和劳动力市场机制急需做出相应变革[1]。

三、计划指令调节和行政管理的技术市场约束了科学技术经济转化

新中国成立以来，在计划经济体制下，我国的科技体制也表现出计划调节和集中管理的特点。科技管理体制以行政管理为主，科技资源的分配、科技活动的组织都以国家计划性指令为导向，具有很强的约束力。这种科技管理体制的形成是与当时所处的历史环境分不开的[2]。新中国成立初期，我国经济基础薄弱，又面临西方国家的经济和技术封锁，学习外国特别是苏联的先进科学技术和管理体制，成为新中国成立之初科技政策的重要内容之一[3]。随着20世纪60年代中苏关系紧张，我国科技发展所面临的国际形势更加严峻。在此背景下，采取统一集中的科技管理体制，既可以打破国际势力的封锁，也能够尽可能集中有限的资源开展科研活动，利用举国之力实现既定战略目标，可谓是在当时历史条件下的必然选择和有效应对。在这种科技体制下，我国建立起比较完整的科研组织体系和科技基础设施，形成了比较健全的科研队伍。但是，这种集中管理体制在取得巨大成就的同时，也束缚了科技的长远发展。由于将有

① 黄博：《改革开放后中国的劳动力市场和工资形成机制演变》，《中国外资》2011年第3期。

② Dorn J.A., Red Capitalists in China: the Party, Private Entrepreneurs, and Prospects for Political Change, Business History Review, 2005, 77（4）：187–818.

③ 崔禄春：《建国以来中国共产党的科技政策研究》，中共中央党校博士学位论文，2000年。

限的资源集中在国防军事科技领域，使得工农业生产领域的发展严重受限，加剧了发展的不平衡性。国防科研与民用科研领域自成体系，缺乏有效的转化机制。由于没有把握提高本国自主开发能力的根本立足点，缺乏对引进技术的消化、吸收和再创新，一度造成了依赖国外技术和大量进口零配件的被动局面。另外，国家对科技发展干预过多，使得体制本身缺乏对外部环境变化的快速反应能力，而且由于缺乏竞争压力，科技创新的积极性普遍不高，也使科技体制表现出更多的局限性。自 20 世纪 70 年代以来，和平与发展成为时代主题，世界科技竞争格局发生了深刻变化，已从军备竞赛转为经济领域的竞争。现代科技革命浪潮兴起，科技对经济的作用凸显，我国原有科技体制弊端日益突出。从 1978 年开始，科技政策走向重要的历史转折点，开始了科学技术由"国防动力"向"经济动力"的角色转变，开启了科技体制改革的初步探索。

在这样的要素市场制度安排下，我国土地市场和技术市场基本上不存在，而劳动力市场处于发展停滞状态，导致我国要素拥有者和持有者的激励很弱，要素投入效率极低，影响了我国投入产出效率和经济持续增长能力。在这样的情况下，改革开放之后，我国首先加快破除要素"统配制"，通过建立要素市场"双轨制"培育和完善要素市场制度，这才有了改革开放之初我国要素潜力的释放、商品经济的繁荣和国民经济的起飞①。因此，虽然在改革开放40年中，我国要素市场改革整体滞后于商品市场，但是改革却肇始于要素市场的调整。

---

① Jiahua, Facchini, Giovanni. Dual track reforms: With and without losers, Centro Studi Luca d\'Agliano, University of Milano, 2007:2291–2306.

第二节 要素市场改革虽步频较缓但持续突破

我国要素市场改革是伴随市场化改革步伐与节奏同时推进的，土地市场、劳动力市场和技术市场改革虽然在进程上不完全一致，但总体是按照改革开放伊始、1992 年社会主义市场经济体制目标确立、2000 年前后加入世界贸易组织以及 2013 年进一步深化改革启程几个时点及其形成的阶段推进[1]。虽然各阶段要素市场改革以及同阶段各要素市场改革之间的力度和深度不尽相同，但是其总体推进的路径有类似规律可循[2]。这几个阶段的要素市场改革都各有突破，极大激活了要素存量潜力，提升了要素配置效率，为我国经济社会持续健康发展提供了重要基础保障。

一、1978—1991 年：积极促进要素市场萌芽

新中国成立之后到改革开放之初，我国实施纯粹的计划经济体制，要素流动困难，土地、劳动力和技术市场几乎不存在，要素配置不合理，要素使用效率较低[3]。因此，在改革开放之初，我国政府要素市场改革的核心就是如何使要素交易和流动起来，并打破过去的要素国有制和集体制，提升要素拥有者积极性，激发要素的生产

---

[1] Xu C., The Fundamental Institutions of China's Reforms and Development, Journal of Economic Literature, 2011, 49（4）:1076–1151.

[2] 黄益平：《中国要素市场改革任重道远》，《中国县域经济报》2018 年 1 月 8 日。

[3] Perkins D.H., Director. Reforming China's Economic System, Management World, 1988, 26（2）:601–645.

潜力，不断提升要素的配置效率。

在土地市场层面，我国逐步推进土地所有权与使用权分离，并在此基础上加快促进土地各种方式的交易，为优化土地配置和发挥土地效能提供制度基础。这一时期，我国土地制度改革发端于农村，安徽省凤阳县小岗村 18 位农民将村内集体土地分开承包，打破了人民公社大锅饭制度，开创了家庭联产承包责任制的先河[①]。1978 年 12 月，十一届三中全会通过《中共中央关于加快农业发展若干问题的决定（草案）》和《农村人民公社工作条例（试行草案）》2 份关于农业的文件，第一次提出要发展多种形式的责任制，其中包括"联产计酬责任制"，这为日后的农村土地改革埋下了伏笔[②]。之后，土地改革从农村向城市蔓延，1979 年 7 月，《中华人民共和国中外合资企业经营法》首次提出土地有偿使用；1980 年 7 月，国发〔1980〕201 号文件进一步指出："中外合营企业用地，不论新征用土地，还是利用原有企业的场地，都应计收场地使用费。场地使用费的计算，应该包括征用土地的补偿费用，原有建筑物的拆迁费用，人员安置费用。"1982 年 1 月，《深圳经济特区土地管理暂行规定》正式开始征收土地使用费。1984 年以后，抚顺、广州等城市开始推行土地有偿使用制度。1987 年深圳市政府首次公开招标出让土地使用权。与此同时，1982 年，我国第一次以宪法的形式确定了土地所有权性质，将我国的土地划分为城市和农村两大组成部分，分别归国家和集体所有；1986 年我国《土地管理法》明确提出土地所有权与使用权的划分、归属、确权与管理，将我国土地管理工作纳入依法管理

---

① 徐超英、李连芬：《我国土地制度变迁与改革方向》，《创新》2013 年第 3 期。

② 朱方林、朱大威：《建国以来中国土地制度重大改革回顾与展望》，《江苏农业学报》
　2015 年第 1 期。

的轨道，为土地产权的交易奠定了法律基础。此外，1988年我国宪法修正案删去了1982年宪法第十条第四款中不得"出租"土地的规定，增加了"土地的使用权可以依照法律的规定转让"的规定，承认土地使用权的商品属性；1990年5月，国务院令第55号对土地使用权的出让、转让、出租、抵押等以及划拨土地的使用权问题做了具体的规定，标志着国家有偿有限期土地出让使用权政策实施，为土地使用权有偿出让提供了具体依据，为建立可流转的房地产市场奠定了基础[1]。

在劳动力市场层面，我国政府开始允许公民自谋职业，并逐步实施劳动合同制，为劳动力要素流动和配置提供制度保障，充分挖掘劳动力的潜在配置效率。1980年，我国政府提出了"三结合"的就业方针，即"在国家统筹规划和指导下，实行劳动部门介绍就业，自愿组织起来就业和自谋职业相结合"；1981年提出了国营企业要实行合同工、临时工、固定工等多种形式的用工制度，逐步做到人员能进能出；1983年进一步放宽对集体经济、合作经营以及个体经济的限制[2]。1986年开始，我国劳动力市场政策聚焦于全员劳动合同制的普遍推行。1986年，国务院发布了实行劳动合同制的四项暂行规定，要求对所有城镇新就业的人员普遍实行劳动合同制[3]。以"三结合"就业方针的实施为标志，在相关政策引导下，我国曾经"过度稳定"的劳动力市场开始松动。至此，我国劳动力流动和配置的

---

① 董昕：《中国房地产业的发展历程与展望》，《经济研究参考》2017年第52期。

② 赖德胜：《2012年中国劳动力市场报告》，北京师范大学出版社2013年版。

③ 潘泰萍：《我国劳动力市场灵活化改革历程及效果分析》，《商业经济研究》2012年第13期。

障碍逐步被消除，劳动力市场开始活跃起来①。

在技术市场层面，我国政府开始承认技术产权的个人归属，并推进技术产权自由灵活交易，为科学技术转化运用以及科技与经济融合发展创造条件，提升科技激发经济增长活力的贡献。1978 年全国科技大会上，邓小平同志提出"科学技术是第一生产力"的观点，为技术商品化奠定了基础和前提条件，我国迎来了"科学的春天"，科研工作秩序开始恢复，国内一些城市如沈阳、武汉等地陆续出现技术商品有偿转让的活动②。尽管如此，在改革开放初期，由于没有明确的技术产权界定标准和统一的技术交易规则，技术商品化尚未形成具有法律效力的形式，许多地区仍然把技术人员业务兼职以及进行技术服务获得的收入视为非法。为改革科技与经济相脱离的传统科技体制，推动我国科技和经济的发展，国务院在 1985 年 1 月 10 日颁布的《关于技术转让的暂行规定》中，明确把技术作为一种商品，并对技术商品的产权界定、转让形式和权益分配等方面进行制度安排。同年 3 月 13 日，中共中央发布《关于科学技术体制改革的决定》，提出"经济建设必须依靠科学技术、科学技术工作必须面向经济建设"的战略方针（即"依靠、面向"的科技方针），根本目的是使科学技术成果迅速广泛地应用于生产，使科学技术人员的作用得到充分发挥，我国科技体制从高度计划性体制向引入更多市场机制的方向转型③。为了满足技术商品化的制度需要，全国人大常委会先后颁布了《专利法》和《技术合同法》，国家科委陆续发布了《技

---

① 中国社会科学院：《人口与劳动绿皮书（2011）》，社会科学文献出版社 2011 年版。
② 林辉：《技术产权交易：技术市场与资本市场的制度创新》，《适用技术市场》2001 年第 7 期。
③ 曹聪等：《中国科技体制改革新论》，《自然辩证法通讯》2015 年第 1 期。

术合同法实施条例》《技术合同认定登记管理办法》《技术合同认定规则》等文件，形成了由基本法律、行政法规、部门规章和地方性法规构成的比较完备的技术商品化的法制体系，为我国技术市场的健康有序发展奠定了制度基础。

二、1992—2000 年：初步构建要素市场体系

1993 年，十四届中央委员会第三次全体会议通过的《中共中央关于建立社会主义市场经济体制若干问题的决定》提出，要"发挥市场机制在资源配置中的基础性作用，必须培育和发展市场体系"，要"着重发展生产要素市场，规范市场行为，打破地区、部门的分割和封锁，反对不正当竞争，创造平等竞争的环境，形成统一、开放、竞争、有序的大市场"。为了实现《决定》提出的目标，这一阶段要素市场改革的核心是规范要素交易和完善要素市场体制，为加快推进改革开放提供更好的要素条件。

在土地市场层面，我国在前一阶段土地所有权与使用权分离以及权属交易的基础上，进一步规范和管理土地市场，避免市场交易带来的耕地安全和城市建设用地滥用与流失问题①。从农地管理制度看，改革核心是切实保护耕地。1994 年 7 月，国务院发布了《基本农田保护条例》，对基本农田的划定、保护、监督等具体政策问题作了规定。随后，我国又发布了一系列旨在保护耕地的制度与法规，1997 年、1998 年、1999 年分别发布了关于进一步加强土地管理切实保护耕地的通知、继续冻结非农业建设项目占用耕地的通知、进

---

① Estrin S., Kocenda E., Estrin S., et al., Effects of Privatization and Ownership in Transition Economies. World Bank Policy Research Working Paper No, Journal of Economic Literature, 2008, 47（3）:699–728.

一步做好治理开发农村"四荒"资源工作的通知。从城市建设用地看，改革的核心是规范土地管理。1999 年 4 月，国土资源部令第 53 号文对闲置土地进行了规定；1999 年 5 月，国办发〔1999〕39 号文强调土地转让管理严禁炒卖土地；2000 年 1 月，国土资发〔2000〕11 号文就促进土地使用权规范交易发布了通知；同年 6 月，中发〔2000〕11 号文专门针对小城镇制定了土地管理政策，发展小城镇要统一规划、集中用地，做到集约用地和保护耕地；同年 11 月，国土资源部发布了《国家投资土地开发整理项目管理暂行办法》[①]。

　　在劳动力市场层面，我国逐步提升不同层次劳动力就业的灵活性，并规范劳动力就业市场机制，为劳动力自由流动创造良好环境。1993 年，我国提出建立"国家宏观调控，企业自主用工，多种形式并存，全员劳动合同"的新型劳动用工制度。就下岗职工的就业政策而言，1995 年劳动部提出"实行企业安置、个人自谋职业和社会帮助安置相结合，重点帮助失业六个月以上的职工和生活困难的企业富余职工尽快实现再就业"，大量下岗职工和失业人员实现了灵活就业。就高校毕业生的就业政策而言，2003 年提出了"鼓励高校毕业生自主创业和灵活就业"，大学毕业生到个体、私营等非公有制经济组织就业的比例迅速增加。就农民工的就业政策而言，1996 年提出了"建立健全以外出人员常住户口所在县（市、区）为管理基础的外出就业登记和'外出人员就业登记卡'的发放、管理制度"，这个政策导致农民工总量随之快速增长，农民工灵活就业程度不断提升。

　　在技术市场层面，我国逐步确立技术成果转化的具体规则与机

---

① 姜爱林：《改革开放以来中国土地政策的发展变迁》，《中州学刊》2003 年第 5 期。

制，为技术市场交易规范化和制度化提供重要保障。为了逐步引入市场化导向，国家科委和国家体改委于 1994 年 2 月 27 日，联合制定了《适应社会主义市场经济发展，深化科技体制改革实施要点》，提出"稳住一头，放开一片"的方针，在稳定支持基础性研究和科技人才队伍建设的同时，放开放活面向经济建设和社会发展的研究、开发、创新机构，在科技成果商品化、产业化等活动中更多地引入市场机制[①]。为了促进科技成果转化为现实生产力，规范科技成果转化活动，加速科学技术进步，推动经济建设和社会发展，1996 年 5 月 15 日全国人民代表大会常务委员会通过《中华人民共和国促进科技成果转化法》，加大对科技人员的奖励，对科技人员给予不低于 20% 成果收入的奖励，并规定科技人员的报酬和奖励可以折算为股份和出资比例。1999 年进一步出台了《关于促进科技成果转化的若干规定》，对科技成果协议转化等处置方式给予认可。

三、2002—2013 年：加快完善要素市场机制

2001 年我国加入世界贸易组织（WTO），引发了我国的"倒逼式改革"[②]。在这个阶段，我国的要素市场改革进展并不理想，除了土地市场改革有所突破外，劳动力市场和技术市场仍然是在上一轮改革基础上的完善，但是这阶段要素市场的发展较为迅速，形成了一定规模的要素市场。

在土地市场层面，我国加快推进和健全公开土地出让制度，并

---

① 方新：《中国科技体制改革——三十年的变与不变》，《科学学研究》2012 年第 10 期。

② Qian Y, Roland G, Xu C G. Coordinating changes in transition economies, Psicothema, 2006, 18 Suppl（4）:112.

开始推动城乡土地一体化进程，在完善土地管理制度的前提下，为城乡土地大市场建设奠定了重要基础。首先，建立健全公开出让土地制度。2004 年 3 月，国土资发〔2004〕71 号文件要求，各地严格执行经营性土地使用权招标拍卖挂牌出让制度，在 2004 年 8 月 31 日前将历史遗留问题界定并处理完毕，8 月 31 日后不得再以历史遗留问题为由采用协议方式出让经营性土地使用权；2004 年 10 月，国发〔2004〕28 号文件提出，禁止非法压低地价招商，工业用地也要创造条件逐步实行招标、拍卖、挂牌出让；2006 年 8 月，国发〔2006〕31 号文件要求，工业用地必须采用招标拍卖挂牌方式出让，其出让价格不得低于公布的最低价标准；同时，2006 年 12 月 27 日，国土资源部规范了工业用地出让价格标准。其次，扩大土地有偿使用范围。2007 年 11 月，国土资源部明确规定，工业（包括仓储用地但不包括采矿用地）、商业、旅游、娱乐和商品住宅等经营性用地以及同一宗地有两个以上意向用地者的，应当以招标、拍卖或者挂牌方式出让；2008 年 1 月，国发〔2008〕3 号文件要求，深入推进土地有偿使用制度改革，严格落实工业和经营性用地招标拍卖挂牌出让制度，严格限定划拨用地范围，除军事、社会保障性住房和特殊用地等可以继续以划拨方式取得土地外，对国家机关办公和交通、能源、水利等基础设施（产业）、城市基础设施以及各类社会事业用地要积极探索实行有偿使用。最后，通过改革推进土地城乡一体化。2008 年 10 月，《中共中央关于推进农村改革发展若干重大问题的决定》提出，要逐步建立城乡统一的建设用地市场，对依法取得的农村集体经营性建设用地，必须通过统一有形的土地市场、以公开规范的方式转让土地使用权，在符合规划的前提下与国有土地享有平等权益；抓紧完善相关法律法规和配套政策，规范推进农村土地管理制度改革。2009年1月，国土资源部进一步规范了土地利用总体规划的编制、审查和报批，有助于提高土地利用总体规划的科学性；2012年，国土资源部相继出台土地市场配套政策，形成了较为完整的城乡土地政策制度框架①。

在劳动力市场层面，我国延续了上一轮改革的思路和路径，加快完善市场化就业机制，在下岗职工再就业、高校毕业生从业、农民工新就业等层面推出了一系列政策。就下岗职工再就业而言，2002年，《中共中央、国务院关于进一步做好下岗失业人员再就业工作的通知》提出，要"鼓励发展个体、私营、外商投资、股份合作等多种所有制经济扩大就业，鼓励下岗失业人员通过非全日制、临时性、季节性、弹性工作等灵活多样形式实现就业"。就高校毕业生从业而言，2007年，《国务院办公厅关于切实做好2007年普通高等学校毕业生就业工作的通知》提出，要"支持各类企业尤其是中小企业、民营企业吸纳高校毕业生就业，大力扶持毕业生自主创业和灵活就业"。就农民工新就业而言，2007年颁布的《中华人民共和国就业促进法》规定："国家实行城乡统筹的就业政策，建立健全城乡劳动者平等就业的制度，引导农业富余劳动力有序转移就业。"②

在技术市场层面，我国在加快推进自主创新战略的同时，逐步提出强化科技激励的战略举措，但是这阶段的技术市场实质性改革措施并不突出。2006年1月9日，胡锦涛同志在科学技术大会上以"坚持走中国特色自主创新道路，为建设创新型国家而奋斗"为题作了重要报告。同年2月9日，国务院发布《国家中长期科学和技术

---

① 董昕：《中国房地产业的发展历程与展望》，《经济研究参考》2017年第52期。
② 杨伟国：《中国劳动力市场发展的基本格局》，《中国劳动关系学院学报》2007年第3期。

发展规划纲要（2006—2020 年）》，确定了"自主创新，重点跨越，支撑发展，引领未来"的发展方略，对科技体制改革和国家创新体系的建设做了深入的论述，包括支持鼓励企业成为技术创新主体，激励企业走出一条技术引进消化吸收再创新的自主创新之路。党的十七大报告进一步提出，提高自主创新能力，建设创新型国家，特别强调了要建设形成高效通畅的技术转移机制，高效的科学知识传播机制，进一步完善科技创新体系。

四、2014 年至今：提升要素市场制度化程度

2013 年 11 月党的十八届三中全会通过了《中共中央关于全面深化改革若干重大问题的决定》，提出要建立"商品和要素自由流动、平等交换的现代市场体系"，并对进一步深化要素市场改革作出了具体安排。围绕这一部署，我国政府从要素产权的基础层面开始，直到要素交易的具体规则，正逐步完善中国特色社会主义市场经济要素交易制度的建设，并以此促进要素市场化程度的提升。

在土地市场层面，围绕完善土地市场长期制度建设，我国加快城市土地制度的管理，并逐步推进农村土地的规范流转。2014 年国土资源部的第 61 号令和行政处罚办法，2015 年全国人民代表大会常务委员会授权国务院在北京市大兴区等三十三个试点县（市、区）行政区域暂时调整实施有关法律规定，2016 年国土资源部的第 63 号文件、土地利用年度计划管理办法以及银监发〔2016〕26 号文件，对于土地产权制度安排进行了明确规定，为土地交易提供了重要基础，使土地制度改革进一步向前推进。与此同时，这一阶段我国在农村土地流转层面有实质性突破，2014 年我国政府先后颁布了引导农村土地经营权有序流转的多份文件，2016 年国办发〔2014〕71 号

文件提出，在条件符合的前提下，家庭承包方式取得的土地经营权、其他承包方式取得的土地经营权、集体经济组织未发包的土地经营权以及其他依法可流转交易的土地经营权可以进行流转交易；并允许农村集体经济组织、承包农户、家庭农场、专业大户、农民专业合作社、农业企业等各类农业经营主体，以及具备农业生产经营能力的其他组织或个人均可以依法在农村土地经营权流转交易市场进行交易。

在劳动力市场层面，我国通过户籍制度改革加快化解城乡劳动力市场分割的矛盾，同时逐步完善劳动力市场管理机制，为劳动力流动与交易提供制度保障。2014 年，我国颁布了《国务院关于进一步推进户籍制度改革的意见》，提出全面放开建制镇和小城市落户限制，有序放开中等城市落户限制，合理确定大城市落户条件，有效解决户口迁移中的重点问题，并切实保障农业转移人口及其他常住人口合法权益，扩大农业转移人口及其他常住人口基本公共服务覆盖面，这些改革都有利于城乡统一劳动力市场的建立。此外，我国加快完善劳动力市场交易机制，2015 年颁布的《中共中央国务院关于构建和谐劳动关系的意见》提出，全面实行劳动合同制度，推行集体协商和集体合同制度，健全协调人力资源社会保障部门会同工会和企业联合会、工商业联合会等企业代表组织的三方劳动关系机制；同时，健全劳动保障监察制度，健全劳动争议调解仲裁机制，完善劳动关系群体性事件预防和应急处置机制，这些制度为管理劳动力市场和推进劳动力交易制度化提供了良好制度基础。

在技术市场层面，顺应"创新发展"战略和"大众创业、万众创新"号召，我国加快科技产权赋权改革和转移转化机制改革，为技术市场带来了繁荣动力。2013 年，党的十八届三中全会提出的 "健全技术创新市场导向机制" 与 "健全技术创新激励机制"，本质上是要破除制约科技成果转化的制度性障碍，打通科技成果向现实生产力转化的通道。一方面，围绕政府职能转变，政府通过简政放权，打破制约科技成果转化的产权制度障碍，明确政府对科技成果产权的宏观管理职能等措施，加快技术市场制度创新。另一方面，通过试点改革，赋予科研单位更多自主权，包括科技成果转化的自主处置权和收益权。与此同时，为充分发挥科技人员的创造力和积极性，政府还加大了科研人员激励机制的创新改革。2015 年修订《中华人民共和国促进科技成果转化法》，将成果转化收入中给予科研人员的奖励比例的上限由 20% 大幅提高至 50% ；2018 年，财政部、税务总局、科技部联合发文，进一步规定科技人员取得职务科技成果转化现金奖励可享所得税优惠。在改革推动下，政府在技术市场中的管理模式已开始逐步由直接干预与指挥，转变为提供高质量的各项技术交易平台，依靠市场调节、企业化运作共同推动科技成果商品交易，我国技术市场已经进入全新的发展阶段。

第三节　我国要素市场改革发展取得卓著成就

通过 40 年的改革与发展，我国要素市场实现了从无到有、从小到大的伟大历史转变，形成了具有中国特色的要素市场体制与体系，要素市场化程度逐步提升、配置效率持续优化、创新活力不断释放，对于国民经济社会发展的支撑能力逐步提升。

一、通过土地制度改革，进一步确立了土地公有制地位，完善了中国特色社会主义土地制度，健全了土地管理制度法律法规，有序助推了我国城镇化进程

第一，土地公有制地位得到进一步确立。我国土地制度改革在坚持和发展土地公有制的前提下进行。在土地制度改革的过程中，土地利用活动均具有不同程度的公共性，并试图将全部土地利用活动置于公共领域的控制和引导之下。国家以土地所有者和管理者的双重身份，通过土地供应保证国家经济政策的有效执行，是中国特色社会主义制度优越性的重要体现。土地公有制原则作为我国政治、经济、文化和社会建设进一步改革和发展的制度基础，已经深入渗透到社会生活的方方面面，成为不以人的主观意志为转移的客观存在。我国的土地制度改革不仅没有削弱土地公有制，反而在新的历史条件下使土地公有制以新的方式得以巩固和发展，成为中国特色社会主义的基本标志之一[①]。

第二，中国特色社会主义土地制度逐步完善。随着改革开放不断深化，土地作为生产要素进入市场成为建立和完善中国特色社会主义市场体系的必然要求。无论是农村土地制度改革，还是城镇土地制度改革，最初着眼点都是设计出个体利用公有土地的相关制度安排，充分调动个体的生产积极性[②]。20 世纪 80 年代末，土地制度改革的最大成果是创造性地发明了"土地承包经营权"和"国有土地使用权"的基础性制度安排，成功地构建了我国土地市场的产权

---

① 邵挺：《土地公有制的思想起源和"公权、私权"辨析》，《中国发展观察》2014 年第 11 期。

② 刘守英：《中国土地制度改革：上半程及下半程》，《国际经济评论》2017 年第 5 期。

制度基础。对农村而言，家庭联产承包责任制有利于消除农民在集体劳动中的消极怠工，使农民在自留地的生产能力远远高于生产队进行的统一经营；对城镇而言，在"无偿使用、无限期使用、不准转让"的土地体制下，土地的生产要素属性和资产属性都无从显现，而实行土地有偿使用制度，可以充分发挥市场配置土地资源的作用。

　　第三，土地管理制度法律法规不断健全。改革开放以来，土地制度改革的法律法规不断形成和完善，为我国土地制度改革的顺利进行提供了可靠的法律保障。在农村，1980年9月，《关于进一步加强和完善农业生产责任制的几个问题》迅速推动了农用土地使用制度改革；1984年，中共中央一号文件明确提出土地的承包期限为15年；1998年又将农民的承包期限30年不变写入新修改的《土地管理法》中；2002年8月《中华人民共和国农村土地承包法》以法律形式赋予农民长期而有保障的农村土地使用权；"十二五"规划指出，坚持和完善农村基本经营制度，现有农村土地承包关系保持稳定并长久不变，在依法自愿有偿和加强服务基础上完善土地承包经营权流转市场。在城镇，为了改革土地管理制度，1986年6月，全国人大通过了《中华人民共和国土地管理法》。1988年4月，全国人大修改了《宪法》，删除了土地不得出租的规定，增加了"土地使用权可以依照法律的规定转让"的规定。1994年7月颁布了《城市房地产管理法》；1998年8月和2004年8月分别再次修订了《中华人民共和国土地管理法》。

　　第四，土地制度改革调整助推城镇化进程。随着土地使用制度的深化，各地大力推进土地有偿使用，充分发挥市场配置土地资源的基础性作用，显化土地资产价值，为城镇化发展提供了可靠的资金保障。2017 年，地方本级政府性基金收入和国有土地使用权出让收入达到 5.76 万亿元、5.21 万亿元，同比增长 37.3%、40.7%，增幅较上年大幅扩大 24.4 个、25.6 个百分点，国有土地使用权出让收入占地方政府性基金收入比重高达 90.3%，较上年提高 2 个百分点[①]。土地出让金对改善城市基础设施、完善城市功能、吸纳外来进城人口发挥了重要作用。同时，实行土地有偿使用，运用土地价格、地租等经济杠杆直接影响用地者的经济利益。特别是允许土地使用权依法转让和出租的措施，调剂了土地的余缺，在一定程度上缓解了城镇用地的紧张状况，减少了对城郊耕地的占用；同时产生了诸如工厂外迁，利用级差地租进行旧城改造等现象，适应了城镇化的发展。

二、通过劳动力市场机制改革，提升了劳动力城乡及区域流动性，改善了就业灵活性，形成了劳动力市场化定价机制，有效促进了我国"人口红利"形成

第一，城乡劳动力流动大幅提升。改革开放后，对农村人口流向城镇的约束逐步放松。与此同时，多种所有制经济的发展以及劳动密集型企业的大量涌现，创造了大量的就业岗位，吸引农村过剩劳动力向城镇转移[②]。1978 年实行改革开放政策后，在经济快速发展同时，逐步放松了人口在城乡之间的流动限制。1994 年分税制改革的实施，进一步推动农业和农村劳动力向城镇和工业部门转移。2014 年国务院发布的《进一步推进户籍制度改革的意见》，要

---

① 荣晨、曾铮：《房地产调控要注重三个协调》，《中国金融》2018 年第 8 期。
② 蔡昉、都阳、王美艳：《户籍制度与劳动力市场保护》，《经济研究》2001 年第 12 期。

求户籍制度改革需要与统一城乡户口登记制度以及与之相适应的教育、卫生计生、就业、社保、住房、土地及人口统计制度，各地普遍取消农业与非农业户口性质区分，部分地区放宽落户条件，居住证制度不断完善，这标志着城乡户籍差别从政策上正式消除。截止到2018年，除西藏外，我国其余30个省份均已出台户籍制度改革意见，农村户口从政策上正在逐步取消。伴随着户籍制度的改革，我国城乡劳动力的流动性不断提高，城镇劳动人口不断增长。1978年，我国城镇人口比重仅为17.92%，2017年这一数值达到了58.52%，平均每年城镇化率增加1.015个百分点，这在全球也是较为罕见的。

第二，就业灵活性不断增强改善。改革开放以来，我国在从计划经济向社会主义市场经济转轨的进程中，就业目标从计划经济时期的"全面就业"转向"充分就业"，城镇就业模式从"终身雇佣制"到"合同制"到"非正规化"的过程，就业方式由"单位就业"向"组织起来就业"再向"自主灵活就业"和"创业式就业"发展。在改革开放之前的计划经济时代，我国采用低工资、高福利及城乡分割的强制手段实现，就业灵活性很差，造成了大量隐性失业和低效劳动[1]。改革开放之后的40年中，我国加快市场经济条件下的就业政策改革与调整，允许自然失业率的存在，并逐步完善与就业相关的配套机制。经过多年改革，就业双向选择机制、劳动力流动与竞争机制、培训机制、失业机制、社会保险机制等劳动力市场就业机制开始逐步完善，我国城乡劳动力市场都已经初步确立。在这样的背景下，我国就业的灵活性持续改善，正式就业和非正式就业都蓬勃发

---

[1] 蔡昉：《中国的劳动力市场发育与就业变化》，《经济研究》2007年第7期。

展，城镇登记失业率从 1978 年超过 5% 的较高水平降至近年 4% 以下的较低水平，全员劳动生产率从 1978 年的 4903.94 元 / 人提高到 2017 年的 101231 元 / 人，就业数量与质量都有大幅提升。

第三，**价格市场化机制持续完善**。在户籍制度改革以及就业政策调整的前提下，我国加快了劳动力价格形成机制改革，劳动力价格市场决定机制不断完善。一方面，我国加快包括机关事业单位和国有企业工资制度改革，逐步确立市场机制在工资价格形成中的地位；另一方面，加快劳动力价格市场化改革以及劳动力工资保障机制建设。通过改革与调整，改变了计划经济条件下劳动力价格僵化的状态，通过引入市场化机制使劳动力价格反映市场供求关系，工资受供求制约和调节劳动力流向的作用日益显著，使得劳动力流动性增强，劳动者跨越所有制和区域的流动逐渐增多。

第四，**改革间接促生了"人口红利"**。改革开放 40 年我国"人口红利"的形成，主要依靠出生率稳定及死亡率下降带来的人口转型引致劳动年龄人口不断增长，加之城乡管理体制改革带来的农村剩余人口进入城镇产业就业[①]。但是，其中最为重要的就是户籍制度改革、就业政策调整以及劳动力价格市场化的推动，否则适龄劳动力难以自由流动和进入劳动密集型出口产业。2017 年我国劳动参与率为 76%，高于全球主要国家平均水平，甚至高于高收入经济体水平。劳动力市场的改革与发展，极大提升了我国经济发展过程中经济活动人口的数量，间接促进了"人口红利"的有效形成与持续作用。

---

① 陆铭、陈钊：《当刘易斯遇到马克思——论中国劳动力短缺的制度成因与对策》，载张欣、蒋长流、范晓静主编：《中国沿海地区产业转移浪潮：问题和对策》，上海财经大学出版社 2012 年版。

三、通过科技体制改革，拓展了技术市场的规模与功能，丰富了技术市场供需主体，优化了技术市场交易制度与机制，有力支撑了我国产业发展转型升级

第一，技术市场规模与功能不断拓展。改革开放以来，通过完善法制建设，优化技术市场环境，技术转移服务体系更加健全，科研人员活力进一步释放，技术要素市场化配置速度加快，技术市场的流动性和活跃度增强，技术交易屡创新高。技术合同成交额长期保持高速增长，2016 年成交额首次突破万亿元大关，2017 年达 1.3 万亿元，增长率达到 17.7%。同时，大批满足市场需求的新技术、新产品应运而生，各技术合同所属领域中，航空航天领域增幅明显，新能源与节能技术、先进制造、农业、环境保护、生物医药和医疗器械等领域都有所增长。

第二，技术市场供需主体不断完善。从技术供给角度看，研发经费投入规模保持稳定增长，研发经费投入强度达到发达国家水平；大力实施科教兴国、人才强国等国家战略，培养造就了一大批具有国际水平的战略科技人才、科技领军人才、青年科技人才和高水平创新团队；大力实施创新驱动发展战略，"天宫号"等重大科技成果相继问世，科技创新步入跟跑、并跑和领跑"三跑"并存的新阶段。从技术需求角度看，企业创新主体充分发育，创新型企业得到快速发展。通过改革科技体制，在轨道交通、通信设备、高端装备制造等高技术领域扎实推进前沿科技，在智能终端、无人机、电子商务、云计算、互联网金融、人工智能等新兴领域崛起一批具有全球影响力的创新型企业。世界知识产权组织（WIPO）2018 年的全球创新指数显示，在纳入评价的全球 126 个经济体中，我国综合排名第 17

位，首次进入 20 强，成为唯一跻身全球创新型国家行列的发展中国家。

第三，技术市场交易制度持续优化。改革开放以来，特别是 2007 年实施技术转移促进行动以来，我国技术转移服务体系更加健全，技术要素市场化配置速度加快，技术市场的流动性和活跃度增强。目前我国已初步形成了以高新技术园区等载体中介、技术咨询与培训等服务中介和风险投资公司等管理中介为主的技术中介体系，技术转移服务整体效能显著提升，逐步成长为我国技术转移服务体系的核心力量。目前已建成 4298 家众创空间、3255 家科技企业孵化器和 400 余家企业加速器，开展 41 个科技创新孵化链条试点，形成从产品创意到产品生产全服务的生态体系。2017 年服务创业团队和初创企业近 40 万家，带动社会资本投入超过 930 亿元，带动就业超过 200 万人。

第四，技术对转型升级支撑力不断增强。技术市场的稳步发展，技术转移机制的持续优化，提高了知识生产、传播和更新的质量与速度，极大推动了科技成果的资本化和产业化，为产业升级和经济转型提供不竭动力。在这个过程中，我国实现了从一个贫穷落后的农业大国向举世瞩目的世界工厂和制造业中心的转变。经过多年追赶，我国已成长为科技大国，创新能力处于量变向质变的转换阶段，创新方式从引进消化吸收和集成创新为主转向原始创新，创新进入相对活跃期，并从相对封闭走向更加开放，产业价值链逐渐从中低端向中高端升级，发展方式、产业结构、科技水平和增长动力发生重大变化，科技进步贡献率从 2003 年的 39.7% 升至 2017 年的 57.5%，科技进步对经济增长的推动作用显著提升。

第四节　要素市场改革进入深水区但势在必行

经过多年改革，我国要素市场的市场化程度大幅提升，市场在要素配置中的作用与功能被极大强化，为我国经济社会发展提供了重要的基础。当下，随着我国经济高质量发展的任务更加紧迫，对生产要素市场改革的诉求更加迫切。但是，我国要素市场依然存在市场分割、价格扭曲、配置低效等诸多问题，且需要改革调整的层面逐步从相对容易调整的市场和领域转向问题更为突出的市场和领域，需要触及深层次的矛盾①。因此，面向未来，我国要素市场的改革已经逐步进入深水区和攻坚期。

一、要素市场改革不到位不利于城镇化质量提升和城乡融合发展

第一，城乡土地制度改革不完善不利于促进城乡融合发展。我国宪法规定，"城市市区的土地属于国家所有；农村和城市郊区的土地，除由法律规定属于国家所有的以外，属于农民集体所有；宅基地和自留地、自留山，也属于农民集体所有"。农村土地名义上归集体所有，但实际所有权虚置，农民对土地的使用权仅限于耕种权、部分收益权和极少量的处置权②；由于土地权能残缺，农民权益得不到保障，影响土地利用效率。近年来，不少地区开始推进农村土地承包经营权流转，部分地区试点推进集体建设用地使用权流转，但

①　黄益平：《中国要素市场改革任重道远》，《中国县域经济报》2018年1月8日。
②　贾成义：《城市土地产权：封闭住区走向开放的制度研究》，《经济体制改革》2017年第7期。

都存在行政推动、市场化程度低、操作不规范等问题，宅基地使用权多处于禁止流转之列[1]。这不利于农业规模化经营和农村土地利用效率提高，并引发撂荒、"空心村"等现象。中央政府通过行政审批、指标管理严格控制每年新增建设用地数量，地方政府利用土地储备制度垄断土地供应，一定程度上造成城市房地产建设用地供应不足，引发房价居高不下，而一次性收取土地出让金的土地批租制进一步抬高了房价，高房价在加重居民购房成本的同时提高了农民进城成本[2]。农村土地产权不清晰，土地流转机制不健全，农民的财产性收入无法实现，影响农民到城市发展和在城市创业。

第二，农村土地制度改革不完善不利于落实乡村振兴战略。以家庭联产承包责任制为载体的农村土地制度改革效应逐渐枯竭。一方面，农村土地产权权能缺失，农民收入和农业经济可持续增长乏力，"增产不增收"和"种粮不挣钱"现象普遍；另一方面，农村土地产权制度激励功能不足，农民从事农业生产的积极性不高，农村市场化改革推进速度缓慢，农业生产力难以完全释放。党的十九大报告提出，"要坚持农业农村优先发展，按照产业兴旺、生态宜居、乡风文明、治理有效、生活富裕的总要求，建立健全城乡融合发展体制机制和政策体系"，其中就包括了农村土地制度的完善机制。乡村振兴战略是党中央在深刻认识我国城乡关系变化趋势和城乡发展规律的基础上提出的重大战略，是促进农村繁荣、农业发展、农民增收的治本之策。当前的农村土地制度改革尚未站在更高的起点谋划和推进各项工作，不利于乡村振兴战略的实施。在农村承包地、

---

① 李先东、李录堂、米巧:《中国土地制度的历史追溯与反思》,《农业经济问题》2018 年第 4 期。
② 张占仓:《深化农村土地制度改革促进乡村振兴》,《中国国情国力》2018 年第 5 期。

集体建设用地、宅基地三大方面，农村土地制度改革需要进一步巩固农村承包地"三权分置"制度、激发农村集体建设用地入市改革内生动力、拓展农村宅基地制度改革，最大限度加强农村土地资源的优化利用，在新形势下处理好农民与土地的关系，服务于乡村振兴战略的全面贯彻落实。

　　第三，劳动社会保障体系尚未健全不利于高质量城镇化发展。由于我国社会保障体制建设起步较晚、先天不足、发展滞后，因而现有社会保障体系还不能适应劳动力市场发展的客观要求。首先，失业保险承受能力较低，从全国总体上来看，目前仍实行市、县级统筹，各地区之间失业保险基金一般不能调剂使用，一些地方失业保险基金已经出现入不敷出的现象，难以承受大量职工失业所带来的冲击，这种状况对建立市场就业机制和劳动力市场的发展已产生很大的阻碍作用。其次，养老保险先天不足、包袱沉重、收支缺口很大，目前除少数试点地区开始逐步做实个人账户之外，不少地区个人账户都出现了空账的情况，已形成数千亿基金缺口并存在企业与机关事业单位养老保险制度不统一、现行退休年龄政策与人口老龄化之间的矛盾日益加大、养老保险基金（以及其他社会保险基金）缺乏有效的保值增值机制等矛盾问题[1]。最后，医疗保险制度改革难度较大、问题较多，困难地区、老工业基地和国有困难企业筹资困难，个体从业人员、其他灵活就业人员、进城农民工以及一些城镇集体企业、私营企业、外资企业职工在覆盖范围之外，多数地区尚未建立社会医疗救助制度，部分困难群体（如低保人员）的医疗保

---

[1] 徐明华、盛世豪、白小虎：《中国的三元社会结构与城乡一体化发展》，《经济学家》2004 年第 6 期。

障问题比较突出[1]。

二、要素市场改革不到位不利于新动能有效培育和企业"走出去"

第一，政府角色定位不清晰不利于转变经济发展方式。 今后一段时期，是我国转变发展方式、优化经济结构、转换增长动力的攻关期，进一步深化技术市场改革，充分发挥技术市场在"转方式、调结构"方面的支撑作用，是建设创新型国家，实现高质量发展和现代化经济体系建设的必然要求和应有之义。然而，我国当前的科技体制机制存在明显缺陷。一方面，技术生产过程过分依赖国家经费和政策激励，"计划经济思维方式"仍普遍存在，导致科技活动主体过度依赖税收优惠、资金扶持等科技政策，而忽视了市场的作用，市场配置科技资源的作用无从谈起；另一方面，技术转移过程受"市场万能"思维的支配，过度自由放任，缺乏有效引导和监管，似乎建立起技术（产权）交易所等常设机构就大功告成了[2]。科技与经济对接效率低下，导致技术成果规模很大但质量不高，技术市场难以发挥优化配置科技资源的重要作用。事实上，尽管我国科技成果增长迅猛，每年新涌现专利成果超过一百万项，但供需体制机制缺陷导致科技成果转化率低，真正能形成产业规模的不多，不利于经济发展方式转变。

第二，创新生态建设不成熟不利于企业"走出去"。 与发达国家普遍将发展技术市场作为优化配置科技资源、激活企业创新能力和

[1] 吴孝芹：《流动劳动力的社会保障便携性研究》，《中国社会保障》2015年第8期。
[2] 傅正华等：《我国技术市场发展的机遇、挑战和战略选择研究》，《科技管理研究》2016年第4期。

占领国际技术竞争制高点的重要手段相比，我国大多只把技术市场视为技术商品的交易场所，企业创新主体意识不强，技术创新能力不高[1]。一方面，由于企业经营管理制度等原因，企业在技术市场中的行为具有很大的短视性，创新研发动力不足，对外技术依存度高，且消化吸收强度较低，制约着企业技术创新能力的提高[2]。另一方面，在计划经济思想的长期指导下，从基础研究到产业化的计划体制，政府控制根深蒂固，企业创新主体地位仍未真正确立，由市场来发现和选拔产业项目的机制难以形成，以企业为主体的国家创新体系建设迟迟未有实质性突破[3]。此外，由于知识产权保护制度建设不到位，创新文化氛围尚未形成，我国企业在国际竞争中存在明显技术劣势，极大地制约了企业"走出去"的步伐。

三、要素市场改革不到位不利于要素自由流动和经济体制改革

第一，户籍制度改革不到位阻碍了人口进一步跨区流动。自1978 年我国开始推进改革以来，虽然与户籍制度相关联的各项制度都已经进行了不同程度的改革，但迄今为止，全国绝大部分地方（特别是大城市）的户籍制度仍然是从计划经济体制之下延续下来的旧制度，没有实质性的变化，只有少数地方在近年来经过逐步放宽

---

[1] 高英红：《技术交易市场的功能与技术交易市场的观念创新》，《科技成果纵横》2008 年 1 期。

[2] 张江雪：《我国技术市场的发展现状、问题及对策分析》，《科学管理研究》2010 年第 4 期。

[3] 孙玉涛、刘凤朝：《中国企业技术创新主体地位确立——情境、内涵和政策》，《科学学研究》2016 年第 11 期。

户籍管理之后，才在户籍制度形成的壁垒上打开缺口[1]。但是，与其他领域的改革相比，针对户籍制度分割状况的、具有关键意义的改革尚未进行，我国仍然没有形成稳定的、制度化的吸纳农村剩余劳动力的城市就业机制，城市劳动力市场还没有条件对农村实行全方位开放，进城农民工的居住条件、工伤医疗、子女教育等得不到基本保障，这在一定程度上限制了农村劳动力的自由转移，并严重地影响了人口跨地区的流动[2]。

第二，劳动力市场部门分割仍未打破不利于所有制改革。改革开放以来，在我国劳动力市场产生和发展过程中，从一开始就被分割成"劳动力市场"和"人才市场"，这是劳动人事管理体制上存在的部门分割造成的。简言之，按现行的劳动人事管理体制，劳动保障部门管理具有"工人"身份的普通劳动者，人事部门管理具有"干部"身份的各类人员。劳动保障部门和人事部门分别建立了"劳动力市场体系"和"人才市场体系"，双方分别制定各自的市场规则和管理制度，互不适用。具体来说，我国"体制内"和"体制外"单位人才存在严重分割，特别是国有企业和民营企业的劳动力市场分割十分明显[3]，集中表现是劳动力在垄断行业和竞争行业之间缺乏流动性，两个行业之间的职工收入存在巨大差异[4]。劳动力市场的行业分割阻碍着劳动力市场的一体化，限制了劳动力这一生产要素的优

[1] 陆益龙：《户口还起作用吗——户籍制度与社会分层和流动》，《中国社会科学》2008年第1期。
[2] 康广地：《户籍制度改革滞后原因及优化路径分析》，《改革与开放》2018年第2期。
[3] Heilmann S. Experimentation under hierarchy: policy experiments in the reorganization of China's state sector, 1978–2008, Cid Working Papers, 2008.
[4] 谭玉丹：《劳动力市场分割理论及其中国现实问题综述》，《华东经济管理》2008年第7期。

化配置，造成了效率损失[1]。由此，消除劳动力市场的行业分割对于促进所有制改革与结构发展意义重大。

第三，城镇土地制度改革不完善不利于政府职能转变。现行城市土地使用制度不完善，体现在三个方面。一是土地批租制度不完善。尽管我国自 1998 年就引入招拍挂制度，但协议出让的工业用地至今仍占很大比例，影响土地利用效率。我国一次性收取土地出让期内（住宅用地 70 年、工业用地 50 年、商业用地 40 年）全部租金的土地政策，为了增加财政收入，不少地方政府采取大量批地或人为抬高地价的短期行为，影响土地市场长期稳定健康运行[2]。二是土地供应实行双轨制。改革开放以来，我国在结束城市土地无价、无偿、无期限使用制度的同时，对城市土地供应实行双轨制：党政机关、学校和医院等事业单位用地实行行政划拨，经营性用地探索实行有偿出让。但至今为止行政划拨土地在我国还占较大比例，利用市场机制有偿转让的土地只是房地产用地，工业用地依然主要靠行政定价，不少地方通过无偿划拨再变通为经营性用地的现象比较普遍[3]。三是土地使用管理制度不规范。由于非市场配置用地比例过高，导致基础设施、机关事业单位、军事用地等公益性用地粗放使用、乱用、转用甚至"圈地"，不少地方粗放利用土地，工业集聚度低，形成城乡土地利用混杂交错的半城市化地区。政府利用行政手段主导土地配置权，造成市场机制在土地资源配置中不能有效发挥作用，

---

[1] 孟凡强、李茜、安锦：《劳动力市场分割理论述评》，《南京财经大学学报》2015 年第 9 期。

[2] 黄贤金：《城乡土地市场一体化对土地利用／覆被变化的影响研究综述》，《地理科学》2017 年第 2 期。

[3] Lau L.J., Qian Y., Roland G., Reform without Losers: An Interpretation of China's Dual-Track Approach to Transition, Journal of Political Economy, 2000, 108（1）:120-143.

与我国政府转变职能的要求完全相悖。现行土地使用制度还是引发"土地财政"的重要原因，不少地方政府利用该制度低价征收农村土地，在土地一级市场高价出售，进而获得巨额土地出让收益[1]。不少地方政府追求卖地生财，在土地管理中的目标偏离公共利益，不利于行政管理体制的改革和政府职能的转变[2]。

第五节　通过要素市场改革构建现代市场体系

《中共中央关于全面深化改革若干重大问题的决定》明确提出，要"建设统一开放、竞争有序的市场体系，是使市场在资源配置中起决定性作用的基础。必须加快形成企业自主经营、公平竞争，消费者自由选择、自主消费，商品和要素自由流动、平等交换的现代市场体系，着力清除市场壁垒，提高资源配置效率和公平性"。其中，要素市场改革是现代市场体系建设的重中之重，也是加快建设现代化经济体系的核心支撑。立足和针对改革开放40年来我国要素市场改革与发展的历史成就与现实矛盾，未来一段时期，应该坚持市场化改革的导向，加快土地制度、劳动力市场机制和技术市场体制改革，促进生产要素产权明晰、流动自由、价格合意、配置高效，为我国实现经济高质量发展和建立健全现代化经济体系奠定重要的基础。

---

① 徐超英、李连芬：《我国土地制度变迁与改革方向》，《创新》2013 年第 5 期。
② 贾彩彦：《近代中国城市化中城市土地管理制度变革的路径分析》，《贵州社会科学》2013 年第 3 期。

一、以完善产权体系和推进一体化为重点，建立产权明晰和交易有序的土地市场制度

十八届三中全会发布的《中共中央关于全面深化改革若干重大问题的决定》提出，要"赋予农民更多财产权利，要求建立农村产权流转交易市场，推动农村产权流转交易公开、公正、规范运行"。未来的土地市场制度改革，必须针对农村土地征收、集体经营性建设用地入市、宅基地制度改革这"三块地"，明晰产权归属、破除二元价格、规范交易流转，真正使土地合理再配置成为我国经济发展质量提升的核心驱动[①]。

第一，建立和完善我国的土地产权体系。首先，加快建立土地交易市场。土地交易市场的建立要与产权制度改革相辅相成，土地的产权界定最大的功能就是为交易和流转提供法律保障，只有逐渐放开土地市场流转，产权界定的收益才能得到充分体现，资源有效利用的收益才能实现。同时，土地交易市场的建立还能激励权利的进一步界定。其次，完善土地价格体系。一方面，要逐步建立城乡统一的建设用地市场，对依法取得的农村集体经营性建设用地，必须通过统一的土地市场、以公开规范的方式转让土地使用权，在符合规划的前提下与国有土地享有平等权益。另一方面，在城市土地分级的基础上，确定区域基准地价，建立科学的土地使用权价格评估制度，公平公正地核定不同时期的土地市场价格。最后，积极探索农村集体建设用地进入市场的有效途径。面对城市化和工业化带来土地级差收益大幅升值，为了让集体建设用地进入市场，并使巨

---

① 陆学艺：《"三农"新论——当前中国农业、农村、农民问题研究》，社会科学文献出版社 2005 年版。

量的集体建设用地处于法律保护的范围，应该尽快建立允许农民集体建设用地进入市场的法律法规，允许集体建设用地可转让、可抵押，并以多种形式进入市场，为中小企业的发展和新型工业化提供制度保障[①]。

第二，推动国有土地与集体土地同地同价同权。首先，对依法取得的经营性集体建设用地，允许转让、出租、抵押，纳入现行的土地市场统一管理；同时，合理分配集体建设用地开发和流转的收益，保障农民土地权益。其次，打破目前对城市规划圈内圈外土地按不同所有制准入的政策，城市规划圈内农民集体所有土地在符合用途管制前提下，也可不改变所有制性质进行非农建设。最后，加快征地制度改革。依法征收农村集体土地，按照同地同价原则及时足额给失地农民进行公平补偿。土地补偿额的确定，既要考虑土地的现有用途，也要考虑土地的区位特点，让农民的补偿中既包含有绝对地租，也体现一定的级差地租。

第三，严格执行城乡建设用地增减挂钩政策。首先，严格控制"城乡建设用地增减挂钩"试点规模和范围。由于农村集体土地房屋拆迁、宅基地补偿等方面的法律法规不健全、政策不配套，"城乡建设用地增减挂钩"当严格限定在试点范围内。对未经批准擅自开展挂钩试点、超出试点范围开展增减挂钩和建设用地置换或擅自扩大挂钩周转指标规模的，要严肃追究有关地方政府负责人及相关人员的责任，并相应扣减土地利用年度计划指标。其次，尽快出台专门农村房屋拆迁的规范性法规政策。在"城乡建设用地增减挂钩"的

[①] 许坚：《完善土地产权制度与促进和谐社会建设——2012年中国土地学会学术年会重要观点集粹》，《中国国土资源经济》2013年第5期。

试点过程中，要保障农民全过程参与，充分尊重农民意愿。涉及村庄撤并等方面的土地整治，必须由农村集体经济组织和农户自主决定，不得违背农民意愿强拆强建，不得以"挂钩"的名义把农民的集体土地大量转为国有土地。各地区、各有关部门加强指导和督促检查，加大对违法违规用地行为的处罚力度，切实抓好落实。最后，增加对农民宅基地权益的补偿。宅基地是农民的一项重要财产，尤其是在经济发达地区和城市郊区具有很高的价值。对于在土地整理中腾退出宅基地的农民，不能仅补偿其房屋，还应当补偿其宅基地权益[①]。

第四，减少地方政府对土地财政的过度依赖。首先，改革集土地管理与土地经营于一身的行政体制，分离政府经营土地的职能。为使政府不再同时身兼"裁判员"和"运动员"，可参照国有企业的改革经验，成立国有土地资产管理委员会，专门负责组织、领导、经营国有土地方面的工作[②]；成立国有土地公司等经济组织，由其经营国有土地参与市场运作，或转让、出租、联营、入股，负担起保值增值的责任，并向国家财政上缴土地收益。其次，出台政策法规，明确界定"公共利益征地"的范围。为了解决"公共利益"在法律上难以准确界定的情况，建议出台政策法规对"公共利益征地"的范围加以明确界定。同时，严格限定行政划拨用地的比重，对建设用地中划拨用于公共设施建设的比重做出严格限定，清理打着公共利益的旗号、实际是营利性的用地。改革土地出让金的征收方式，由一次性征收改为分年度收取。目前，我国土地出让金实行一次性

① 蔡继明：《中国现代化、城市化与农地制度改革探悉》，《经济前沿》2005 年第 7 期。
② Jefferson G.H., Su J., Privatization and restructuring in China: Evidence from shareholding ownership, 1995–2001, Journal of Comparative Economics, 2006, 34（1）:146–166.

收取的方式，不仅存在"寅吃卯粮"，透支今后几十年政府收入来源的弊端，而且推高了土地成本，助推了房价高涨。因此，将土地出让金由一次性征收改为在土地出让期限内分年度收取，不仅可以减少地方政府一次性获得大量收入而产生的对于土地收益的依赖，而且可通过将受益分散至以后各个年度，解决代际不公平问题[1]。

二、以破除劳动力市场各类分割为重点，形成有助于促进灵活就业的劳动力市场机制

党的十九大报告提出，要"破除妨碍劳动力、人才社会性流动的体制机制弊端，使人人都有通过辛勤劳动实现自身发展的机会"。未来一段时期，要重点针对劳动力市场城乡分割、行业分割和所有制分割的状况，加快相关体制改革，加快建立健全现代劳动力市场雇佣制度，并推进劳动力市场培训和信息交流相关机制创新，实现劳动力自由流动、灵活就业和规范雇佣，形成有利于支撑经济高质量发展的劳动力市场体系。

第一，构建城乡、行业一体化的劳动力市场。要进一步发挥市场在劳动力要素配置上的决定性作用，仍需加强劳动力市场一体化建设，努力营造公平、开放、透明的市场环境，强化市场的深度融合，提高劳动力资源的配置效率。总体来说，应保障劳动力市场化演进的基本方向，增强市场在劳动要素配置上的效率，大力提高制度质量，努力消除影响劳动力自由流动、公平配置的体制性障碍和政策壁垒，降低劳动力配置的交易成本。要深化并加快户籍制度改革，消除城乡户籍差异对劳动力福利特别是社会保障

---

① 卫思夷：《关于土地财政转型的思考》，《国土资源》2018 年第 4 期。

层面的差异，减少劳动力乡城间转移的不利影响，建立涵盖城乡所有劳动者包含养老、医疗、工伤、失业保险和住房公积金在内的城乡一体的社会保障制度，建立覆盖城乡的全国性公共就业服务体系，逐步消除制度性限制对劳动力市场分割的影响①。要努力消除不同行业和所有制间劳动就业转移的机制障碍，为劳动力的自由流动和实现就业创造条件，充分保障低技能劳动力在城市和不同行业就业的社会福利，积极营造公平公正的良好社会就业环境，减少劳动力市场摩擦，降低其在城乡、地区、行业及所有制部门间的流动成本②。

　　第二，规范劳动力市场派遣用工以及报酬制度。首先，应当明确劳务派遣的用工范围，尽快出台关于临时性、辅助性和替代性岗位的司法解释，明确岗位的范围，并且明确规定对违反"三性"进行操作的企业和个人的法律责任。其次，为了遏制劳务派遣无序扩大化，岗位应该设立上限，可借鉴其他国家的一些做法，如对不同行业规定派遣工不得超过一定的比例，考虑到劳务派遣本质上只是补充性质的用工模式，这种比例应该远低于正式员工的比例。最后，鉴于目前劳务派遣乱象丛生的现实，应当加强对劳务派遣行为的规范，尽快建立全国统一的劳务派遣操作规范；在劳动合同法的基础上，统一劳务派遣协议和劳务派遣合同的内容和格式，明确派遣三方的权利、义务和责任。此外，应完善由市场决定劳动力报酬的健全工资机制，更好地发挥政府监管与服务职能，完善人力

---

① 孟大虎：《劳动力市场分割：理论演进及对就业问题的解释》，《天府新论》2005年第4期。

② 谭静、陈盼佳：《人口红利转变与中国城乡劳动力市场发展》，《城乡规划》2018年第4期。

资源市场建设，制定科学的劳动标准体系，健全劳动者与用人单位劳动关系协调机制，充分保障劳动者权益，稳步提升劳动者工资待遇水平[①]。

　　第三，建立健全劳动力市场培训体系和信息体系。一是要建立灵活有效、覆盖城乡的职业教育和培训体系，增强劳动者就业、再就业和自主创业的实际能力。首先，提升劳动者基础素质，加大教育投资力度，持续提高教育投资总额占 GDP 的比例，保证教育投资和物质投资的平衡发展。加快教育改革，加强素质教育和能力培养，使我国高等教育人才培养与市场需求充分衔接；坚持分层分类并结合区域特色的原则确立人才培养定位，积极探索需求导向和就业导向的人才培养机制。其次，加强职业培训，建设覆盖全体劳动者的职业培训制度，增加职业培训方面的政府资金投入，积极探索政府、高校、企业共同参与的职业培训模式，加快提升劳动者人力资本水平和劳动者素质水平，增强其创业就业能力；高度重视对低技能劳动力群体和农村待转移劳动力群体的职业技能培训，加强对低收入群体和低技能劳动力人力资本培训的资本和人力方面的投入，积极为不同技能水平劳动力的提升创造有利环境。二是要加强劳动力城乡、区域与行业间供求信息交流，提高前者的培训效率。增加对于输出劳动力岗位、工种等需求信息搜集的资源投入，提高劳动力培训与市场实际需求的对接程度，改善培训效果；建立"信息交流有偿机制"，鼓励现有公共或私营就业服务机构跨区域提供就业培训信息服务。

[①] 潘泰萍：《我国劳动力市场灵活化改革历程及效果分析》，《商业经济研究》2012 年第 13 期。

三、以管理体制改革和创新服务为重点，构建激励有效和转化有力的科技市场体制

十八届三中全会发布的《中共中央关于全面深化改革若干重大问题的决定》提出，要"建立健全鼓励原始创新、集成创新、引进消化吸收再创新的体制机制，健全技术创新市场导向机制，发挥市场对技术研发方向、路线选择、要素价格、各类创新要素配置的导向作用"。未来的科技市场体制改革，必须发挥政府主导作用和市场在资源配置中的决定性作用，需明确不同创新主体的功能定位，构建合理的科技成果持有人的激励机制，规范科技成果市场交易，最终推进和增强我国自主创新能力，为经济高质量发展提供技术和效率引擎。

第一，完善和落实技术市场相关法制体系。首先，完善技术市场法律法规和政策体系。加强知识产权保护，修订技术合同认定登记管理办法和技术合同认定规则，形成系统配套的技术市场法律、法规体系，为建立公平、竞争、有序的技术要素市场提供进一步的法律保障；通过财税政策和金融政策促进技术交流，进一步降低或者减免科技成果转让的所得税，鼓励科技开发和成果转让，对具有较好市场前景的项目研发提供政策性融资支持。其次，落实科技成果转化相关政策法规。加强技术市场信用管理，依法加大对技术市场失信行为的打击力度，保障交易主体权益，增强技术交易双方的契约意识；加大技术市场的执法监督力度，净化技术市场，规范技术市场秩序；加快制定国家层面的《技术转移促进条例》，以统领技术转移方面的其他法规，明确技术市场不同主体的技术转移责任；把大力宣传、落实技术市场优惠政策作为技术市场管理的经常性工作，降低企业科技成果的使用成本。最后，推进技术市场部门与区域

统筹协调。充分发挥技术市场管理办公室职能和作用，对功能相近的监管部门或技术服务机构进行职能整合，避免科技政策"政出多门"。推进技术转移一体化布局，推进技术市场组织网络化，建立健全区域综合性和行业性相结合的技术市场，避免科技资源区域间分散。

第二，**改革科技成果管理体制**。首先，改革调整科技研发主体机构。深化科研院所和高等院校体制改革重在能力建设和制度建设，继续深化拨款制度改革，除基础研究、共性关键技术及涉及国防安全等领域的技术研发外，推动科研院所更多地面向经济建设、面向企业应用；各类研究机构要明确定位，优化布局，稳定规模，提升能力，走内涵式发展道路，重在能力建设和制度建设。其次，推动科技管理部门转变服务职能。院校科技管理部门要充分认识和发挥依托单位的资源优势，当好"科技红娘"[①]，积极搭建校企合作平台，在高校和企业间"铺路搭桥"，让产学研产生最大的催化效应，促进科技成果转化；积极开展对接交流活动，把高校院所的科技创新资源和离市场最近的企业直接联系起来，实现创新资源的深度整合和产学研的无缝对接，切实提高合作成功率和项目产业化率，促进产学研合作工作向纵深迈进；制订绩效考核办法，将高校院所的技术交易额纳入其科技管理部门考核指标，对业绩突出的部门给予补贴和奖励，实现多方共赢。

第三，**完善企业技术经营机制**。首先，鼓励企业把创新摆在核心位置。明确企业的创新主体地位，增强企业的创新主体意识。培育技术市场的主体，重在确立企业在技术市场中的主体地位[②]，完善

---

① 苏丽坤：《当好"科技红娘"服务创新发展》，《科协论坛》2017 年第 3 期。
② 王志刚：《破解转化难题，让科技创新成为供给侧改革的先导》，《紫光阁》2016 年第 6 期。

企业技术经营机制，强化科技与产业的结合；促使企业将技术创新视作生命线，贯穿于一切经营活动之中，使技术制胜的观念深入人心，引导企业加大对应用型技术引进和研发资金的投入力度，大力推进重点企业研究院。其次，确保技术市场供求机制和渠道畅通。鼓励企业与高校等科研机构的有效对接和深度融合，深刻认识和准确把握当前技术市场发展面临的新形势和新机遇，在新一轮科技革命和产业变革中抢占制高点。此外，加速应用型科研机构和设计单位实行企业化转制，大力促进科技型企业的发展，使企业真正成为技术市场的主体。

第四，推动技术服务职能转变。首先，建立健全技术交易体制机制。完善技术类无形资产挂牌交易、公开拍卖与成交信息公示制度，建立互联互通的技术交易网络平台，推广科技成果市场化定价机制；推动基础条件好、影响力大、辐射面广的技术交易市场进一步规范发展，聚集高校院所、企业、投资人、技术市场服务机构等各类主体，支持建立一批作为政府与企业在推进技术转让和技术转移联系界面的新型技术转让机构。其次，建立全链条的科技成果转化管理和服务体系。大力发展一批社会化的技术市场服务机构，采取市场化运营机制，整合知识产权披露、保护、转让、许可、作价投资入股和无形资产管理等相关职能，为技术交易双方提供知识产权、法律咨询、技术评价、中试孵化、招标拍卖等综合配套与专业化服务，形成全链条的科技成果转化管理和服务体系。

第三篇

市场机制

第七章　价格改革的历程与展望

价格改革是市场发育和经济体制改革的关键，40年价格改革使我国实现了从计划价格体制到市场价格体制的历史性转变，有力地支持和推动着我国经济体制改革，促进了社会和谐稳定，增进了人民群众的福祉。进入新时代，全面深化价格改革，充分发挥市场在资源配置中的决定作用，是推进经济高质量发展的必然要求，是现代化经济体系建设的迫切需要，还是价格改革自身持续推进的内在要求。站在新时代的关键时点，我国价格改革面临新的挑战，应坚持新发展理念，按照全面深化改革总体部署，进一步解放思想，大胆创新，全面深化价格改革，进一步完善社会主义市场价格体制，推进价格治理体系和治理能力现代化，增强价格服务供给侧结构性改革和高质量发展的能力。

改革开放之初，由于长期将计划经济与商品经济对立起来，忽略经济规律尤其是价值规律和供求规律的作用，计划价格体制高度集中、管理僵化和工农产品价格"剪刀差"过大、形式单一、运行呆滞和功能畸形的弊端越来越突出，造成价格结构长期严重扭曲，严重阻碍国民经济持续健康发展（马凯，1992；汪洋，2002；成致平，2006；彭森，2010）。在当时特定的历史条件下，改革计划价格体制势在必行。价格体制不改革，其他领域改革将难以深入。因此，党的十一届三中全会明确提出从 1979 年起大幅度提高粮食等 18 种主要农副产品收购价格，我国价格改革正式启动。

经过 40 年的价格改革，我国成功实现了从计划价格体制向市场价格体制的历史性转变。站在新的历史时点上，回顾我国价格改革的伟大历程，深刻认识价格改革的历史必然性，总结其辉煌成就和宝贵经验，对于进一步认识价格改革的地位和作用，展望新时代价格改革方向，深入推进供给侧结构性改革，构建现代化经济体系，实现高质量发展，助力全面建设社会主义现代化国家新征程，夺取新时代中国特色社会主义伟大胜利，都有着十分重要的意义。

第一节　价格改革的历程

40 年艰辛的价格改革实践，总体指导思想是改革价格形成机制和价格管理体制，建立适应社会主义市场经济要求的市场价格体制，实现价格体制的平稳转型。按照不同时期价格改革的思路、目标、重点以及方式的侧重，我国价格改革大体经历了改革计划价格体制、初步建立社会主义市场价格体制、逐步完善社会主义市场价格体制以及健全完善社会主义市场价格体制四个阶段。

一、1978—1991 年：改革计划价格体制

党的十一届三中全会以后，我国正式进入改革计划价格体制的阶段。在这一阶段，价格改革方式大体经历了"调放结合，以调为主"向"调放结合，以放为主"转变的过程，通过增量改革，逐步

增加价格体系中市场价格的比重，逐步实现计划价格向市场价格并轨。

1979—1984年，为改革计划价格体制，国家主要采取四方面价格改革举措：首先，为理顺价格，扭转工农产品价格"剪刀差"过大的局面，国家以大幅度提高农副产品价格为重点，先后进行了六次大规模调价。其次，国家在价格管理体制改革方面进行初步探索，将部分产品定价权下放给生产者，允许生产者对其生产产品享有自销权和一定的定价权。再次，国家对部分电子和机械产品试行浮动价格制度。最后，国家先后分三批放开了几百种小商品价格和三类农副产品价格，由工商企业自行协商定价，实行市场调节。

在改革的过程中，党和政府以及理论界对价格改革的认识发生了重要转变，逐步认识到仅仅调整价格不可能改变价格体系不合理的现实，只有改革价格管理体制，转变价格形成机制，放开价格，交由市场调节，才能更好发挥价格调节作用，带动其他领域改革。因此，党的十二届三中全会通过《中共中央关于经济体制改革的决定》，强调"价格体系的改革是整个经济体制改革成败的关键，价格体系的不合理，同价格管理体制的不合理有密切关系。在调整价格的同时，必须改革过分集中的价格管理体制，逐步缩小国家统一定价的范围，适当扩大有一定幅度的浮动价格和自由价格的范围"。

1985年起，国家先后实施了三项重大价格改革举措。首先，1985年起，放开了除国家合同定购的粮食、棉花、油料、糖料等少数品种以外的绝大多数农副产品的购销价格，农产品统购派购调整为合同订购和市场收购，分别实行国家定价和市场调节价，并多次适当提高了粮食、棉花和糖料等主要农产品的国家定购价格。其次，1986年，国家放开全部小商品价格，并放开自行车、收录机、电冰箱、洗衣机、黑白电视机、中长纤维布和 80 支以上面纱制品等耐用消费品的价格，逐步扩大了消费品市场调节价的范围。最后，从 1985 年起，取消了"对超产自销的生产资料加价幅度不得高于国家定价 20%"的规定，放开了计划生产资料以外的生产资料价格，全面实施工业生产资料价格"双轨制"，并提高了煤炭、交通运输的价格。

相比前一时期，这一时期价格改革的思路出现重大突破，更加强调市场机制的作用，更加强调放开价格，突出的特点是工业生产资料价格"双轨制"合法化和公开化。截至 1988 年，市场调节价在全国零售商品总额中的比重达到 49.3%，比 1985 年提高了 15.3 个百分点（张军，1997）。但是，也要看到，工业生产资料价格"双轨制"也引发经济秩序紊乱、严重的市场不公平竞争以及官员寻租腐败问题（杨继绳，2009），导致社会矛盾日趋尖锐化。

1988 年 8 月，中共中央政治局会议讨论并原则通过《关于价格、工资改革的初步方案》，准备放开绝大多数商品价格，由市场调节，国家仅管理少数重要商品和劳务价格。然而，由于当时社会业已形成通货膨胀预期，"价格闯关"后，迅速在全国范围内出现了商品抢购和银行挤兑，严重危及经济、社会和政治稳定。因此，同年 9 月，党的十三届三中全会确定了"治理经济环境，整顿经济秩序，全面深化改革"的方针，决定放慢价格改革的步伐，强调要控中求改，相机调放，价格改革开始进入治理整顿时期。

治理整顿时期，国家在价格管理方面采取的改革举措有：一是加强和改善价格控制，适当集中了部分价格管理权限，并对部分商品进行限价，同时，开始建立和健全价格总水平的监测和调控体系及部分重要商品的储备管理制度以及价格调节基金制度；二是在经济形势好转的情况下，不失时机的审慎推进价格改革。首先，调整了部分价格。1989年，提高了粮、棉、油的收购价格和铁路、水运和航空客运票价；1990年，提高了铁路、水运和公路货运价格；较大幅度提高煤炭、原油、有色金属和部分钢材出厂价格和民用燃料的销售价格；部分城市提高了自来水、牛奶价格和公共交通票价。其次，将大部分进口商品的国内交货价格，从按国内价格作价调整为按进口成本作价，即按代理作价。最后，开始实行工业生产资料价格"双轨制"的并轨，1990年把橡胶和炭黑的计划内外"双轨制"价格调整为"单轨制"价格。

二、1992—2001年：初步建立社会主义市场价格体制

1992年2月，邓小平视察南方并发表重要讲话，明确提出，"计划多一点还是市场多一点，不是社会主义与资本主义的本质区别。计划经济不等于社会主义，资本主义也有计划；市场经济不等于资本主义，社会主义也有市场，计划和市场都是经济手段"，这一重要论述，解除了人们对市场经济的种种疑虑，彻底打开了人们长期被计划经济禁锢的思想闸门，为价格改革及整个经济体制改革指明了方向。同年10月，党的十四大明确我国经济体制改革的目标是建立社会主义市场经济体制，使市场在社会主义国家宏观调控下对资源配置起基础性作用，这就决定着我国价格改革的目标是建立社会主义市场价格体制，标志着我国价格改革进入新阶段。党的十四届三中全会通过的《中共中央关于建立社会主义市场经济体制若干问题的决定》进一步明确了价格改革的重点是完善价格形成机制，推进建立主要由市场形成价格的机制。经过十年多的改革，我国已经初步建立社会主义市场价格体制框架，市场形成价格的价格管理体制

基本确立。

在这一阶段，价格改革主要围绕三个方面任务展开：一是加快转变价格形成机制以理顺价格。放开了竞争性商品价格，逐步实现工业生产资料价格"双轨制"的并轨，开始推进资本、劳动力、房地产、技术和信息等生产要素的市场化改革。

二是初步构建价格管理的法治框架。在国务院先后于1982年和1987年颁发的《价格管理暂行条例》和《价格管理条例》的基础上，1997年12月29日，全国人大正式通过《价格法》立法，并于1998年5月1日起实施。随后，一批《价格法》的配套法规、规章和规范性文件制定实施，标志着我国政府价格管理的法治框架初步建立。

三是加快构建价格调控体系。在价格监测方面，基本建立了居民生活必需品和服务价格项目以及重要生产资料成交价格监测网络；在价格调控手段方面，建立了国家粮食、食糖、棉花等重要商品储备制度，确立了粮食价格风险和化肥价格风险基金等重要商品价格调节基金制度；在重大价格风险防控方面，实行了"米袋子"省长负责制和"菜篮子"市长负责制。

三、2002—2011年：逐步完善社会主义市场价格体制

2001年11月，我国正式加入世界贸易组织，我国价格改革的外部环境开始发生重大变化，在更加开放的环境下推进价格改革成为新的时代课题。党的十六大报告强调，在更大程度上发挥市场在资源配置中的基础性作用，健全统一、开放、竞争、有序的现代市场体系，这就决定了这一时期价格改革的目标是进一步完善社会主义市场价格体制。党的十六届三中全会通过的《中共中央关于完善社会主义市场经济体制若干问题的决定》进一步明确价格改革的方

向，强调健全国家宏观调控和加快要素价格市场化，更大程度地发挥市场在资源配置中的基础性作用。党的十七大报告进一步指出"加快完善形成统一开放竞争有序的现代市场体系，发展各类生产要素市场，完善反映市场供求关系、资源稀缺程度、环境损害成本的生产要素和资源价格形成机制"。在改革过程中，明确了价格工作的职能定位是"定规则、当裁判、搞服务"[①]，价格工作的重心开始由政府直接定价、管价转向研究制定价格政策、完善价格管理制度、宏观调控举措、维护市场竞争环境。

这一阶段，价格改革采取的重要举措有：一是加快政府价格管理职能转型。进一步完善《价格法》相关配套法律法规，制定《反垄断法》等价格相关法律法规，先后建立成本监审制度、价格听证制度、专家评审制度、集体审议价格制度、价格公示制度和新闻发布制度，进一步规范政府定价行为；同时还着力建立价格诚信体系以及价格预测、预警机制和应急干预机制。

二是进一步完善价格形成机制。2001年7月，国家计委颁布修订的中央定价目录，大幅削减了中央管理的定价项目，中央管理的定价项目由1992年的141种减少到13种；稳妥推进粮食价格、资源性产品价格与环保收费改革，先后多次调整了粮食、成品油、天然气等产品价格；放开电煤价格，建立了煤热、煤电联动机制；取消了部分公益性服务收费项目；实行了环保电价和全成本水价制度，探索实行了城市居民生活用水阶梯价格制度和城市供热按热值计量收费制度；初步完善了排污、垃圾处理、污水处理等环保收费制度。

---

① 《国家计委提出价格工作要更符合市场经济规律》，见 http://www.people.com.cn/GB/shizheng/ 3586/20030111/905928.html。

三是创新价格监督监管方式，加强对垄断行业和民生价格的监管。对涉农收费和价格政策进行全面清理；加强对教育、药品、住房等民生价格的规范和监管；加强对电力、电信等垄断行业价格的监管；建立价格监督网络体系。

四、2012 年至今：健全完善社会主义市场价格体制

党的十八大特别是十八届三中全会以来，党中央对全面深化改革做了总体部署，党的十八届三中全会《决定》指出，经济体制改革是全面深化改革的重点，核心问题是处理好政府和市场的关系，使市场在资源配置中起决定性作用，更好发挥政府作用。这一论述是我们党对中国特色社会主义建设规律认识的一个新突破，是马克思主义中国化的一个新成果，标志着社会主义市场经济发展进入了一个新阶段，为新时期价格改革指明了方向。理论和实践表明，要发挥市场在资源配置中的决定性作用，必须进一步深化价格改革，更大限度地扩大市场决定价格的范围，让市场决定价格，引导供求；同时，还要提升政府价格治理能力和水平，维护公平竞争市场秩序，惩处不正当价格竞争和价格垄断行为，才能真正实现市场在资源分配中起决定作用的目标。因此，《决定》强调要完善主要由市场决定价格的机制，凡是能由市场形成价格的都交给市场，政府不进行不当干预。推进水、石油、天然气、电力、交通、电信等领域价格改革，放开竞争性环节价格。政府定价范围主要限定在重要公用事业、公益性服务、网络型自然垄断环节，提高透明度，接受社会监督。完善农产品价格形成机制，注重发挥市场形成价格作用，还强调指出，必须积极稳妥从广度和深度上推进市场化改革，大幅度减少政府对资源的直接配置，推动资源配置依据市场规则、市场价格、市

场竞争实现效益最大化和效率最优化。

近年来特别是 2015 年以来，我国价格改革步伐明显加快，采取的主要举措包括：一是加强价格改革的顶层设计。党中央、国务院制定颁布的《关于推进价格机制改革的若干意见》（中发〔2015〕28 号）以及价格主管部门出台了一系列具体改革方案和实施细则，如《国家发展改革委关于全面深化价格机制改革的意见》（发改价格〔2017〕1941 号），进一步明确了全面深化价格改革的总体思路、主要目标、重点任务和保障举措。同时，还完善了促进绿色发展的价格政策体系，为绿色发展的价格政策实施提供了指南。

二是确立"定规则、当裁判、做协调、搞服务"的新职能定位。首先，加快价格放管服改革步伐，价格放开的力度和范围不断加大，先后放开、下放了近 60 多项商品和服务的价格，同时，中央和地方先后都全面修订《定价目录》，大幅减少政府定价项目，与 2001 年《中央定价目录》相比，新版《中央定价目录》中，大项目从 13 种减少到 8 种，具体定价项目由 100 多项减少至 20 项，减少了 80%。其次，持续完善政府定价程序和规范，基本实现了由政府直接定价、管价向定规则、强监管为主的转变。制定（修订）出台《关于加强政府定价成本监审工作的意见》《关于进一步加强垄断行业价格监管的意见》《政府制定价格行为规则》《政府制定价格成本监审办法》等一批通用的成本和价格管理指导意见和规章制度，以及电网、天然气、农产品、铁路等具体领域成本和价格管理的相关规则；实施了政府定价和成本监审清单管理制度和公平竞争审查制度。

三是不断完善价格形成机制。按照改革思路、时间表和路线图，完善农产品、能源、交通运输、环境、医疗、公用事业和公共服务等重点领域价格形成机制，对于竞争性环节和领域，坚持放开政府定价（指导价），应放尽放，交由市场调节；对于自然垄断环节以及民生等领域，则坚持政府定价，做到管精管细管到位。

四是强化价格调控和监管能力建设。进一步完善以经济、法律手段为主，行政手段为辅的价格调控机制，强化价格监测预警工作，提升价格调控能力，确保物价总水平的稳定；对政府定价项目实行动态清单化管理，完善定价成本调查监审制度；优化价格管理职能配置，重组国家市场监管总局，强化市场价格监管和反价格垄断执法，逐步形成了科学监管、协同监管的监管新格局。

第二节　价格改革的成就和经验

推进价格改革，建立社会主义市场价格体制，是一场深刻的革命和全面的制度创新。40年的价格改革取得举世瞩目的巨大成就，实现了从计划价格体制向市场价格体制的划时代转变，对体制改革、对外开放、经济发展和改善民生都发挥了积极作用，也积累诸多宝贵的经验。

一、价格改革取得的成就

40年的价格改革取得举世瞩目的巨大成就，实现了从计划价格体制向市场价格体制的划时代转变，对经济体制改革、对外开放、经济发展和改善民生发挥了积极作用。

（一）有力地服务了整个经济体制改革大局

价格改革是经济体制改革的关键突破口，较好地服务好了整个

经济体制改革大局。没有价格改革，各类合格的市场主体无法培育
出来，市场体系无法发育，建立健全现代市场体系无从谈起，经济
体制改革难以深入，经济高质量发展和社会和谐稳定的局面也不可
能维持。

以农副产品为例，价格改革有效调动了农民的生产积极性和主
动性，促进了农业大发展，解决好了农民增收和温饱问题，为农村
改革及整个经济体制改革起到重要保障作用。从 1979 年起，国家开
始多次大幅度提高农产品价格，逐步放开价格管理权限，极大地促
进了我国农业的恢复和发展，促使农业和农村发生巨大变化。截止
到 2017 年，粮食总产量达到 61791 万吨，年产量比 1978 年增长一
倍多；伴随农业发展，农村经济结构日趋优化，农业总产值和农民
收入也开始大幅度增长。截止到 2017 年，农业总产值达到 61719.69
亿元，农民人均可支配收入达到 13432 元，均较 1978 年有大幅提升。

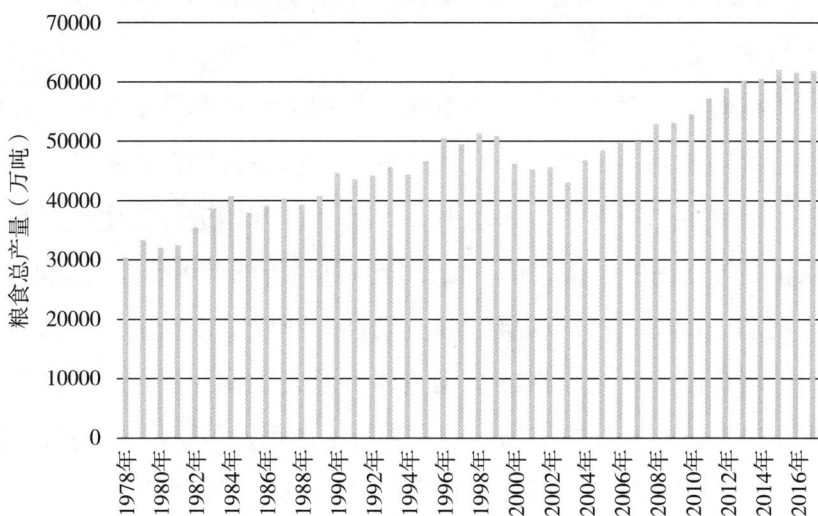

图 7-1 中国粮食总产量（1978—2017）

资料来源：历年《中国统计年鉴》。

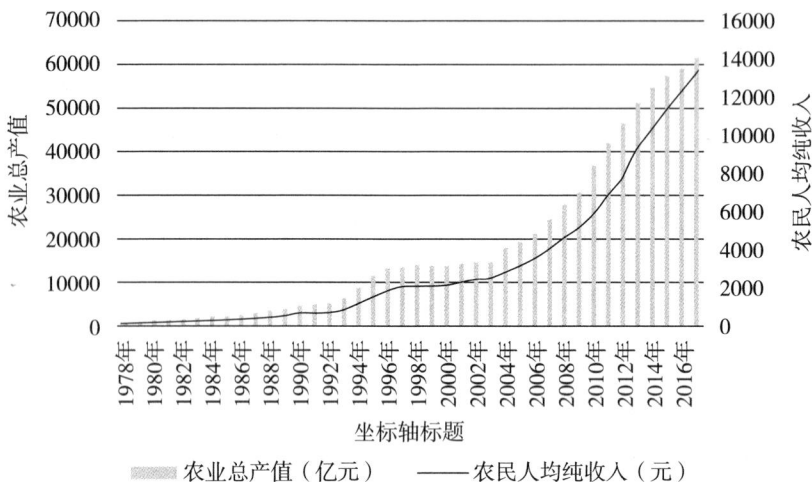

图 7-2　中国农业总产值和农民收入（1978—2017）

资料来源：历年《中国统计年鉴》。

注：2013 年前农村居民收支数据来源于独立开展的农村住户抽样调查，调查项目为农村居民家庭平均每人纯收入。从 2013 年起，国家统计局开展了城乡一体化住户收支与生活状况调查，2013 年及以后数据来源于此项调查，与 2013 年前的分城镇和农村住户调查的调查范围、调查方法、指标口径有所不同。调查项目调整为农村居民人均可支配收入。

　　价格改革还对现代市场体系建设起到了支撑和推动作用。在传统计划价格体制下，由于企业生产的商品价格长期僵化不动、比价扭曲，导致企业缺乏活力和动力。1985 年起开始进行的生产资料价格双轨制等在内的价格改革，促使价格对经济的调节作用日益增强，充分调动了市场主体的积极性和主动性，释放了市场主体的活力和潜力，培育出了一批合格的市场主体，形成了多种所有制经济成本相互竞争、彼此互补的市场格局，为市场体系发展奠定了微观基础。在价格改革的支撑下，我国业已形成了包括生产资料、生活资料在内的有形市场和无形市场相结合、现货市场与期货市场相结合、批发和零售相结合的多层次、多门类的商品市场体系，还初步形成了包括资本、劳动力、技术、土地、产权等在内的多层次要素市场体系（任兴洲、王微、王青等，2015）。

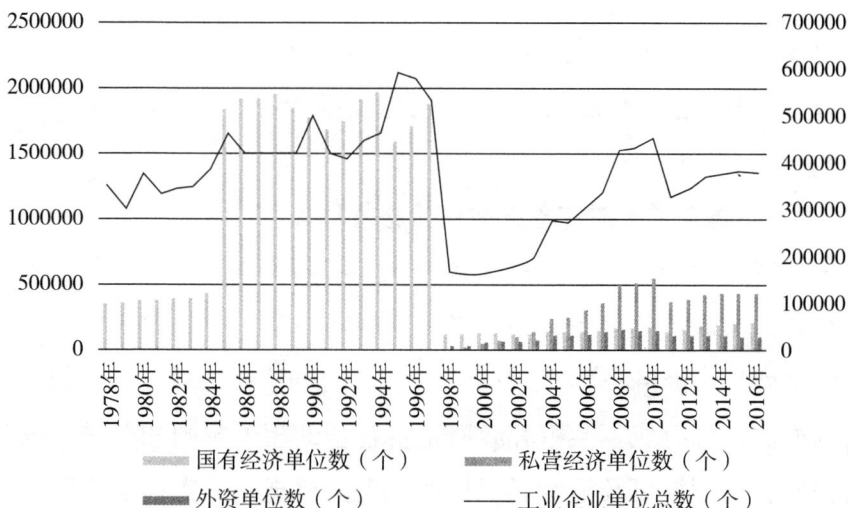

图 7-3　工业行业不同所有制市场主体数量的变化

资料来源：历年《中国统计年鉴》。

（二）在稳定的前提下实现了价格体制转换

价格改革的难点和主要矛盾在于要在改革价格形成机制和管理体制以理顺价格体系的同时，还要避免价格改革步伐过快，导致价格大幅震荡引起经济大起大落，进而危及政治和社会稳定。苏联、东欧国家在实行计划经济向市场经济转轨的过程中，采用休克疗法，价格自由化改革步伐过快，导致经济混乱、黑市交易、腐败丛生、失业率上升，严重影响了本国的经济、社会和政治稳定。

相比之下，我国价格改革的成功之处就在于在维护政治和社会稳定的前提下，实现了物价水平的总体稳定和价格改革的有序推进，实现了价格体制的平稳转换，最终顺利建立社会主义市场价格体制。

截止到 2016 年，竞争性领域和环节的产品和服务价格已经完全放开，价格市场化程度达到 97.01%，其中，第一、第二和第三产业的价格市场化程度分别达到 100%、97.37% 和 95.90%（国家发展改革委价格司，2017）；政府管理价格的比重已不足 3%，主要限定在重要公用事业、公益性服务和网络型自然垄断环节。

（三）建立了相对完善的政府价格管理体制

1998 年《价格法》正式实施以来，我国价格管理法治化水平显著提升，形成了较为完善的价格治理规则体系。中央和地方先后出台一系列与《价格法》《反垄断法》相配套的法律法规、规章制度和管理办法，既有成本监审和政府定价管理的相关规则和办法，也有价格监管和调控以及消费者保护的相关法律规章，实现了价格管理有法可依和依法治价。截止到 2016 年，我国共有全国性价格法律 2 部，行政法规 3 部，规章 23 部，规范性文件 858 件，形成了较为完善的价格法律法规体系。[①]

同时，伴随社会主义市场价格体制的建立，我国价格调控体系也实现了根本性变革，不仅在性质、手段上与过去有着根本不同，而且体系更加完备、更加合理。价格调控体系由原来以行政手段为主转变为现在以经济手段和法律手段为主、行政手段为辅、直接调控与间接调控相结合，配以价格监测预警、宣传舆论、行业自律、重要商品储备制度和价格调节基金制度以及临时干预措施和紧急措施等。价格调控走向规范化和法治化的轨道，物价总水平和民生价

---

① 《全国价格主管部门清理废止规章和规范性文件约 1.6 万件》，见 http://www.ndrc.gov.cn/gzdt/201612/t20161208_829533.html，2016 年 12 月 8 日。

格长期保持相对稳定的态势。

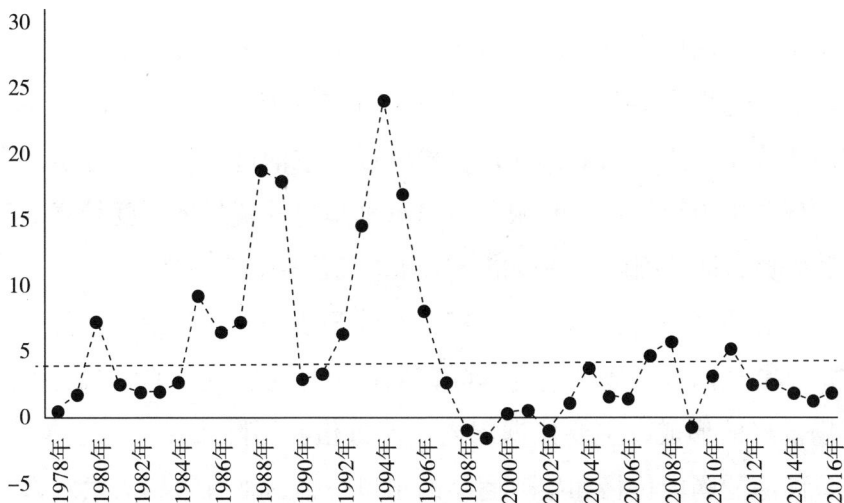

图7-4 1978年以来我国居民消费价格指数变化趋势

资料来源：历年《中国统计年鉴》。

此外，还逐步完善了价格监管和服务体系。探索建立了以"准许成本＋合理收益"为核心的垄断行业定价制度，成立了专门的价格监管服务队伍，强化了事前、事中和事后全流程监管，构建了价格监督检查和价格服务并重的价格监管和服务体系。建立了以政府价格监督检查为主，社会监督和舆论监督为辅的价格监督网络。完善了价格成本监审、价格认证、价格评审、价格听证等规范的政府定价管理和价格服务体系。创新发展了联合执法、交叉检查、市场巡查、"双随机一公开"等价格监管新方式，持续提升了价格监管效能。

（四）实现了国内外市场价格成功挂钩并轨

改革开放以前，在传统的计划价格体制下，由于经济发展水平低，对外经济联系较弱，我国国内市场和国际市场上的价格基本上脱钩，进口商品的国内销售价格和出口商品的国内外贸收购价格主要是按照国内同类商品的比价关系和政策需要来单独制定。改革开放以后，适应对外开放需要，进出口价格开始参考国际市场价格，随后逐步实行进出口商品代理作价制度，取消进口补贴，逐步放开绝大部分国内市场商品和服务价格特别是对外贸易依存度较高的产品和服务，推动国内市场价格与国际市场价格有序并轨。

随着我国加入世界贸易组织，对外开放进入新阶段，在价格形成机制上，国内市场价格与国际市场价格加速实现挂钩并轨，国内市场价格的形成，主要依据国内生产价格和国际市场上供求关系，进口商品的国内价格和出口商品的出口价格，则有市场买卖双方自主确定，国家通过关税和汇率等经济杠杆，对国内外市场价格的联

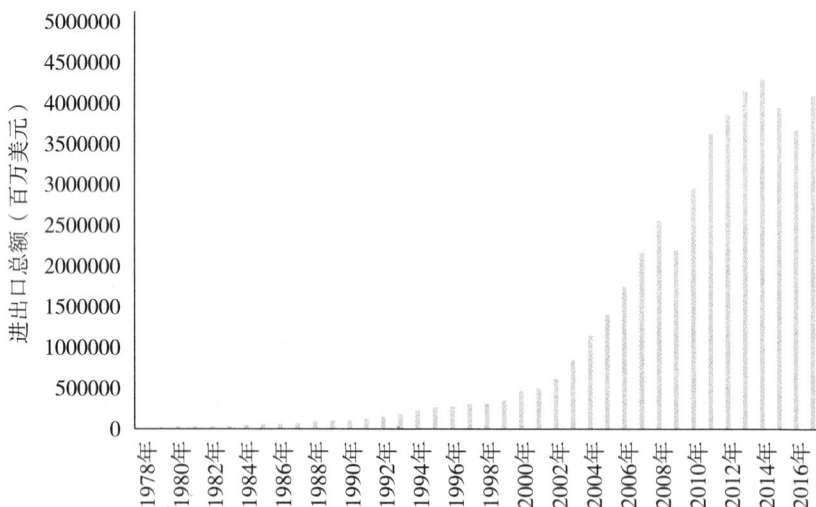

图 7-5　中国进出口贸易总额（1978—2017 年）

资料来源：历年《中国统计年鉴》，国家统计局统计数据库。

注：进出口数据来源于海关总署；1978 年为外贸业务统计数，1980 年起为海关进出口统计数。

系施加影响，进而调节进出口。国内市场价格和国际市场价格的成功并轨，有力地推动我国开放型经济体制构建，促进我国经济深入融入全球经济体系，提升我国在国际市场的价格话语权和贸易竞争力，使我国迅速成长为世界贸易大国，截止到 2017 年，我国已经是全球最大的对外贸易国。

二、价格改革的主要经验

40 年的价格改革在取得巨大成绩的同时，也积累了许多鉴往知远、弥足珍贵的宝贵经验。这些经验，凝聚着全国人民对价值规律和市场经济运行规律的深刻认识，是指导我们纵深推进新时代价格改革事业、实现价格治理体系和治理能力现代化的宝贵财富。

（一）采取渐进式的改革方式

价格涉及国民经济各个领域，牵动着各方面的权力和经济利益，在市场发育水平低下、价格秩序严重扭曲、经济环境比较紧张、社会承受能力较弱的情况下，价格改革步伐过快或者滞后，都会对经济发展和社会稳定产生不良影响。从价格改革实践来看，不同于苏联和东欧国家在转轨过程中所采取的休克疗法式改革，我国价格改革总体上呈现的特点是从本国实际出发，坚持问题导向，采取以"摸着石头过河"为特征的渐进式价格改革方式，坚持调放结合，有序推进。在价格改革过程中，通常是选择一些比较容易推进且可以取得成效的领域，由易到难、由浅入深、由外围到核心、由局部到全国，重大改革经过试验取得经验后再推开，积小胜为大胜，逐步向最优目标逼近。例如，价格改革首先坚持"调放结合，以调为主"的方式，在取得一定成效和经验后，再扩大放的范围和力度；从突破点上首先从调整农副产品价格，到调整和放开大部分商品和服务价格，最后"啃硬骨头"，推进生产要素价格市场化改革。这种渐进式价格改革方式有利于凝聚社会各方面的改革共识，协调好各方面的利益关系，降低改革的风险和成本，确保价格改革以比较经济的方式实现预期目标，以最小的改革成本获得最大的改革收益，使得价格改革事业始终保持在一个稳定有序的轨道上，避免经济出现大起大落的剧烈震荡，从而为改革营造良好的环境，让改革能够顺利推进，获得更多帕累托改进的收益。

（二）坚持从问题和实践出发

我国的价格改革不是为改革而改革，而是坚持问题导向，从实践出发，针对经济体制改革过程中不同时期面临的突出价格矛盾和价格扭曲问题，通过价格改革来增强市场供求对价格决定的影响，进而更好地发挥价格信号对市场供求关系的引导作用，调动市场主体积极性、主动性和创造性，促进市场竞争和创新，繁荣市场经济，提升资源配置效率，促进经济高质量发展。例如，改革开放之初，在计划价格一统天下的局面下，针对当时价格水平偏低和工农产品价格"剪刀差"问题，党的十一届三中全会决定以大幅提高农副产品价格为突破口，来打破计划经济的壁垒。伴随着农业经济的恢复发展，针对计划价格主导、市场价格较少的问题，运用工业生产资料价格双轨制过渡的方法，在保持原有体制存量不变的情况下，着力推进增加市场调节部分的增量改革，实现价格体系中计划价格和市场价格的动态调整，最终在条件具备时实现价格并轨。又如，针对当前资源环境领域价格机制不完善和价格激励和约束机制不健全等突出问题，政府通过完善有利于绿色发展的价格政策，着力创新和完善污水垃圾处理、节水节能、大气污染治理等重点领域的价格形成机制，来理顺资源环境价格，促进生态文明建设。

（三）处理好稳定和改革关系

习近平总书记提出："稳定也是硬道理。"价格改革事关人民群众生活水平、获得感和幸福感的提升，特别是部分民生价格，直接关乎老百姓的基本福祉，关乎宏观经济健康运行和社会稳定。因此，价格改革举措，要充分考虑到经济发展阶段、企业消化能力和人民群众承受能力，处理好与稳定的关系，搞好稳定工作，确保每一项重大的价格改革举措出台时，选择恰当的时机、力度和节奏，相机而动，确保物价总水平稳定和民生价格稳定，尽量减轻改革举措对经济社会发展、低收入群体和困难群众的负面冲击，从而保证价格改革在稳定中不断向纵深推进。例如，在推行阶梯价格制度过程中，国家强调了第一档价格需覆盖绝大部分居民家庭，确保低收入家庭总体上不会增加生活支出，即便如此，国家仍要求各地在建立居民阶梯价格制度时，要充分考虑低收入家庭经济承受能力，采取提高低保标准、增加补贴或设定减免优惠政策等方式，确保其基本生活水平不受影响，从而实现了阶梯价格制度顺利推进（胡祖才，2015）。

（四）始终与其他领域改革协同推进

价格改革是整个经济体制改革的重要组成部分，与市场培育、财政、税收、金融、企业等领域改革相互制约和互为条件。这就决定了价格改革不能单兵突进，搞孤军奋战，要与其他领域相互协调、相互配合，不能期望"毕其功于一役"，否则，价格改革难度会加大甚至面临失败的风险。从我国改革实践来看，价格改革只有与企业改革、市场培育、财税体制改革、产权、工资等领域有机衔接、相互配合，才能实现预期改革目标，否则，价格改革将难以持久推行下去。事实上，如果没有对市场价格灵活反映，拥有经营自主权的合格市场主体；没有逐步完善，公平竞争的市场体系；没有实现价财税联动；没有社会保障水平和能力的提升——价格改革将无从深入，并且改革带来的阵痛将无法缓解或消除，将成为社会不稳定因素，加剧政治经济风险。

第三节　价格改革面临的新要求和新挑战

党的十九大报告指出，我国经济已由高速增长阶段转向高质量发展阶段，正处在转变发展方式、优化经济结构、转换增长动力的攻关期，建设现代化经济体系是跨越关口的迫切要求和我国发展的战略目标。建设现代化经济体系，首先要更好地发挥市场的决定性作用，这意味着全面深化价格改革，更好发挥市场决定资源配置的作用，不仅是推进经济高质量发展的必然要求，也是现代化经济体系建设的迫切需要，还是价格改革自身持续推进的内在要求。因此，应对标高质量发展的要求，顺势应时，正确认识当前我国价格改革主要矛盾和面临的新挑战。

一、高质量发展对价格改革提出了新要求

进入高质量发展阶段，价格体制也必须向高质量迈进，推进价格改革应从追求改革的项目数量和速度，向追求改革的质量和效益

转变。换言之，新时代价格改革也应有"高质量"：一是价格形成机制要尊重价值规律，按经济规律办事。政府定价既要反映企业准许成本和合理收益，也要充分反映市场供求，实现科学定价；市场价格则要在统一公平竞争有序的市场体系下由市场竞争形成价格，确保货真价实和价格反应灵活，保障商品和要素自由流动。二是价格治理体系和治理能力要现代化。价格治理规则体系要实现规范化、制度化和法治化，价格治理程序要公正、公开、透明，对政府定价项目和市场调节价要依法依规进行监管，对于政府定价项目，要管精管好管到位；对市场调节价，要有效运用《反垄断法》等竞争法律法规，维护公平竞争市场环境，减少政府价格不当干预。三是要参与构建和运用好国际经济治理规则，提高我国在重要大宗商品的国际定价权，积极争取国际市场上的话语权。

二、进一步深化价格改革面临的新挑战

与新时代高质量发展的要求相比，我国价格改革还面临以下困难和挑战：一是部分重点领域价格改革还不到位。以能源价格为例，在石油价格方面，原油与成品油定价机制不协调，原油价格完全按照国际油价变动及时调整，而成品油价格则规定了稳定区间，造成国内成品油价格与国际原油价格之间的关系不时出现扭曲，不能实现完全挂钩。在天然气价格方面，天然气定价体系存在非常规天然气与常规天然气之间气源价格双轨制和非居民和居民管道天然气价格双轨制，且居民与非居民天然气价格之间存在交叉补贴。分级、分段管理的天然气定价机制，导致部分地区上游气源价格变动无法及时疏导至终端用户，不能充分发挥价格信号调节作用。天然气输配成本激励与约束机制尚不健全，输配成本在天然气终端销售价格

中占比偏高，提高了终端用户的用气成本。受油气体制改革不到位，管网尚未独立、竞争性市场尚未形成、价格仍受到管制等多重因素制约，天然气交易中心尚不能真正发现和形成市场基准价格，也不能较好地反映提点能源价格的变化。电力价格方面，新能源价格还存在补贴方式不合理，造成价格不能真实反映成本和财政负担加重。新能源发电价格与化石能源发电价格比价关系还没有完全理顺。碳价不能充分反映发电发生的资源环境成本。不同地区和不同用户之间电力价格还存在交叉补贴，造成不同地区和不同用户之间比价关系不合理，妨碍价格体系理顺，阻滞电价市场化进程。电力成本控制机制不健全，投资成本刚性上涨，投入产出效率低下，加剧电价矛盾。煤电联动机制不健全，"市场煤"和"计划电"的现象仍然存在，煤电上网电价与煤炭价格联动不充分，周期过长，导致发电企业经营业绩不稳定。

二是民生价格矛盾仍比较突出。尽管在医疗、教育、住房等领域的价格改革取得一定成效，但受市场准入壁垒、市场体系发育不健全、政府价格干预过多、与价格改革步伐不协调等体制机制因素的影响，医疗、教育、住房等民生价格的矛盾还比较突出，"看病贵、上学贵、房价高"成为人民群众过上美好生活的主要障碍。以医疗价格为例，长期以来，卫生主管部门对医疗服务实行严格的行政管制，使得医疗服务领域行政垄断和政府干预问题突出，健康运行的医疗服务市场体系无法形成，进而导致供求错配，医疗服务和药品价格形成机制不合理，出现药品价格秩序混乱、医疗服务价格不合理和过度医疗等问题，同时还衍生出红包、回扣等腐败问题和医患关系紧张等问题。

三是价格治理体系和治理能力现代化还有待提升。首先，价格治理规则体系还需进一步完善。《价格法》等部分法律法规条款过于笼统陈旧，不能适应新时代价格法治化的要求，急需根据新时代价格治理的要求，进行修订完善，加强与价格相关的法律法规相协调，构建统一的价格治理规则体系。其次，政府价格管理过程的透明度、公开性以及公共参与程度有待提升，政府定价行为规制、听证办法、成本监审等相关制度需进一步制定相关实施细则，规范价格秩序程序和行为，提高价格决策的科学化、民主化和规范化水平。再次，对重大价格异常波动的调控，各种手段配合还不够协调，影响价格调控的效果。特别是近年来，由于外部经济冲击和国内不同领域改革步伐不协调，造成部分国内重要的资源性产品价格、生产资料价格以及相关产品短期内剧烈波动，在一定程度上影响着企业正常的经营和民众的生活。最后，政府价格监管现代化有待提升。一方面，对放开的价格要进行科学、合理监管。随着放管服改革的持续推进，绝大部分商品和服务价格已经放开，交由市场调节，但由于部分领域市场发育滞后，放开的价格并没有真正由市场竞争形成，因此，对此类价格，政府还需创新监管手段，综合运用价格管理和反垄断等手段，来进行价格监管。另一方面，对于垄断环节价格要进行科学监管。受价格监管机构独立性和专业性不足、有效的价格监管手段和方式缺乏等因素影响，制约着科学规范的垄断环节价格管制制度还未真正形成。

第四节　新时代价格改革展望

站在新时代的关键时点，要进一步发挥市场决定资源配置的作用,应坚持新发展理念,按照全面深化改革总体部署,进一步解放思想,大胆创新,全面深化价格改革,完善社会主义市场价格体制,推进价格治理体系和治理能力现代化,增强价格服务供给侧结构性改革和高质量发展的能力。

一、稳慎推进重点领域的价格改革,打好改革攻坚战

应重点推进自然垄断行业、公用事业、公益性服务等重点领域价格市场化改革,区分竞争性与非竞争性环节、基本与非基本服务,稳步放开竞争性环节和非基本服务价格,完善政府定价制度,建立健全科学反映成本、体现质量效率、灵活动态调整的政府定价机制。深化农产品和农业综合水价改革,完善农产品和水价相关政策,优化补贴办法。创新和完善生态环保价格机制,完善促进绿色发展价格体系,发挥价格杠杆调节作用,缓解资源和环境约束,促进生态文明建设。清理规范各类涉企收费,优化发展的价格环境。

二、完善价格调控体系,稳定物价总水平和民生价格

应综合运用大数据、人工智能等现代技术,加强对价格相关的重要国民经济指标的监测管理,强化价格监测、分析和预警,扩大价格监测范围,定期形成和发布价格监测、分析和预警报告。逐步建立覆盖重要商品和服务的价格指数体系,合理引导通胀通缩预期,同时完善应对价格异常波动的相关预案,有效防范价格大起大落、异常波动。创新价格调控手段,健全重要商品储备制度,加强价格与财政和货币等政策的协调配合,以经济手段为主,综合运用法律、行政、媒体等手段,加强对市场价格特别是民生价格的间接调控,必要时,应根据经济运行总体状况和国际市场价格形势,对部分大

宗商品和资源性产品的市场价格进行适时调控，把握好价格调控的力度，确保价格总水平以及重要商品和服务的价格稳定。

三、加强价格监管能力建设，全面提升价格治理水平

应加快完善价格管理规则体系，重点加快《价格法》《反垄断法》等法律法规修订完善工作，进一步完善政府价格管理的相关法律法规体系和制度框架。强化对政府定价项目的管理，对定价目录进行动态调整。按照政府定价管理要求，围绕电力、天然气等网络型自然垄断行业、公用事业和公益性服务，健全管制成本会计、成本监审、价格听证、定价程序等政府定价基础性制度，加强信息披露，最大限度提高价格决策的科学化、法治化、规范化、透明度。积极运用大数据等信息化手段，创新对各类价格特别是民生价格的监管方法，完善"双随机、一公开"监管模式，健全价格应急处置机制，及时妥善处理各类价格突发事件。强化反垄断和反不正当竞争执法，推进价格执法常态化精准化，维护良好的市场价格秩序。

第八章　竞争政策回顾与展望

　　改革开放以来，我国竞争政策经历了初创、发展、成熟和完善四个阶段。经过 40 年发展，竞争政策领域立法工作取得重大突破、机构职能逐步完善、反垄断执法工作成效显著、竞争政策地位持续提升。政策制订和实施也积累了一定经验，包括紧随改革开放步伐调整完善竞争政策，适应全球化趋势积极参与国际协作，以执法推动普法，将国际通行做法与中国首创结合等。展望未来，我国确立竞争政策基础性地位的必要性和紧迫性日益凸显，应适应高质量发展的要求，形成竞争优先的经济政策体系、完善竞争法律体系、优化政策实施机构、推动反垄断执法工作常态化、加强竞争倡导，加快确立竞争政策基础性地位。

　　竞争政策是为保护和促进市场竞争而制定的法律法规、实施的政策措施和设立的监管与实施机构的总和。广义的竞争政策包括禁止滥用行政权力排除和限制竞争、禁止滥用市场支配地位、禁止垄断协议、经营者集中审查、公平竞争审查、竞争倡导以及其他促进公平竞争的政策等。其中，反对各种形式的垄断行为是竞争政策的核心。竞争政策是塑造市场竞争规则、调节企业竞争行为的重要政策。改革开放以来，我国逐步从计划经济向市场经济转轨，公平竞争有利于经济发展的理念也逐渐深入人心，多元化的市场主体地位逐步确立，有利于竞争机制发挥作用的市场环境逐步完善，竞争政策框架体系初步形成并不断完善。反垄断法作为竞争政策的核心内容，其立法和执法工作也取得长足进展。2015年《中共中央、国务院关于推进价格机制改革的若干意见》明确提出："逐步确立竞争政策的基础性地位"。党的十九大报告进一步要求，"清理废除妨碍统一市场和公平竞争的各种规定和做法""打破行政性垄断，防止市场垄断"。回顾我国竞争政策发展的历史进程，总结竞争政策形成和落实的历史经验，分析当前竞争政策实施面临的问题，有助于认清竞争政策所处的历史方位及其在现代化经济体系建设中的重要作用，为逐步确立竞争政策的基础性地位奠定基础，为实现新时代中国特色社会主义战略目标提供有力支撑。

第一节　改革开放40年来我国竞争政策回顾

改革开放前，我国长期实行高度集中的计划经济体制，市场经济、竞争机制被视为资本主义特有的现象而被排斥。垄断被认为是资本主义发展到帝国主义阶段而出现的一种经济和社会现象，不会在社会主义国家出现，我国不需要通过竞争政策和反垄断法来调整市场主体的垄断行为。改革开放以来，随着社会主义市场经济体制逐步确立，竞争机制被逐步引入到经济社会生活各个领域，以制止垄断行为、保护公平竞争为主要目标的竞争政策逐步形成。我国改革开放以来的理论探索过程，以及经济体制改革和转变，某种程度上就是对竞争政策性质和功能认识不断加深的过程。从指导经济发展的思想观念、竞争政策的制定和落实等方面看，改革开放以来我国竞争政策的发展可以划分为四个阶段。

一、初创阶段：市场竞争环境初步形成（1978—1991年）

1978年党的十一届三中全会拉开了改革开放的序幕，我国开始从计划经济向社会主义市场经济转轨。1978年到1991年可以看作是我国竞争政策发展的初创阶段。

从改革开放初期的思想观念变化看，1982年党的十二大提出了计划经济为主，市场调节为辅的原则，1984年十二届三中全会明确社会主义经济是公有制基础上的有计划的商品经济，1987年党的十三大提出建立计划与市场内在统一的经济体制。随着观念变化，中央逐步形成了竞争有利于经济发展的思想和政策导向。

在中央有关精神的指引下，这一时期出台了一系列反映竞争思想或直接以促进竞争为目标的法律法规和政策文件。1980年国务院发布《关于开展和保护社会主义竞争的暂行规定》，首次提出了促进竞争、反对垄断的政策目标，并就培育有利于竞争的市场环境、打破地区封锁和部门分割等作出了具体规定。1981年国务院发布《关于制止商品流通中不正之风的通知》，不正之风就包括"行贿受贿、损公肥私的行为""破坏社会主义竞争"的行为，该通知实质上是对行政垄断行为的一种限制。同年，商业部发布《关于严禁商品搭配的规定》，对商品搭售行为进行了限制。分别于1982年和1984年通过的《商标法》和《专利法》，就商标和专利领域的竞争问题作出了规定。1987年国务院颁布的《价格管理条例》和《广告管理条例》，认定"企业之间或者行业组织商定垄断价格的行为"是违法行为，规定"在广告经营活动中，禁止垄断和不正当竞争行为"。同期，一些地方也出台了竞争方面的行政规章，比如1985年武汉市出台《制止不正当竞争行为的试行办法》，1987年上海市出台《制止不正当竞争暂行规定》等。

这一时期可以视作中国竞争政策的起源和萌芽时期。在经济转轨时期，通过一系列改革为市场竞争创造了条件，包括逐步培育合格的市场主体，通过价格、流通体制等重点领域改革创造"供求决定价格、价格影响供求"的市场条件。在此基础上，有关部门通过出台法律法规和政策，在特定领域对当时严重制约改革进程、阻碍经济发展的一些垄断行为和不正当竞争行为进行限制和约束。但受制于计划经济思想影响，加之国有企业处于起步阶段，个体经济私营经济尚未壮大，合格的市场主体仍未完全成型，市场竞争仍受制于多方面因素，这一时期的竞争政策仍缺乏系统性，表现出一定的碎片化特征。

二、发展阶段：重点领域立法加快推进（1992—2000年）

1992年，党的十四大确立了建设中国特色社会主义理论在全党的指导地位，明确我国经济体制改革的目标是建立社会主义市场经济体制。在此目标之下，竞争政策和其立法进程进入了一个重要时期。从1992年党的十四大到中国加入WTO之前这段时期可以看作是我国竞争政策的发展阶段。

从理论发展和改革进程看，党的十四大和十四届三中全会明确了建立统一开放竞争有序的市场体系这一目标，推动公平竞争成为建设现代市场体系的核心任务之一。随着改革进一步深化和开放进一步扩大，国企改革推进和个体私营经济发展为培育合格市场主体创造了有利条件，外国投资的规模不断扩张也在一定程度上激发了市场活力，要素市场化改革的推进提升了生产和流通领域的市场化程度。通过相关改革，市场竞争具备了良好的微观基础。

改革和开放力度的加大也反映在竞争政策相关的法律法规和政策文件上。1993年全国人大常委会通过了《反不正当竞争法》。该法列举的不正当竞争行为中有5种垄断行为，包括公用企业滥用市场支配地位的限制竞争行为、政府部门滥用行政权力的限制竞争行为、掠夺性定价、搭售及附加不合理交易条件行为和串通招标投标行为。《反不正当竞争法》尽管无反垄断法之名，但可以看作反垄断法的先声，是竞争政策史上的一部重要法律。1993年通过的《消费者权益保护法》，从保护消费者权益的角度对经营者的市场竞争行为进行了规范。1997年和1998年分别通过了《价格法》和《招标投标法》，前者对价格垄断协议、掠夺性定价、价格歧视等价格垄断行为作出了规定，后者对招投标中的合谋行为作出了规定。行政法规方面，2000年国务院颁布《电信条例》，对电信行业的垄断行为作出了规定。部门规章方面，1995年国家计委发布的《制止牟取暴利的暂行规定》中指出"生产经营者之间或者行业组织之间不得相互串通，哄抬价格"；1993年和1998年，国家工商局根据《反不正当竞争法》分别制定了《关于禁止公用企业限制竞争行为的若干规定》和《关于禁止串通招投标行为的规定》。相关法律法规和政策的出台对于维护市场交易秩序，制止不正当竞争，保护消费者利益，打破地区封锁和部门、行业垄断，保障市场经济的健康发展，发挥了重要作用。

这一时期可以视作中国竞争政策的奠基时期，其特点是在建立统一开放竞争有序市场体系这一目标导向之下，以立法为手段，辅之以行政命令和专项政策，从综合层面的反不正当竞争和反垄断出发，结合消费者保护、反价格垄断、反串通投标、反区域封锁和行业垄断等具体领域的政策，多角度多层次对各种破坏竞争的行为进行限制。这一时期的政策制定取得了较大进步，但由于机构设置和人员配备等方面原因，市场中不正当竞争行为和垄断行为仍然大量存在，尤其是行政性垄断行为受到的约束还远远不够。

三、定型阶段：竞争政策框架基本确立（2001—2007年）

2001 年中国加入 WTO，开放的步伐进一步加快。我国深度参与国际分工和全球贸易也对国内的竞争秩序提出了新要求，建立与国际接轨的竞争规则是我国融入全球经济的迫切需要。从中国加入 WTO 到《反垄断法》颁布实施，我国竞争政策逐步走向成熟。

经济全球化背景下，国际分工的深化和国际贸易的扩张拓展了竞争空间与竞争方式，也催生了一些新的不正当竞争和垄断形式，国内的区域间竞争强化引发了一些地方保护和区域封锁现象，客观上要求竞争立法要进一步完善。为适应这一形势变化，我国又先后修订和制定了一系列法律、行政法规。2001 年国务院颁布了《反倾销条例》和《反补贴条例》两项条例，以及《关于禁止在市场经济活动中实行地区封锁的规定》和《关于整顿和规范市场经济秩序的决定》两项规定，对反倾销和反补贴中涉及的竞争行为，以及部分行政性垄断行为作出了规定。2003 年国家发展改革委出台《制止价格垄断行为暂行规定》，外经贸部等四部门颁布《外国投资者并购境内企业暂行规定》，2006 年商务部等五部门联合颁布《零售商供应商公平交易管理办法》。三个部门规章分别对制止价格垄断行为、企业并购反垄断审查和批发零售领域的垄断行为作出了规定。2004 年修订通过的《对外贸易法》也增加了对反垄断的规定。

这一阶段的标志性事件是 2007 年《反垄断法》立法工作的正式完成。《反垄断法》早在 1994 年就列入全国人大立法规划，经过十多年的酝酿、起草和修改工作后，于 2007 年 8 月 30 日经第十届全国人大常委会表决通过，标志着我国竞争法律体系实现了较大完善，竞争法制建设进入了一个全新时期。随着《反垄断法》出台，以《反垄断法》《反不正当竞争法》《价格法》和《招标投标法》等为主体的竞争法律体系基本形成，相关法律法规通过合理分工、互相配合，达到了共同维护市场经济运行秩序的目标。

这一时期可以看作是中国竞争政策的成熟阶段。《反垄断法》的出台，使我国第一次有了一部与国际通行规则接轨的竞争法，为全球化背景下竞争政策的制定和实施提供了一个基本依托。同时，在科学发展观的指引下，在竞争立法和政策制定中更加注重维护消费者福利，以人为本的理念得到有效贯彻，《反垄断法》第一条明确提出"维护消费者利益和社会公共利益"。有了《反垄断法》的支撑，中央也从机构设置、人员配置和执法手段等方面为行政执法部门提供了更加强有力的保障。但由于《反垄断法》的规定较为抽象，加之行政执法权限分散在不同部门，竞争政策的全面落实还有赖于后期补充立法和机构调整的进一步推进。

四、深化阶段：竞争政策全面推进落实（2008 年至今）

从 2008 年《反垄断法》正式实施至今，是我国竞争法体系的完善时期。这一时期，中央对竞争政策的认识提升到了一个新的层次，竞争理念也在各个阶层、各个领域受到越来越多的认同。竞争政策主要从反垄断补充立法和提升竞争政策地位两个方面取得了重要进展。

补充立法方面，2008 年，国务院出台了《关于经营者集中申报标准的规定》，明确了经营者集中的申报标准；2009 年，国务院反垄断委员会发布了《关于相关市场界定的指南》，为相关市场界定提供依据，提高了国务院反垄断执法机构执法工作的透明度。2009 年到 2010 年，国家工商行政管理总局分别出台了《查处垄断协议、滥用市场支配地位案件程序规定》《制止滥用行政权力排除、限制竞争行为程序规定》《禁止垄断协议行为的规定》《禁止滥用市场支配地位行为的规定》《制止滥用行政权力排除、限制竞争行为的规定》等补充规定，就相关领域的工作程序和垄断行为认定与处罚作出了具体规定。2009 年到 2014 年，商务部分别出台了《经营者集中申报办法》《经营者集中审查办法》《关于实施经营者集中资产或业务剥离的暂行规定》《关于评估经营者集中竞争影响的暂行规定》《未依法申报经营者集中调查处理暂行办法》和《关于经营者集中简易案件适用标准的暂行规定》等补充规定，就经营者集中审查的具体程序、规则和查处办法作出了具体规定。2010 年，国家发展改革委出台了《反价格垄断规定》和《反价格垄断行政执法程序规定》，对价格垄断行为的认定和查处及相关程序作出了规定。目前，有关部门的补充立法工作仍在有序推进。

在竞争政策地位方面，2015 年发布的《中共中央国务院关于推进价格机制改革的若干意见》明确提出要"逐步确立竞争政策的基础性地位"，2016 年颁布的《国务院关于在市场体系建设中建立公平竞争审查制度的意见》是奠定竞争政策基础性地位的重要制度基石。

这一时期，竞争政策在政策制定方面更加精细化，在竞争执法方面更加规范化，在政策实施方面更加透明化，我国逐渐确立了一个从政策制定、行政执法、竞争倡导更加完善的竞争政策体系。随着竞争政策逐步完善，竞争政策与其他经济政策之间的协调机制逐步建立，竞争政策的基础性地位正在逐步确立。

第二节　改革开放以来竞争政策取得的成效与经验

　　竞争政策体系的不断完善和政策举措的全面落实，必须紧扣时代脉搏，把握时代精神。竞争政策要取得显著成效，需要依靠成熟的制度和法律保障、职能完备的实施机构以及把政策落到实施的工作机制，把竞争理念贯穿于经济生活的方方面面，真正使竞争成为提升经济运行效率、促进社会福利提升的有力工具。本节将结合竞争政策领域的制度、法律、体制机制以及工作实际总结改革开放以来竞争政策取得的成效与经验。

一、改革开放以来竞争政策取得重要进展

　　改革开放 40 年以来，我国从竞争性市场环境确立、法律法规建设、机构职能完善、执法工作推进等多个方面推动竞争政策的制定和落实，竞争政策地位持续提升，政策实施和反垄断执法成效显著。

（一）立法工作取得重大突破

市场经济本质上是法治经济，竞争政策的全面贯彻落实离不开

相关立法工作的推进。改革开放以来，通过从点到面，由表及里的立法工作，竞争机制不断完善，对市场在资源配置中发挥决定性作用提供了有力支撑。竞争政策领域立法工作的重大突破体现在三个方面。

一是通过了一部目标明确、内容全面、体系完整的《反垄断法》。2007年以前，我国的竞争政策立法表现出一定的碎片化特征，《中华人民共和国反垄断法》的颁布终结了这一局面。《反垄断法》的出台意味着我国拥有了一部综合性的竞争法，为全面落实竞争政策奠定了基础。《反垄断法》不仅对滥用市场支配地位、垄断协议、经营者集中行为都作出了明确规定，还结合社会主义市场经济体制的特点对行政垄断、国有企业垄断行为进行了限定，为打破地方保护和区域封锁，破除行业壁垒、预防和制止企业垄断行为提供了法律依据。

二是形成了多层次、多类型互为补充、互相支持的竞争政策法律体系。经过40年努力，我国竞争政策的法律体系渐趋完善。人大立法方面，除《反垄断法》对垄断行为进行全面限定之外，《反不正当竞争法》《价格法》《招投标法》《专利法》等部门法也分别对各自领域的垄断行为进行了限定。行政法规方面，国务院出台了《中华人民共和国电信条例》《反倾销条例》和《反补贴条例》等法规对特定领域的竞争行为加以规范。除此之外，还有大量的部门规章和地方政府规章，以及各种促进竞争的政策性文件。这些法律法规和政策文件共同构成了较为完整的竞争政策体系。

三是围绕反垄断法开展的各项补充立法取得重大进展。《反垄断法》颁布实施后，行政执法部门为强化《反垄断法》的可操作性，纷纷推进补充立法工作，在近十年时间里，国家发展改革委、商务部、国家工商总局分别出台了7部、12部和7部补充规定，把一些抽象条文具体化，有力地推进了反垄断执法工作。除此之外，最高人民法院还就《反垄断法》颁布了司法解释《关于审理因垄断行为引发的民事纠纷案件应用法律若干问题的规定》，明确了对起诉、案件受理、管辖、举证责任分配、诉讼证据、民事责任及诉讼时效等问题的规定。

（二）实施机构职能逐步完善

"徒法不足以自行"，竞争政策的落实离不开相关政策实施机构。在形成了较为完善的法律规范之后，要切实发挥法律作用，需要有高水平的执法机构。改革开放以来，我国竞争政策不断完善，竞争政策实施机构和反垄断执法机构几经变迁。从机构设置和职能配置看，经历了三个阶段。

第一阶段是从 1978 年到 2007 年《反垄断法》正式颁布。改革开放之初，竞争政策的各项规定散见于各项政策文件和法律法规，竞争政策的实施部门也分散在各行业主管部门。比如，价格垄断行为由物价管理部门负责，广告方面的垄断行为由工商行政管理部门负责，而商业部则负责管理商品搭售行为。此后，竞争政策相关的各项法律法规和政策文件陆续出台，政策系统性不断提升，国务院机构也经历了几轮改革，职能出现了多次调整，但总体看竞争政策机构设置和职能配备方面仍延续了改革开放以来的总体格局。这一时期的竞争政策实施机构与政策文件一样表现出一定的碎片化特征，不同部门之间难以形成合力，对于行政垄断等一些严重破坏竞争的行为也难以形成有效约束。

第二阶段是 2008 年《反垄断法》正式实施到 2018 年十九届三中全会召开。在此期间，我国形成了以《反垄断法》为核心的竞争政策体系，在机构层面设立了国务院反垄断委员会这一议事协调机构，在实施层面则形成了司法部门和三家行政执法机构共同执法的局面。司法部门主要由各级人民法院负责反垄断诉讼的相关工作。三家行政执法机构分别是国家发展和改革委员会、商务部和国家工商行政管理总局，分别负责反价格垄断执法以及公平竞争审查工作，经营者集中审查工作，查处垄断协议、滥用市场支配地位和滥用行政权力排除限制竞争方面的反垄断执法工作（价格垄断行为除外）。此外，这一阶段的竞争政策实施机构表现出分工明确、各司其职的特征，但由于机构不统一也出现了一些弊端，如机构职能分散、机构之间协调难度较大、存在多头执法问题等。

第三阶段是从 2018 年十九届三中全会召开至今。党的十九届三中全会作出了《中共中央关于深化党和国家机构改革的决定》，就深化党和国家机构改革作出了部署，在此基础上形成的《国务院机构改革方案》对竞争政策实施机构改革作出了具体安排。其中，新组建的国家市场监督管理总局整合了三家行政执法部门以及国务院反垄断委员会办公室等职责，成为新的竞争政策主管部门。目前，新的"三定"方案和机构调整正在推进之中。本轮改革之后，职能统一、系统完备、科学高效的竞争政策机构将初步形成，为全面确立竞争政策的基础性地位奠定了基础。

（三）反垄断执法工作成效显著

尽管我国反垄断法的社会基础并不如西方成熟市场经济国家，实施历史也不长，但通过近十年的执法工作，反垄断成效显著，较反垄断法通过之前取得了重大进展。2008 年《反垄断法》正式实施之前，我国的反垄断执法工作主要依据《反不正当竞争法》《价格法》

等部门法开展，相关执法工作缺乏系统性。

2008 年，反垄断法正式实施后，以国家发展和改革委员会、商务部、国家工商总局为主体的行政执法部门和人民法院在反垄断执法工作上取得了显著进展。从垄断行为看，反垄断工作既涉及一般性的垄断协议、滥用市场支配地位、滥用行政权力排除限制竞争、具有排除和限制竞争影响的经营者集中审查等传统领域，也涉及滥用知识产权排除限制竞争和数字经济领域的垄断行为。从案件数量和涉案金额看，国家发展改革委和省级价格主管部门共查处各类价格垄断案件 150 余起，实施经济制裁 110 余亿元。2016 年以来，国家发展改革委直接查处并公布了 18 起滥用行政权力排除限制竞争的案件。指导各省级价格主管部门调查处理了 30 余起滥用行政权力排除限制竞争案件。商务部十年间共审结经营者集中案件 1936 件，附条件批准 30 件，禁止 2 件。国家工商总局立案查处涉嫌垄断案件 82 件，其中涉嫌垄断协议案件 40 件，涉嫌滥用市场支配地位案件 42 件，结案 50 件。从涉及行业看，反垄断案件涵盖食品饮料、电子信息、通信服务、烟草、广播电视、医药、汽车销售、海运、能源、金融、公用事业等 20 多个行业和领域。从调查和查处的对象看，违法主体既有大型中央企业和地方国有企业，也有民营企业和外资企业，还包括行业协会和行政机关。除此之外，最高人民法院还对 360 诉腾讯垄断案进行了公开审理。

《反垄断法》实施十年来，反垄断执法工作表现出几个方面的特点：一是基本实现了反垄断执法常态化，执法部门形成了较为完善的实施机制，包括案件线索收集、案情分析、案件查处、信息公开等；二是反垄断执法工作逐渐实现了全覆盖，涵盖了各类市场主体、各种垄断行为和众多重点行业；三是查处了一些具有重大影响力的案件，包括对高通案、品牌汽车案、PVC 企业案等一系列重大案件的查处，对 360 诉腾讯垄断案的审理在国内外产生了广泛影响，充分展示了中国政府打击垄断行为、维护市场公平竞争的态度和决心。

（四）竞争政策地位持续提升

伴随着社会主义市场经济体制的建立和完善，我国建立起了包括产业政策、投资政策、土地政策、融资政策、科技政策在内的，较为完善的经济政策体系。相关政策为经济持续健康发展奠定了坚实基础，但在实施过程中也存在一些歧视性的市场准入和歧视性的优惠政策，导致地方保护、区域封锁、行业垄断等现象大量存在。随着相关做法的负面影响逐渐显现，把相关政策纳入竞争政策的价值体系之中，以竞争政策维护公平竞争、优化资源配置的紧迫性更加凸显，中央也通过多种方式不断提升竞争政策地位。

在政策定位上，中央在一系列重要政策文件中明确了竞争政策的基础性地位。2015 年发布的《中共中央国务院关于推进价格机制改革的若干意见》首次提出"竞争政策的基础性地位"。党的十九大报告明确了近期的重点任务，即"清理废除妨碍统一市场和公平竞争的各种规定和做法"，"打破行政性垄断，防止市场垄断"。这是促进公平竞争和反对垄断首次被明确写进党的报告。十九届三中全会通过的《中共中央关于深化党和国家机构改革的决定》进一步指出要"加强和优化政府反垄断、反不正当竞争职能，打破行政性垄断，防止市场垄断，清理废除妨碍统一市场和公平竞争的各种规定和做法"。为新一轮机构改革中完善竞争政策职能配备，提升竞争政策地位提供了有力保障。

在具体举措上，中央推出了公平竞争审查制度，为协调竞争政策与其他经济政策的关系提供了有效手段。2015 年 3 月，《中共中央国务院关于深化体制机制改革加快实施创新驱动发展战略的若干意见》针对地方保护、不当补贴等做法提出"探索实施公平竞争审查制度"。此后，2015 年 10 月发布《中共中央国务院关于推进价格机制改革的若干意见》和 2016 年 3 月发布的"十三五"规划纲要又进一步明确要"实施公平竞争审查制度"。2016 年 6 月国务院正式发布《关于在市场体系建设中建立公平竞争审查制度的意见》，明确了公平竞争审查的总体要求和基本原则，以及审查对象、审查方式、审查标准和实施步骤，正式建立了公平竞争审查制度。在该文件指引下，全国各地纷纷建立了公平竞争审查制度。2017 年 10 月，为指导审查工作，国家发展改革委等五部门印发了《公平竞争审查制度实施细则（暂行）》。

通过逐步确立竞争政策基础性地位和建立公平竞争审查制度，竞争政策在我国经济政策体系中的地位得到加强。充分发挥竞争机制的作用，确保企业自主经营公平竞争逐渐成为制定重要经济政策遵循的基本前提。竞争政策在打破行政性垄断，防止市场垄断中的作用不断强化。

二、改革开放以来制定和实施竞争政策的经验总结

尽管竞争政策在我国是新生事物，但随着改革开放深入推进，结合我国不同阶段改革的重点任务和经济发展特点，竞争政策有序推进。在政策制订和实施中形成了鲜明的中国特色，积累了宝贵经验。

（一）紧随改革开放步伐，调整完善竞争政策

通过改革开放，我国实现了从计划经济向社会主义市场经济的

转轨。我国的改革具有显著的渐进式改革特征，从国有企业、民营企业、外资企业等市场主体的确立，从价格改革、产权改革到市场竞争规则的建立和完善，都体现出了循序渐进的特点。改革开放的推进使竞争政策的实施具备了基础，竞争政策的推进也为重大改革创造了有利条件。可以说，竞争政策和反垄断工作与改革开放是相辅相成的。

从法律法规和政策文件看，竞争政策的发展历程与我国逐步建立社会主义市场经济体制的进程紧密联系。从早期零星地出现在国务院和部门文件、专门领域的法律里，到系统性的反不正当竞争法以及全面系统的反垄断法颁布，竞争政策的建立与完善经历了一个涉及领域不断拓展、法律效力不断提升的过程。从竞争政策具体内容看，针对改革开放初期遇到的区域封锁和地方保护问题，在80年代就有针对相关问题的文件出台。而在90年代，随着价格改革逐步深化，《价格法》也将反价格垄断纳入其管辖范围。从政策体系的完整性看，早期竞争政策的内容较为零散，期间反不正当竞争法集中就垄断行为作出了规定，反垄断法则针对各类垄断行为形成了全面系统的法律框架。从实施机构看，在改革开放以来的历次机构改革中，竞争政策的实施机构经历了一个从分散到逐步集中的过程。2018年市场监管总局的成立，标志着我国形成了一个统一的反垄断执法机构。

（二）快速落实《反垄断法》，以执法推动普法工作

从西方国家反垄断法制定和实施的历史看，主要国家的反垄断法从颁布到出现具有实质性影响的执法行为往往经历了较长时间。以美国为例，在1890年《谢尔曼法》颁布后的第六年最高法院才第一次依据该法对一家糖业托拉斯提出起诉。在《谢尔曼法》通过后的第一个十年，只出现了 15 起反托拉斯民事、刑事诉讼案件。在专门执法机构方面，直到 1903 年美国司法部才设立反垄断局，1914 年才成立联邦贸易委员会。

与此形成鲜明对照的是我国在《反垄断法》通过后就成立了专门的实施机构，执法工作也迅速步入正轨。在 2008 年《反垄断法》正式实施第一天，北京四家防伪企业就对国家质量检验检疫监督总局提起反垄断诉讼，被媒体称为"反垄断第一案"。同年，商务部反垄断局就公布了第一起附条件通过的经营者集中案，即英博集团收购 AB 公司案。2009 年，出现了第一起被否决的经营者集中案，即可口可乐收购汇源果汁案。此后，国家发展改革委和国家工商总局也分别查处了一系列具有广泛影响的反垄断案。比如，国家发展改革委以收取不公平的高价专利许可费、没有正当理由搭售非无线通信标准必要专利许可、在基带芯片销售中附加不合理条件等原因对高通公司处以 60.88 亿元罚款。我国反垄断执法的快速推进，扩大了反垄断法在社会各界的影响力，强化了企业的反垄断合规意识，增进了公众对反垄断法的认识，也锻炼了反垄断执法队伍，实现了很好的普法效果。以执法推进普法成为我国竞争政策实施的重要经验。

（三）适应全球化趋势，积极参与反垄断国际协作

我国改革开放的进程也是积极融入全球化的过程。随着我国与全球经济的融合不断深化，竞争政策和反垄断也迅速成为我国开展国际合作和参与全球治理的重要内容。在企业跨国竞争日趋激烈，且各国竞争政策和法律规则存在较大差异的情况下，反垄断国际合

作的重要性更加凸显。

我国参与反垄断国际协作工作主要是两个方面。一是通过多种方式加强与主要经济体的竞争政策与反垄断国际合作。目前，我国已与美国、欧盟、日本等发达经济体，以及巴西、南非等发展中国家的反垄断执法机构签署了合作谅解备忘录，建立了合作交流的长效机制。我国反垄断执法机构已与欧盟委员会竞争总司举行了11次中欧竞争政策对话，推进反垄断执法、培训等多个领域的合作。与主要经济体的合作也加强了双方在竞争政策领域的共识，在我国参与的双边或多边经贸谈判中，竞争政策往往是优先达成一致的领域。二是把竞争政策作为我国参与全球治理的重要内容。随着我国改革开放的深化，我国对全球治理的参与也不断深入。金砖国家峰会就是我国参与全球治理的重要舞台。2009年，在金砖国家峰会框架下，中国、俄罗斯、巴西和印度四国的竞争执法机构共同在俄罗斯举办了首届金砖四国国际竞争大会。目前金砖国家国际竞争大会已举办五届，有力地推动了相关国家的竞争政策协调与合作。我国还在RCEP等自贸协定谈判中积极推动各国在竞争政策方面达成共识，充分发挥竞争政策对经济全球化的促进作用，通过推动公平竞争抵制贸易保护主义。

（四）将国际通行做法与中国首创相结合

从美国《谢尔曼法》通过至今，反垄断法已有超过100年的历史。经过较长时间发展，西方发达国家在反垄断立法和实施方面积累了丰富经验，形成了完整的体系，国际上就竞争政策和反垄断法也形成了一些通行做法。竞争政策作为我国改革开放以后诞生的新生事物，在法律和政策制定实施中都充分借鉴了国外经验。在政策目标上，我国的竞争政策重点关注竞争的公平性、社会福利、经济运行效率等重点目标。在反垄断重点领域上，与西方国家一样，我国重点工作集中在滥用市场支配地位、垄断协议和经营者集中三个方面。在实施的依据和分析方法上，与主要国家的反垄断机构类似，我国在相关市场界定、福利分析、损失测算等方面也充分借鉴了现代法学和经济学研究的最新成果。

同时，我国开展了一系列竞争政策和反垄断执法方面的创新。这种创新体现在多个方面。在立法上，针对国内地方保护、区域封锁和行业垄断等现象，我国明确把反行政性垄断写入了《反垄断法》，党的十九大报告也旗帜鲜明地提出要"打破行政性垄断"。在政策举措上，我国推出了独具中国特色的公平竞争审查制度。尽管西方国家在政策制定时也有竞争评估，但与西方国家不具约束力的竞争评估不同，我国的公平竞争审查已经成为新出台经济政策的前置程序，对各项新出台的经济政策具有广泛的约束力。在反垄断执法上，我国在经营者集中审查中广泛采用了附条件通过等方式，并将结构性条件和行为性条件结合使用，取得了良好效果。我国在竞争政策和反垄断方面的一些创新性做法，改善了政策实施效果，甚至在一定程度上引领了全球的反垄断潮流，已经使中国成为全球最重要的反垄断司法辖区之一。

第三节　确立竞争政策基础性地位的
必要性与紧迫性

中央已经明确提出要"逐步确立竞争政策的基础性地位"。无论是从当前我国经济发展阶段演变看，还是从发展面临的内外部环境变化看，当前确立竞争政策基础性地位的必要性和紧迫性日益凸显。确立竞争政策基础性地位，是完善经济政策体系的必然选择，也是实现高质量发展的必由之路。

一、确立竞争政策基础性地位的必要性和紧迫性

要建立现代化经济体系，必须加快完善社会主义市场经济体制。而经济体制改革的核心问题是处理好政府和市场的关系，使市场在资源配置中起决定性作用，更好发挥政府作用。竞争是市场有效配置资源的最根本保证，也是实现经济增长的重要前提。落实好竞争政策是完善社会主义市场经济体制的关键，它既是市场机制有效的题中之义，是微观主体有活力的根本保障，也是宏观调控有度的支撑条件。吴敬琏在《人民日报》撰文指出"竞争是市场制度的灵魂，竞争政策是更好地发挥政府作用的一项基本政策"，"确立竞争政策基础性地位对于我国发展具有极端重要性"。

从竞争与市场决定性作用的关系看，市场的主要目标是优化资源配置。竞争机制是市场机制的重要组成部分，要提升资源配置的有效性离不开竞争，当然也要实施好竞争政策。确立竞争政策基础性地位，有利于充分发挥竞争机制的作用，实现市场的价格发现功能，通过"无形之手"实现资源优化配置。

从竞争与更好发挥政府作用的关系看，保障政策制定的科学性是政府部门的重要目标。公平竞争审查制度是竞争政策的重要组成部分，是保障政府决策科学性的有力手段。通过落实竞争政策和反行政垄断执法可以减少政府有形之手对资源的不合理配置，减少公共决策中的寻租行为，避免公共资源无效使用，防范地方政府恶性

竞争。确立竞争政策基础性地位，有利于减少产业政策、投资政策及其他经济政策的扭曲效应，避免"有形之手"导致的资源错配。

从竞争政策的重点内容看，公平竞争审查针对的是政府部门滥用行政权力排除限制竞争的行为，反垄断执法主要针对市场主体行为。竞争政策既着眼于管好市场无形的手，又注重约束政府有形的手。从政策制订主体和作用客体看，竞争政策由政府制订实施，同时又注重发挥市场作用，是有为政府和有效市场的重要连接点。

国际上，制定反垄断法、实施竞争政策是席卷全球的一股潮流。截至 2010 年，全球已经有超过 110 个国家通过并实施了反垄断法，其中 1990 年后新颁布反垄断法的国家超过 80 个。国际经验表明，无论是新兴国家还是发达国家，竞争政策实施与全要素生产率和经济增长速度都有显著的正相关关系。对 OECD 国家的研究表明，竞争政策质量的改善显著提升了相关国家的全要素生产率。

不论历史规律还是国际经验都表明，完善的竞争政策体系是厘清政府与市场边界最为有效的制度安排。竞争政策可以作为使市场在资源配置中起决定性作用和更好发挥政府作用的黄金结合点和重要连接纽带。未来竞争政策将会在现代化经济体制中发挥更加重要的作用。

二、确立竞争政策基础性地位的挑战与难点

确立竞争政策基础性地位是一项长远而艰巨的目标。由于我国的社会主义市场经济是从计划经济转轨而来，在经济政策体系中仍残存一些计划经济的思想和做法，要真正使竞争政策在经济政策体系中确立基础性地位，仍面临一系列挑战。

一是部分经济政策对竞争的重要性认识不到位。少数部门和地

方仍习惯以政府"有形之手"干预经济运行，基于所有制结构、经营规模、经营期限、所在地域的歧视性政策仍有存在。近年来国家出台了一系列放宽民间投资市场准入的政策，但在部分领域，各种政策为民间资本的进入设置了显性或隐性的进入障碍。一些地方和部门在具体政策执行中增加一些限制性条款，存在市场准入程序复杂，行政性审批中暗含潜规则，操作程序不透明等问题。

二是竞争领域的法律法规仍有待进一步完善。尽管我国在竞争政策和反垄断领域的立法工作取得了重大进展，但随着我国经济发展水平的提升，以及新技术、新产业、新业态和新模式的不断涌现，竞争政策和反垄断面临的形势也在不断发展变化。尤其是以网络经济和平台模式为代表的新经济的崛起，为竞争政策实施和反垄断执法带来了新的挑战。未来仍然需要适应高质量发展的要求，按照确立竞争政策基础性地位的需要，结合新经济的发展和相关经济学理论的演进，不断完善竞争领域的法律法规。

三是竞争政策实施机构仍需不断强化。我国在新一轮机构改革中，建立了统一的竞争政策主管部门，反垄断行政执法机构具备了形式上的统一性，这使我国竞争政策实施机构得到了一定程度的强化。但在大部分市场经济国家，竞争政策主管部门往往独立于政府部门，向最高行政首长负责，不受其他部门干预，具有更强的独立性和权威性。相比较而言，我国的竞争政策和反垄断职能仍然只是市场监管总局多项职能之一，基础性地位仍未完全凸显。我国的竞争政策实施机构在人员配置上也远少于同等规模的经济体，甚至少于欧洲一些小型经济体。未来，竞争政策实施机构在独立性、权威性和加强执法力量等方面仍有进一步提升的空间。

四是公平竞争理念仍未深入人心。尽管随着经济体制改革不断深化，全国统一市场基本形成，公平竞争环境已逐步建立。但一些行政主体和决策部门的公平竞争意识还比较淡薄，仍然习惯用排除和限制竞争的政策措施来实现行业或区域发展目标，地方保护、区域封锁和不合理的市场准入仍然存在，违法给予优惠政策或减损市场主体利益的行为仍较为普遍。部分企业习惯寻求不合理的支持政策来谋求企业发展的竞争优势。消费者缺乏有效的渠道来防范企业垄断行为给自身福利造成的损害。竞争文化缺失严重妨碍了全国统一市场建设和公平竞争市场环境的培育。

第四节　新形势下确立竞争政策基础性地位的政策建议

竞争是市场机制的灵魂，竞争政策是经济政策的基石。要实现从高速增长向高质量发展的历史性转变，必须适应新的发展形势，加快确立竞争政策基础性地位，充分发挥竞争在提高资源配置效率、激发经济发展活力上的积极作用。

一、形成竞争优先的经济政策体系

在政策理念上，把公平竞争作为政策制定的基本理念。要全面认识竞争在优化资源配置、促进效率提升、激励企业创新方面的积极作用，明确竞争政策的优先地位。把竞争政策作为实现"市场机制有效、微观主体有活力、宏观调控有度"这一目标的首要工具。逐步形成"竞争统帅、公平为本、效率为先"的政策环境。把维护市场公平竞争、预防和制止垄断行为作为各类经济政策的重要目标。

在政策工具上，清理废除妨碍统一市场和公平竞争的各种规定和做法。要使所有政策制定者认识到，如果排除和限制竞争的政策举措不是实现政策目标的唯一方式，那么就应该优先选择和使用其他不破坏竞争的政策措施。竞争政策主管部门要通过对增量和存量政策的公平竞争审查，逐步取消各类歧视性的市场准入政策，减少财税、融资、政府采购等领域的歧视性政策，禁止直接限制竞争的政府行为。

在协调机制上，建立健全竞争政策与产业政策、投资政策以及其他经济政策的协调机制。建立"竞争为先"的协调原则，建立竞争政策与其他政策之间的事前协商制度。推动经济政策制定部门开展政策的竞争影响评估，加强竞争政策主管部门对评估工作的指导。充分发挥公平竞争审查工作部际联席会议的作用，在政策协调中贯彻公平竞争原则，协商解决竞争政策实施中的重大问题。

二、多方面完善竞争领域法律法规

加快推动《反垄断法》修订工作。尽快把《反垄断法》修订列入全国人大常委会年度立法工作计划，力争在本届政府任期内完成修法工作，为下一步反垄断机构改革和竞争政策落实奠定基础。修法过程中，要总结《反垄断法》实施的成功经验和实施中遇到的主要问题，明确现行《反垄断法》存在的不足。以适应新形势、解决新问题为目标，重点完善滥用行政权力排除限制竞争、数字经济、知识产权、"互联网+"等领域法律条文，将公平竞争审查纳入《反垄断法》，按照机构法定原则明确反垄断执法机构。结合修法进程及时修订各项配套法规和政策。

制定完善专门领域反垄断指南。有效发挥反垄断指南引导政策预期、事前防范垄断行为的积极作用。结合反垄断重点工作，制定完善横向并购、纵向并购、纵向约束、滥用市场支配地位、滥用行政权力排除限制竞争等方面的反垄断指南。针对汽车、医药等重点行业和知识产权等重点领域，制定完善特定行业和领域的反垄断指南。针对网络经济、平台经济、共享经济等新经济形态，制定完善相应的反垄断指南。制定公平竞争审查制度实施指南。

完善实施细则、程序和处罚相关规定。以增强《反垄断法》可操作性为目标，制定完善垄断协议豁免、横向垄断协议宽大制度、反垄断案件经营者承诺指南。完善经营者集中申报、审查、简易案件、附加限制性条件等方面的规定。完善查处垄断协议、滥用市场支配地位案件的程序规定。制定认定经营者垄断行为违法所得和处罚标准指南。制定完善未按规定申报经营者集中的处罚规定。

三、进一步优化竞争政策实施机构

进一步从制度上完善和优化反垄断执法机构。在新一轮机构改革中，合理设置竞争政策主管部门的反垄断职能，强化反行政垄断执法、公平竞争审查、反垄断经济分析等方面的职能。在职能统一的基础上，进一步提升反垄断执法机构的独立性、专业性和权威性。提升反垄断部门人员和预算的独立性，确保反垄断工作不受其他部门干涉和干扰。加强经济和法律领域专业人员的配置，尤其是要配备具备新经济、知识产权等领域专业知识的工作人员。赋予竞争政策主管部门调查、听证和问责等方面的权力。通过能力建设和经验积累，为未来设置完全独立的竞争政策部门奠定基础。

提升竞争政策方面的组织协调能力。为强化竞争政策基础性地位，建议把国务院反垄断委员会升级为国务院竞争政策委员会，由国务院总理担任委员会主任。强化竞争政策委员会职能，由委员会组织、协调、指导竞争政策实施工作，及时调查、评估市场总体竞争状况，全面推进并逐步完善公平竞争审查制度。强化竞争政策主管部门在完善市场竞争规则方面的职能，发挥其在国家经济政策制定中的监督、咨询、协调和评估方面的职能和作用。

全面加强执法能力建设。充实执法力量，加强业务培训，优化干部年龄结构和知识结构，建设高素质、专业化的执法队伍。合理保障技术投入，提高现代科技手段在执法办案中的应用水平。结合实际需要，统筹安排执法能力建设经费，并通过优化支出结构、提高资金使用效益有效保障执法能力。

四、推动竞争政策各项工作常态化

推动常规领域反垄断执法常态化。充分调动各方参与反垄断工作的积极性，建立健全垄断案件线索收集机制，针对市场竞争中的痛点问题，不断扩展执法的广度和深度。充分发挥专家学者的决策咨询作用，不断提高反垄断执法工作科学性。提高执法服务水平，完善对市场主体的反垄断政策宣传，依法推进政务公开，完善反垄断执法工作信息公开制度，不断提升反垄断执法精细化水平。重点查处对社会福利影响大、消费者反响强烈、竞争机制作用缺失相关领域垄断行为。

建立完善反国企垄断的制度和规则体系。明确反国企垄断的基本原则，在国企改革目标与反垄断目标一致时，完全适用反垄断法；当二者目标存在冲突时，如果国企改革和发展目标能够以不破坏竞争的方式实现，则仍适用反垄断法；如果不能，可按规则豁免。通过外部竞争压力改善国有企业经营绩效，不断提升国有企业的影响力、控制力和活力。推动国企在竞争政策领域的分类管理。对于承担部分政府职能的特殊企业，借鉴公平竞争审查制度，避免其滥用市场势力危害公共利益。对于关系国民经济命脉和国家安全行业中的特殊类型企业，可实施部分豁免，逐步建立起豁免实施的规则、程序和评估机制。对于竞争性领域的一般企业，完全适用针对常规企业实施的各种反垄断规则和程序。

加大行政垄断案件查处力度。大力查处滥用行政权力排除限制竞争案件，着力破除地方保护和区域封锁，打破滥用行政权力制造的市场壁垒，清理违法给予市场主体的各项优惠政策，促进统一开放、竞争有序的现代市场体系建设。清理前置审批相关的有偿中介服务，废除各类"红顶中介"，允许更多中介机构提供无歧视性的、可竞争性的中介服务。清理和规范政府主管部门在集中采购、公共工程招投标过程中的失范行为。清理和废除各类源自行政权力的垄断经营，杜绝以上游资源换下游市场的行政垄断行为。

全面落实增量政策公平竞争审查，积极推进存量政策审查。把公平竞争审查作为消除排除和限制竞争的各类经济政策的总抓手。结合审查经验完善实施细则，明确公平竞争审查的内容、程序、方法。加强对各部门、各地区实施公平竞争审查制度的督导。引入公平竞争审查第三方评估制度。结合宏观经济总体情况和不同区域、不同行业发展态势，按照立即清理、设置过渡期、政策到期自动废止等方式积极推进存量政策公平竞争审查，有序清理和废除妨碍全国统一市场和公平竞争的各类政策。

五、全方位推进竞争倡导工作

在全社会培育竞争文化。进一步加强公平竞争宣传教育，通过政府网站、新型媒体等多种传播渠道，宣传反垄断知识和公平竞争理念，在全社会形成促进公平竞争的文化和市场环境。加强反垄断方面的信息公开工作，通过公示典型反垄断案例，强化对企业的警示作用，提升消费者自我保护意识。通过推动企业加强反垄断合规工作，培养公众公平竞争意识，强化政策制定者的公平竞争理念，在各类主体中形成公平竞争观念，在全社会培育公平竞争文化。

做好反垄断和公平竞争方面的宣传教育。在政府部门内部改革传统计划经济思维和惯性，规范和约束政府行为，增进对反行政垄断和公平竞争审查制度的认识和理解。要充分利用各种新闻媒介，加大对竞争政策的宣传解读力度，及时解答和回应社会关注的热点问题，宣传公平竞争知识和典型案例，推进诚信守法、公平竞争。充分发挥社会舆论监督作用，推动形成市场性、社会性约束和惩戒，在全社会形成关心竞争、支持竞争、参与竞争的良好氛围。

第四篇

市场

监管

第九章 垄断行业改革 40 年回顾与展望

　　垄断行业改革是我国经济体制改革的一个重要组成部分，其主要内容是经营体制的商业化、市场化和监管（规制）的现代化。改革的历程大体可分为三个阶段：第一阶段为 1978 年至 1997 年，大部分垄断行业在"政企合一"体制下开展了投融资体制改革等局部探索。第二阶段为 1997 年至 2013 年，大部分垄断行业启动了力度较大的政企分开、产业重组，放宽可竞争领域准入和价格管制，鼓励民营资本进入。2013 年至今为改革深化和攻坚阶段，重点包括深化能源体制改革，推进铁路体制改革，进一步推进垄断行业价格形成机制改革。垄断行业改革实施 40 年来成就斐然，多元化市场主体和竞争性市场格局基本形成，民营资本投资比重大幅增长，价格市场化程度显著提高，垄断环节规制逐步加强，行业供给能力大幅提高。垄断行业 40 年来的改革经验表明，要坚持商业化和市场化改革方向，坚持正确处理垄断和竞争的关系，坚持激发市场主体活力，坚持推进政府职能转变。我国经济体制改革进入攻坚期，要求必须深化垄断行业市场化改革。党的十九大提出"更好发挥政府在现代市场经济中的作用"，要求尽快推进垄断行业规制体系建设。进一步推进垄断行业市场化改革和规制，应切实促进有效竞争的形成，大力加强对自然垄断环节的规制，建立并完善相关法律法规及程序，设立职能完备的现代规制机构。

　　垄断行业改革是我国经济体制改革的一个重要组成部分，其主要内容是经营体制的商业化、市场化和监管（规制）的现代化。本章所研究的垄断行业指具有自然垄断属性且范围跨省跨区域的垄断行业，包括电力、天然气、铁路、民航、电信和邮政等。尽管这些行业均为基础性产业，且生产设施具有较强的共用性，但其产品均不具有消费的非排他性和不可排除性，因而并非公共产品。因此，电力、天然气、铁路等基础产业的商业化运营，比依靠财政支持的国家经营，更有效率。随着信息等技术进步突飞猛进，自然垄断行业的覆盖范围逐步缩小，因而自 20 世纪 70 年代以来，许多国家开始对垄断行业进行改革，改革的主要内容包括私有化与监管、企业分拆与引入竞争机制等。对于仍具有自然垄断属性的管网环节，政府继续授权垄断企业特许经营，实施以价格规制为核心的经济性规制；对于非管网经营环节，则通过建立可竞争的市场结构和相应的促进竞争法规，确立市场配置资源的基础性地位。改革开放前，我国上述行业曾长期实行"政企合一"体制，一直处于供给不足、效率低下的状态。改革开放后，与整个经济体制改革大体同步，我国垄断行业改革也进入了商业化、市场化和监管现代化的进程。经过近 40 年改革，我国大部分垄断行业的体制都已发生了巨大的变化，不仅从根本上改变了供给不足的局面，行业的经营效率也大幅提高，进而有力地支撑了国民经济与社会的高速发展。

第一节　垄断行业改革的历程

我国各垄断行业改革的进程不尽相同。民航、电信行业的改革启动较早、进展较快。邮政行业改革后来居上。电力和天然气行业改革起步稍晚，但也有长足的进步。铁路行业改革进展缓慢。整体上看，我国的垄断行业改革，大体上可划分为以下三个阶段。

一、改革的局部探索阶段（1978 年至 1997 年）

自 1978 年的中共十一届三中全会开始，我国的经济体制改革大幕正式拉开。自此，我国的垄断行业改革，也在"政企合一"的体制起点下开展了局部的探索。期间，进行了包括投融资体制改革、经济责任制试点、现代企业制度试点、放松准入、价格的"调"、"放"等多项改革。其中，对体制进步及推动经济发展作用较大的有：

（一）电力行业"集资办电"

改革开放之初，由于投资严重不足，数十年电力短缺，电力供应不足成为制约经济社会发展的突出"瓶颈"。1985 年开始，我国实行"电网国家管，电厂大家办"和"谁投资、谁用电、谁得利"政策，通过大规模引进国际资本、以省为实体集资办电、放开高耗能企业自备电厂投资等措施，打破了电力行业"独家办电"的限制，有限放开了电源建设投资领域[①]。发电侧逐步形成投资多渠道、主

---

① 国务院批转国家经委等部门《关于鼓励集资办电和实行多种电价的暂行规定》的通知，见 http://www.china.com.cn/law/flfg/txt/2006–08/08/content_7059853.htm。

体多元化的局面。如在中央层面，1989 年中国华能集团公司成立，1993 年中国长江三峡工程开发总公司成立，1994 年葛洲坝水利水电工程集团成立。

（二）石油天然气行业成立三大公司

1978 年，我国撤销石油化学工业部，设立石油工业部。三大石油天然气公司随之相继成立，在各自领域内享有垄断经营权和行政管理权。1982 年中国海洋石油总公司成立；1983 年中国石油化工总公司成立；1988 年撤销石油工业部，成立中国石油天然气公司。

（三）铁路行业"放权让利"起步，实行"大包干"和现代企业制度建设试点[①]

1982—1985 年，铁道部开始将计划、财务、物资、人事等权力下放地方铁路局，并实行利润留成制度。1986—1992 年，铁路系统实行"大包干"的方针，铁路局不再将全部运营收入上缴中央，而是以承包责任制的方式每年上缴 5% 的营业收入，其余收入归铁路系统。1992—1998 年，铁路系统进行了现代企业制度建设试点，广铁集团（1993 年）和大连铁道有限公司（1995 年）相继成立。

（四）民航业摆脱军事化管理实施"企业化"

1980 年，中国民用航空总局由空军代管改为国务院领导，实行企业化管理，下设北京、上海、广州、成都、兰州（后迁至西安）、

---

① 腾讯财经：《铁路改革三十年历程》，见 https://finance.qq.com/a/20120114/000723_1.htm，2012 年 1 月 14 日。

沈阳 6 个地区管理局①。民航业开始建立独立经济核算制度，改革投资体制，鼓励以国家投资购买、贷款、国际租赁等方式引入飞机，初步放松行业进入规制，"一部分省市政府、国内企业纷纷独立投资或与民航总局、中央企业合资，组建了 20 余家航空运输公司和 20 余家通用航空公司"②。

（五）电信业改变管理体制和投资体制

为缓解电信服务供不应求的矛盾，国家实行的最初的改革措施，是对邮电业实行中央和地方双重领导③，并实行"以话养话"、加收邮电附加费等价格改革措施。由此推动了电信业的投资体制改革，国家单一的投资方式被打破，电信业投资开始多元化，逐渐形成了"中央拨款、地方筹资、政策性集资、企业利润、国内外贷款"等多渠道资金来源，并明确了"统筹规划、条块结合、分层负责、联合建设"的投资新体制④。对长期偏低的市话、长话资费和资费结构进行了调整，计费方式逐渐转向"计次制"和"复式计费"⑤。1994 年，"中国联通"组建，打破了电信行业独家垄断的市场结构，形成了中国

---

① 中国民用航空局：《中国民用航空局行政体制沿革》，见 http://www.caac.gov.cn/website/old/H1/H4/
② 中国民用航空局：《中国民航改革开放三十周年回顾》，见 http://www.caac.gov.cn/XWZX/MHYW/200812/t20081219_12188.html
③ 国务院批转邮电部《关于调整邮电管理体制问题的请示报告》的通知，见 http://www.chinalawedu.com/falvfagui/fg22016/11108.shtml
④ 中国电信：《辉煌　经验　挑战　机遇——吴基传就我国通信业发展答记者问》，见 http://www.chinatelecom.com.cn/sxgz/07/01/t20091231_55744.htm，2009 年 12 月 31 日。
⑤ 王鸥：《中国电信业的发展与产业政策的演变》，《中国经济史研究》2000 年第 4 期，第 92 页。

电信和中国联通构成非对称寡头市场结构[①]。

二、改革的系统推进阶段（1997 年至 2013 年）

1992 年至 2012 年，是我国建立社会主义市场经济体制改革的全面推进时期。随着竞争性行业产销计划和价格的全面放开，得自竞争的繁荣效应凸显。受此影响，1997 年党的十五大提出了"打破地方垄断、部门垄断"，使垄断行业改革开始进入了系统推动的阶段。1998 年，与我国推进第四轮政府机构改革同步，国家对多数垄断行业明确提出了"政企分开"、建立现代企业制度的要求。2002 年党的十六大，第一次明确提出"推进垄断行业改革"的口号。2005 年《国务院关于鼓励支持和引导个体私营等非公经济发展的若干意见》出台后，垄断行业部分领域和环节逐步向民营资本开放。2007 年党的十七大提出"深化垄断行业改革"后，大部分垄断行业启动了力度较大的产业重组，放宽可竞争领域准入和价格管制，并引入竞争机制。

（一）进一步"政企分开"，剥离政府职能

电力行业于 1997 年组建国家电力公司。1998 年，撤销电力工业部，将国家电力公司原行政管理职能移交至国家经贸委电力司，电力项目审批权和电价定价权收回中央有关部委。2003 年，国家电力监管委员会作为行业监管机构成立。2008 年，国家能源局作为能源行业主管部门成立。2013 年，国家电监会并入国家能源局[②]。

[①] 周光斌：《对中国电信业改革的思考》，人民网，见 http://www.people.com.cn/GB/it/48/297/20020705/769406.html，2002 年 7 月 5 日。

[②] 经济观察网：《新一轮新起点：机构改革这些年——国家能源部门的分分合合》，见 http://www.eeo.com.cn/2018/0301/323416.shtml，2018 年 3 月 1 日。

1998 年，天然气行业剥离中国石油天然气总公司、中国石油化工总公司的行政管理职能；撤销化工部，组建隶属于国家经贸委的国家石油和化学工业局，专门负责油气石化行业的政策制定与规制。

1998 年，铁路行业提出"政企分开"改革。但于 2000 年和 2008 年发生了两次改革停滞。直至 2013 年，撤销铁道部，组建国家铁路局和中国铁路总公司，"政企分开"改革在中央层面完成[①]。组建后的国家铁路局由交通运输部管理。

民航运输业虽于 1987 年就启动"政企分开"改革，但此轮改革后主要企业仍直属于中国民航总局或地区管理局。直到 2002 年新一轮改革后，重组后的航空公司、航空服务保障集团才与民航总局脱钩，北京和西藏以外的机场实行属地化管理[②]。2007 年，进一步实现空管业务政府管理职能与系统运行职能分开[③]。2008 年，在民航总局基础上组建国家民用航空局，由交通运输部管理[④]。

1998 年，电信行业在邮电部和电子工业部的基础上新组建信息产业部，广播电视部、中国航天总公司、中国航空总公司的通信管理部门均并入信息产业部[⑤]。信息产业部成为中国电信行业的主管机构，行使管理职能。

---

① 新华网：《国务院机构改革和职能转变方案》，见 http://www.xinhuanet.com/2013lh/2013-03/14/c_115030825.htm，2013 年 3 月 14 日。

② 中国民用航空局：《中国民用航空局行政体制沿革》，见 http://www.caac.gov.cn/website/old/H1/H4/。

③ 中国民用航空局：《中国航空运输发展报告 2007—2008》，见 http://www.caac.gov.cn/XXGK/XXGK/TJSJ/201511/t20151102_8646.html。

④ 中国民用航空局：《中国民航改革开放三十周年回顾》，见 http://www.caac.gov.cn/XWZX/MHYW/200812/t20081219_12188.html。

⑤ 中国人大网：《关于国务院机构改革方案的说明（1998 年）》，见 http://www.npc.gov.cn/wxzl/gongbao/1998-03/06/content_1480093.htm。

1998 年，邮电部的邮政行业管理职能、邮政网络建设与经营管理的企业职能被划入国家邮政局，实现了"邮电分营"①，但国家邮政局仍实行"政企合一"的管理体制。2006 年我国开始实施邮政"政企分开"改革，2007 年重新组建国家邮政局，作为国家邮政行业的主管机构，组建中国邮政集团公司，经营各类邮政业务。

（二）对国有企业分拆重组

2002 年，电力行业开展"厂网分开，主辅分离"改革②。在国家电力公司发电和电网业务基础上成立五大发电集团和两大电网公司。同时对国家电力公司系统所拥有的辅助性业务单位和"三产"、多种经营企业进行调整重组，设立四个辅业集团公司。

1998 年，新组建的中国石油天然气集团公司、中国石油化工集团公司和保留的中海油总公司，分别在各自区域内控制上游生产和中游长距离管输业务③。在下游配送环节，各地管网和燃气公司垄断经营区域内的天然气配送和销售业务。

铁路行业在主营业务层面未开展大规模企业重组，"主辅分离"改革基本完成。2000 年，铁道部曾在铁路系统内开展"网运分离"试点，昆明铁路局等地开始模拟客运公司运营，但此次改革以失败告终④。1998—2003 年，铁路系统开展了大规模的辅业剥离改革，

---

② 国务院：《关于印发电力体制改革方案的通知》（国发〔2002〕5 号）。
③ 国务院：《关于组建中国石油化工集团公司有关问题的批复》（国函〔1998〕58 号）。
④ 凤凰财经：《铁路改革拉开大幕专题》，http://finance.ifeng.com/news/special/tielugaige/#gghg。

"主辅分离"改革基本完成①。

民航运输业 1987 年决定在剥离民航局经营职能的基础上，分设航空运输业务和机场主营业务，组建 6 大骨干航空公司和少数地方航空公司。1988—1992 年，6 大地区管理局航空公司与机场分设工作全面完成，同时将辅业从航空主业中分离②。2002 年，民航进一步进行了机场与空管部门分离的改革，组建了 37 个空管中心（站），同时骨干航空公司联合重组为 3 家大型航空集团公司，航空保障类公司也联合重组为 3 家大型集团③。

中国邮政集团通过组建邮政储蓄和速递物流公司，实现专营业务和竞争性业务分离④。2007 年 3 月，中国邮政储蓄银行成立。2010年 7 月，中国邮政速递物流股份有限公司成立⑤。

因通信信息技术快速发展，电信行业的重组最为复杂，先后经历了三次大规模重组，形成全业务寡头垄断的市场结构。1999 年，在纵向分拆中国电信的固话、移动、卫星、寻呼业务基础上，成立（新）中国电信、中国移动、中国卫星通信公司，寻呼业务并入中国联通。2001 年，以打破电信领域垄断为重点，中国电信南北拆分方

---

① 国务院办公厅：《铁道部职能配置、内设机构和人员编制规定》（国办发［1998］85号）；铁道部：《关于推进铁路运输企业多元经营改革和发展的若干意见》（铁经［1999］148 号）；铁道部：《关于加快推进运输业主附分离和运输企业内部分立工作的意见》（铁劳卫［2000］41 号）；铁道部，《关于铁路运输企业与多元经营企业明晰产权、规范核算的若干规定》（铁办［2000］92 号）。
② 国务院：《国务院批转中国民用航空局关于民航系统管理体制改革的报告的通知》，（国发［1985］3 号）。
③ 国务院：《关于印发民航体制改革方案的通知》（国发［2002］6 号）。
④ 国务院：《关于印发邮政体制改革方案的通知》（国发［2005］27 号）。
⑤ 中国邮政报：《中国现代邮政之新》，见 http://www.chinapostnews.com.cn/newspaper/epaper/html/2016-03/12/content_81910.htm，2016 年 3 月 12 日。

案出台，成立新的中国电信和中国网通，重组后允许两大集团公司双向进入，形成了中国电信、中国网通、中国移动、中国联通、中国卫通、中国铁通6家基础电信企业竞争格局。2008年5月，《关于深化电信体制改革的通告》出台，指出全球范围内移动通信发展迅速，电信市场竞争日益加剧，决定以发展第三代移动通信为契机，合理配置现有电信网络资源，支持形成三家拥有全国性网络资源、实力与规模相对接近、具有全业务经营能力和较强竞争力的市场竞争主体，分别为中国电信、中国移动、中国联通[1]。同年，为在电信服务和业务层面形成竞争，实现电信基础设施与电信服务的分离，《关于推进电信基础设施共建共享的紧急通知》要求三大运营商共建共享电信基础设施[2]。

（三）放松可竞争性环节市场准入和价格管制，鼓励民营资本进入

在放松管制和鼓励民营资本进入方面，民航、电信、邮政行业的进展较快。1997年，民航总局就尝试赋予企业一定的定价自主权。随着竞争性市场结构的基本形成，2004年出台的《中国民航国内航空运输价格改革方案》中明确："以境内执行的各航线票价水平（不含燃油加价）作为基准价，在上浮不超过基准价的25%、下浮不超过45%的范围内，允许航空公司自行制定具体航空票价种类和水平。"2005年2月17日，民营奥凯航空有限公司获得经营许可证，

---

[1] 工业和信息化部：《国家发展和改革委员会》；财政部：《关于深化电信体制改革的通告》。
[2] 工业和信息化部：《关于推进电信基础设施共建共享的紧急通知》（工信部联通[2008]235号）。

同年鹰联航空、春秋航空也获发许可证[①]。在电信行业，2000年放开部分已形成充分竞争的电信业务资费[②]。2005年，开始对国内长途电话通话费、国际长途电话及台港澳地区电话通话费、移动电话国内漫游通话费和固定电话本地网营业区间通话费实行资费上限管理，促进了各公司之间的竞争[③]。2012年，为打开市场进入壁垒，国务院《关于鼓励和引导民间资本进一步进入电信业的实施意见》出台，支持积极拓宽民间资本的投资渠道和参与范围。在邮政行业，2009年新《邮政法》实施，《快递市场管理办法》《快递业务经营许可管理办法》等法规相继出台，为非邮政快递企业市场主体地位提供法律依据。除邮政普遍服务业务资费、邮政企业专营业务资费及机要通信、党报党刊发行资费实行政府定价外，以快递业务为代表的其他邮政业务的价格，均由市场竞争形成[④]。

自然垄断属性较强的电力、天然气、铁路行业改革，也有不同程度的进展。在国家大力推动发电投资主体多元化、发电价格逐步引入竞争理念[⑤]、风电和光伏发电机组采用招标方式确定业主及价格[⑥]等改革措施下，民营资本大量进入可再生能源领域[⑦]。在天然气下游

---

① 民航资源网：《国家支持民营航空发展》，见 http://news.carnoc.com/list/44/44751.html，2004年11月4日。

② 工业和信息化部：《关于电信资费结构性调整的通知》（信部联清［2000］1255号）。

③ 工业和信息化部：《关于调整部分电信业务资费管理方式的通知》（信部联清［2005］408号）。

④ 国务院：《关于印发邮政体制改革方案的通知》（国发［2005］27号）。

⑤ 国务院办公厅：《关于印发电价改革方案的通知》（国办发［2003］62号）；国家发展改革委：《关于印发电价改革实施办法的通知》（发改价格［2005］514号）。

⑥ 国家发展改革委：《关于调整光伏发电　陆上风电标杆上网电价的通知》，发改价格［2016］2729号。

⑦ 国家能源局：《关于鼓励和引导民间资本　进一步扩大能源领域投资的实施意见》，国能规划［2012］179号。

配送环节，国家也鼓励社会资本进入，投资主体逐步实现了多元化
①。除下游城市燃气外，天然气上游生产和中游支线管道的投资、建设及运营也逐步向民营资本开放。如 2006 年，民营企业新奥能源成为第四家具备天然气进出口权的公司②，2012 年国土资源部的页岩气招标第一次对民营企业开放③。河南、江苏、湖南等地的民营资本参股、控股甚至独资建设天然气支线管道和管道运营④。此外，铁道部也于 2012 年下发《关于鼓励和引导民间资本投资铁路的实施意见》，鼓励和引导民间资本依法、合规进入铁路领域。

三、重点领域改革全面深化阶段（2013 年至今）

党的十八大以来，我国经济体制改革进入全面深化阶段。2013 年 11 月 12 日十八届三中全会通过《关于全面深化改革若干重大问题的决定》，对全面深化改革做出总体部署。在垄断行业改革方面，提出"国有资本继续控股经营的自然垄断行业，实行以政企分开、政资分开、特许经营、政府监管为主要内容的改革，根据不同行业特点实行网运分开、放开竞争性业务，推进公共资源配置市场化""政府定价范围主要限定在重要公用事业、公益性服务、网络型

---

① 建设部：《关于加快市政公用行业市场化进程的意见》（建城〔2002〕272 号）。
② 中国能源报：《天然气管道何时变身"公器"》，见 http://paper.people.com.cn/zgnyb/html/2012-09/17/content_1114417.htm，2012 年 9 月 17 日。
③ 朱彤：《我国石油天然气体制的演进逻辑、问题与改革建议》，《北京行政学院学报》2014 年第 6 期，第 79 页。
④ 中国新闻网：《报告称民营企业进入我国油气行业步伐逐渐加快》，见 https://www.baidu.com/link?url=_41IGiaFa0ADr7vyav8ovDQdeTinJCPKpvRJgaCb0J4bVLotoxa7Svpmec3qXoHjhD9W_xAFNSlR5EKPvNw1_8JPEPIY47lC8cE5wMTai37&wd=&eqid=a87193bf00081f8d000000025b323e0a，2013 年 2 月 16 日。

自然垄断环节，提高透明度，接受社会监督"。党的十九大提出"使市场在资源配置中起决定性作用，更好发挥政府作用"。在此背景下，垄断行业改革也进入全面深化的新阶段。

（一）深化能源体制改革

针对能源体制存在的深层次矛盾和问题，党的十八大以来，中共中央国务院相继发布深化电力、油气体制改革文件。2015 年 3 月，《关于进一步深化电力体制改革的若干意见》出台，标志着我国新一轮电力体制改革正式启动，重点包括：在进一步完善政企分开、厂网分开、主辅分开的基础上，按照"管住中间、放开两头"的体制架构，有序放开输配电以外的竞争性环节电价，有序向社会资本开放配售电业务，进一步强化政府监管。2017 年 5 月，《关于深化石油天然气体制改革的若干意见》出台，标志着油气领域将在打破行政垄断的基础上开展系统性改革，重点包括：深化油气勘查开采、进出口管理、管网运营、生产加工、产品定价体制改革和国有油气企业改革，释放竞争性环节市场活力和骨干企业活力。

（二）推进铁路体制改革

铁路体制改革也开始加快推进。2013 年，国务院出台《关于改革铁路投融资体制加快推进铁路建设的意见》要求"推进铁路投融资体制改革，多方式多渠道筹集建设资金"。2014 年，《铁路运输企业准入许可办法》颁布。2016 年，我国首个民营资本控股的高速铁路 PPP 项目，由中铁第五勘察设计院集团有限公司负责勘察设计的新建杭（州）绍（兴）台（州）铁路正式开工建设①。2017年，中国铁路总公司初步确定新时期继续深化改革分为三步走：第一步是对中国铁路建设投资公司等非运输类企业进行公司制改革，第二步是对全国18家铁路局进行公司制改革，第三步是中国铁路总公司自身进行公司制改革。2017年底，中国铁路总公司所属18个铁路局均已完成公司制改革②。

（三）进一步推进价格形成机制改革

2015年10月，中共中央国务院发布《关于推进价格机制改革的若干意见》，对垄断行业价格改革做出系统部署。为进一步促进竞争，垄断行业竞争性领域价格随市场化进程逐步放开或改行模拟竞争的定价方式。同时，电力、天然气行业初步建立管输环节价格规制框架。

在电力行业③，随电力直接交易和零售侧改革的开展，各地市场化交易的电量价格随之放开。2016年12月，出台《省级电网输配电价定价办法（试行）》。2017年7月，除西藏以外，省级电网输配电价首个周期核定工作全部完成。2017年12月，区域电网、跨省跨区专项工程输电价格定价办法、地方电网和增量配网价格指导意见同时出台。

---

① 腾讯网：《我国首条民营资本控股高铁开工》，见 http://new.qq.com/cmsn/20161223/20161223018123，2016年12月23日。
② 中国财经：《18个铁路局改为铁路局集团有限公司 人员编制精减8%》，见 http://finance.china.com.cn/industry/20171120/4442685.shtml，2017年11月20日。
③ 国家发展改革委：《十八大以来价格改革成就专题报告之一》，见 http://www.ndrc.gov.cn/xwzx/xwfb/201710/t20171020_864308.html。

对天然气行业[①]。2013 年至 2016 年，国家放开了页岩气、煤层气、煤制气等非常规天然气以及液化天然气气源价格，放开直供用户以及化肥用气价格，明确储气设施相关价格由市场决定。2017 年，明确所有进入交易平台公开交易的气量价格由市场交易形成。在中间管输环节，2016 年 10 月出台《天然气管道运输价格管理办法（试行）》，2017 年 6 月出台《关于加强配气价格监管的指导意见》。

对铁路行业[②]。2013 年 8 月，国务院出台的《关于改革铁路投融资体制加快推进铁路建设的意见》中明确"按照铁路与公路保持合理比价关系的原则制定国铁货运价格，分步理顺价格水平，并建立铁路货运价格随公路货运价格变化的动态调整机制"。2014 年 4 月，神华集团新建的准池铁路货物运价实行市场调节。2014 年 12 月，放开散货快运、包裹运输价格以及社会资本控股新建铁路货物运价等竞争性铁路货运价格。2015 年 1 月，允许铁路运输企业以调整后的国家铁路货物统一运价为基准价，在上浮幅度最高不超过 10%、下浮不限的范围内自主定价。2016 年 1 月和 6 月，放开高铁动车组一、二等座及普通旅客列车软座、软卧票价。2017 年 12 月，放开铁路集装箱、零担各类货物运输价格，整车运输的矿物性建筑材料、金属制品、工业机械等 12 个货物品类运输价格。同时，对仍未放开的铁路货运价格，允许最高上浮幅度提高到 15%、下浮仍不限。

对民航运输行业[③]。2013 年，国家放开部分与地面主要交通运输

---

① 资料来源：国家发展改革委，十八大以来价格改革成就专题报告之四，见 http://www.ndrc.gov.cn/xwzx/xwfb/201710/t20171021_864325.html。

② 资料来源：国家发展改革委，十八大以来价格改革成就专题报告之六，见 http://www.ndrc.gov.cn/xwzx/xwfb/201710/t20171021_864352.html。

③ 资料来源：国家发展改革委，十八大以来价格改革成就专题报告之六，见 http://www.ndrc.gov.cn/xwzx/xwfb/201710/t20171021_864352.html。

改革开放40年
中国经济发展系列丛书

方式形成竞争、由两家以上航空公司共同经营航线旅客票价。2014年，放开国内航线货物运价，放开相邻省之间与地面主要交通运输方式形成竞争的短途航线旅客票价。对继续实行政府指导价的国内航线旅客票价，取消下浮幅度限制，赋予航空公司更大的票价浮动空间。2016年，提出分两步加快放开国内航线客运竞争性领域价格，将800公里以下航线、800公里以上与高铁动车组列车平行航线旅客票价交由航空公司依法自主制定。2017年，放开5家以上（含5家）航空运输企业参与运营的国内航线旅客运价。

为促进电信服务市场竞争，工信部在《关于电信业务资费实行市场调节价的通告》明确，所有电信业务资费均实行市场调节价，由电信企业自主确定具体资费结构、资费标准及计费方式。

在邮政行业①，2015年国家放开了国内特快专递、明信片寄递、印刷品寄递和单件重量不超过10公斤的包裹寄递等竞争性包裹寄递资费。对主要满足用户基本需求的邮政普通包裹寄递资费，国家也于2017年允许邮政企业在不超过国家规定资费标准范围内，自主确定具体资费水平。

第二节　垄断行业改革的进展、成就与经验

垄断行业改革实施40年来成绩斐然。第一，垄断行业的竞争性领域，多元化市场主体和竞争性市场格局基本形成。第二，随着市场准入和价格规制的放松，民营资本加快进入快递、航空运输、城

---

① 国家发展改革委：《十八大以来价格改革成就专题报告之六》，见 http://www.ndrc.gov.cn/xwzx/xwfb/201710/t20171021_864352.html。

市燃气、移动转售、宽带接入网、可再生能源发电、竞争性售电、增量配电网、支线铁路的投资运营等领域。第三，价格市场化程度显著提高，具备竞争条件的价格已放开，尚不具备竞争条件而未放开的价格也尽可能引入了模拟市场竞争的方式确定。第四，垄断环节规制逐步加强，体现在共用网络公平开放、现代价格规制理念和方法初步引入、安全和服务质量规制明显加强等方面。第五，通过有效调动各类市场主体的积极性，拓宽资金来源，提高投资运营效率，垄断行业的供给能力大幅提高。

垄断行业 40 年来的改革经验表明，要坚持商业化和市场化改革方向，坚持正确处理垄断和竞争的关系，坚持激发市场主体活力，坚持推进政府职能转变。

一、垄断行业改革取得的进展与成就

（一）多元化市场主体和竞争性市场格局基本形成

随着"在可竞争领域形成市场竞争，在自然垄断环节加强监管"改革思路的确立，我国垄断行业在竞争性领域的改革成绩斐然，多元化的市场主体和竞争性的市场格局基本形成。

我国电力体制改革遵循"放开两头、管住中间"的基本原则，全国范围内发电侧基本形成竞争性市场结构。以发电装机容量作为衡量市场份额的指标，2011 年 27 家大型国有发电企业市场份额占71.41%，其中五大中央发电集团市场份额占 48.75%、其余 7 家中央发电企业市场份额为 12.60%、15 家规模较大的地方国有发电企业市场份额占 10.05%[①]。一直到 2017 年，中国国电集团和神华集团合并

[①] 国家电力监管委员会：《2011 电力监管报告》。

重组为国家能源投资集团，占比 12.94%，成为国内发电装机占比最大的发电集团[1][2]。

在民航运输业中，除空中交通管制、机场业务和航空煤油供应业务等具有较强的自然垄断特性以外，在航空运输业务中逐步放开市场，引入竞争。截至 2016 年，我国共有运输航空公司 59 家，其中国有控股公司 44 家，民营和民营控股公司 15 家[3]。

表 9-1　2016 年中国民航运输业市场结构

航空运输企业	运输总周转量（亿吨公里）	市场份额*（%）
中国航空集团公司	261.7	27.2
中国南方航空集团公司	243.9	25.3
中国东方航空集团公司	197.3	20.5
海航集团	142.1	14.8
其他公司	117.5	12.2

注：* 市场份额为各航空运输企业的运输总周转量占全国航空运输总周转量的比重。

数据来源：中国民用航空局，《2016 年民航行业发展统计公报》，2017 年

2008 年，我国重组后的电信产业实现了企业之间差异化的竞争，形成了中国电信、中国联通和中国移动三家全业务运营商寡头垄断的市场结构。按用户数指标[4][5]，在固定电话业务中，中国联通、

---

① 中国电力企业联合会：《2017 全国发电装机容量增长 7.6%》，见 http://www.cec.org.cn/nengyuanyudianlitongji/hangyetongji/dianlixingyeshuju/2018-03-02/178238.html。

② 北极星电力网：《新五大发电集团 2017 年主要经济技术指标解读》，见 http://news.bjx.com.cn/html/20180305/883468.shtml。

③ 中国民用航空局：《2016 年民航行业发展统计公报》

④ 王磊：《电信网络接入定价理论与政策研究》，《价格理论与实践》2018 年第 2 期，第 34 页。

⑥ 中商产业研究院：《2017 年三大运营商业绩大 PK：中国移动更胜一筹！》，见 https://www.sohu.com/a/226662875_350221。

中国移动和中国电信所占市场份额分别为 30.9%、6.3% 和 62.8%；在移动电话业务中，中国联通、中国移动和中国电信所占市场份额分别为 20.0%、62.4%% 和 17.6%；在有线宽带业务中，中国联通、中国移动和中国电信所占市场份额分别为 23.71%、34.91% 和 41.37%。在电信增值业务中，除三家全业务运营商外，还有大量中小型运营商。

邮政行业中，快递业市场竞争充分。目前，我国有上万家民营快递企业，数量众多但规模较小。2016 年，快递市场集中度 CR8 为 76.7%，CR4 为 50.2%，邮政 EMS、顺丰、圆通、中通、申通、韵达、百世 7 家主要快递品牌在市场中合计占比超过70%[①]。其中，除邮政 EMS 以外的 6 家民营企业占据 64% 的全国快递市场份额，单个企业市场份额未超过 15%。

表 9-2　2016 年六大民营快递企业市场份额

快递企业	业务量（亿件）	市场份额 *（%）
中通快递	45.0	14.4
圆通速递	44.6	14.3
申通快递	32.6	10.4
韵达速递	32.1	10.3
顺丰速运	25.8	8.2
百世集团（快递）	21.7	6.9
6 大企业合计	201.8	64.5

注：* 市场份额为各快递企业业务量占全国快递业务量的比重。

数据来源：各公司年报。

[①] 国家邮政局：《2016 年度快递市场监管报告》，第 6 页。

（二）民营资本投资比重大幅增长

2005 年《国务院关于鼓励支持和引导个体私营等非公经济发展的若干意见》出台后，垄断行业部分领域和环节开始向民营资本开放。此后，随着市场准入和价格规制的放松，民营资本加快进入快递、航空运输、城市燃气、移动转售、宽带接入网、可再生能源发电、竞争性售电、增量配电网、支线铁路的投资运营等领域。

与 2004 年相比，2016 年民营控股企业投资占行业固定资产投资的比例大幅增长。其中，电力、热力生产和供应业由 1.8% 提高到 28.28%，铁路运输业由 0.05% 提高到 1.77%，航空运输业由 0% 提高到 9.97%，邮政业由 5.90% 提高到 68.76%，电信、广播电视和卫星服务业由 0.05% 提高到 3.63%。天然气行业分环节看，油气开采业由 0.28% 提高到 6.12%，油气管道运输业由 0.09% 提高到 18.65%，燃气生产和供应业由 2.81% 提高到 47.88%。

表 9-3　垄断行业固定资产投资中民营控股企业投资比重

行业	2004 年	2016 年
电力、热力生产和供应业	1.80%	28.28%
石油和天然气开采业	0.28%	6.12%
管道运输业	0.09%	18.65%
燃气生产和供应业	2.81%	47.88%
铁路运输业	0.05%	1.77%
航空运输业	0.00%	9.97%
邮政业	5.90%	68.76%
电信、广播电视和卫星传输服务	0.05%	3.63%

数据来源：作者根据《中国统计年鉴》相关数据计算。

（三）价格市场化程度显著提高

所有电信业务资费、竞争性包裹寄递资费价格均已放开，由市场竞争形成。电力市场化交易价格全部放开，2016 年由市场形成电价的比重达到22.25%[①]。非常规天然气、液化天然气价格以及参与市场交易的天然气用户价格放开，50% 以上非居民用气价格已由市场形成[②]。具备竞争条件的民航国内航线旅客票价放开，市场化率已经提高到35%左右[③]。社会资本控股新建铁路货物运价和散货快运、包裹运输等竞争性铁路货运价格，以及高铁动车组一、二等座及普通旅客列车软座、软卧票价，已经放开。

同时，因尚不具备竞争条件而未放开的价格也尽可能引入了模拟市场竞争的方式确定。如尚未放开的铁货运价格按与公路保持合理比价关系的原则制定和动态调整，管道天然气门站价格参照可替代能源的市场价格确定。

（四）垄断环节规制逐步加强

共用基础设施网络开始向第三方公平开放。随着垄断行业可竞争领域市场竞争程度的不断加深，共用网络公平开放成为新的趋势。《中共中央国务院关于进一步深化电力体制改革的若干意见》在建立电力交易机构和市场交易平台、促进分布式能源发展和加强电力统

---

① 国家发展改革委：《十八大以来价格改革成就专题报告之二》，见 http://www.ndrc.gov.cn/xwzx/xwfb/201710/t20171020_864316.html。

② 国家发展改革委：《十八大以来价格改革成就专题报告之四》，见 http://www.ndrc.gov.cn/xwzx/xwfb/201710/t20171021_864325.html。

③ 国家发展改革委：《十八大以来价格改革成就专题报告之六》，见 http://www.ndrc.gov.cn/xwzx/xwfb/201710/t20171021_864352.html。

筹规划监督等具体改革中，均要求电网公平无歧视开放。《油气管网设施公平开放规制办法（试行）》，正式启动油气运输管道向第三方公平开放的改革。在航空煤油供应业，也要求"机场供油设施向具备准入资格的供应商提供无歧视性的使用服务，实行政府规制下的市场准入和有偿使用制度"①。《关于推进电信基础设施共建共享的紧急通知》要求三大运营商共建共享电信基础设施。

现代价格规制理念和方法初步引入。市场经济下的价格规制与计划经济下的价格管理在目标、手段和方式上均存在本质不同。我国在大幅放开垄断行业具备竞争条件领域的价格后，工作重点已开始转向加强自然垄断环节价格规制。在方法层面，在电力和天然气自然垄断环节基于现代理念构建了输配电价和管输气价规制的基本框架。以省级电网输配电价为例，首先，起步阶段选择了相对简单但符合国际规范的回报率管制，有利于改革的平稳起步，也可为今后实行激励程度更高的上限制积累数据、经验和制度基础。其次，在回报率管制框架下结合使用了激励性机制，如采用国际主流的面向未来的定价机制，从而主动引导和约束电网企业行为；核价周期按3年确定而不是传统的1年，有利于鼓励企业降低成本；同时，局部结合使用了上限制、标尺竞争、分享等激励机制。如对材料费、修理费等费用核定引入了上限制，对线损、服务质量等引入了分享和激励机制。在制度层面，垄断行业价格规制的规范化、透明化正在推进。出台《关于进一步加强垄断行业价格监管的意见》，对垄断行业价格规制进行了总体设计。修订《政府制定价格行为规则》，更

---

① 国务院：《关于印发民航体制改革方案的通知》（国发〔2002〕6号），见 http://www.gov.cn/zhengce/content/2017-09/12/content_5223217.htm。

加重视程序规范。修订《政府制定价格成本监审办法》，更加重视成本基础。

安全和服务质量规制明显加强。为适应经济社会快速发展背景下市场和用户需求的变化，我国不断加强垄断行业安全和服务质量规制，尤其是安全规制。如铁路行业为加强安全规制，《铁路运输安全保护条例》《铁路安全管理条例》《铁路旅客运输安全检查管理办法》《铁路旅客车票实名制管理办法》《铁路危险货物运输安全监督管理规定》《铁路危险货物运输安全综合治理实施方案》《关于加强铁路货物运输安全有关工作的通知》等文件相继出台。又如信息产业部于 2000 年率先出台《电信服务标准》，规定电信行业的强制性标准和电信运营商提供电信服务的下限。为落实此标准，出台《电信服务质量监督管理办法》和《电信用户申诉处理办法》。随着电信产业的不断发展，信息产业部陆续出台《互联网骨干网间互联服务暂行规定》《关于规范短信息服务有关问题的通知》《关于规范电信服务协议有关问题的通知》和《关于规范电信业务推广和服务宣传工作有关问题的通知》等文件，逐步完善电信服务质量管理体系。

表 9-4　垄断行业安全和服务质量规制主要政策文件

行业	安全规制（文件名，文号）	服务质量规制（文件名，文号）
电力	·《电力安全事故应急处置和调查处理条例》（2011 年） ·《电力监控系统安全防护规定》（国家发展改革委令，2014 年第 14 号） ·《电力安全生产监督管理办法》（国家发展改革委令，2015 年第 21 号） ·《电力建设工程施工安全监督管理办法》（国家发展改革委令，2015 年第 28 号）	·《电力供应与使用条例》 ·《国家电网公司供电服务质量标准》

续表

行业	安全规制（文件名，文号）	服务质量规制（文件名，文号）
天然气	·《石油天然气管道保护条例》（国务院令，2001 年第 313 号） ·《石油天然气管道安全监督与管理暂行规定》（国家经贸委令，2000 年第 17 号） ·《城市燃气安全管理规定》（建设部 劳动部 公安部令，1991 年第 10 号） ·《城镇燃气管理条例》（国务院令，2016 年第 666 号） ·《天然气使用安全管理规定》	·《燃气服务导则》
铁路	·铁路货运： ·《铁路运输安全保护条例》（2005 年） ·《铁路安全管理条例》（2013 年） ·《铁路危险货物运输安全监督管理规定》（交通运输部令，2015 年第 1 号） ·《铁路危险货物运输安全综合治理实施方案》（国铁运输监［2016］51 号） ·《关于加强铁路货物运输安全有关工作的通知》（2017 年） ·铁路客运： ·《铁路旅客车票实名制管理办法》（交通运输部令，2014 年 20 号） ·《铁路旅客运输安全检查管理办法》（交通运输部令，2014 年 21 号）	·《铁路旅客运输服务质量规范》（铁总运［2014］178 号） ·《铁路客运站车厕所服务质量监督管理办法》（国铁运输监［2018］27 号）
民航	·《民用航空器事故和飞行事故征候调查规定》（中国民用航空总局令，2007 年第 179 号） ·《民用航空安全信息管理规定》（2016 年 4 月） ·《民用航空安全管理规定》（交通运输部令，2018 年第 3 号） ·《中国民用航空安全规划纲要》（2011—2020 年） ·《中国民航航空安全方案》（2015 年 2 月）	·《关于航线航班管理与航空安全、航班正常、服务质量挂钩实施办法的通知》（民航机号［2004］1827 号） ·《航空运输服务质量定期公告制度》实施方案（试行）（民航发［2009］27 号） ·《公共航空运输服务消费者投诉管理办法》（民航发［2016］130 号） ·《关于进一步提升民航服务质量的指导意见》（民航发［2018］24 号） ·行业服务规范

续表

行业	安全规制（文件名，文号）	服务质量规制（文件名，文号）
	·《关于落实民航安全生产管理责任的指导意见》（2015年12月） ·《民航安全绩效管理推进方案》（2017年4月）	
电信	·《电信和互联网用户个人信息保护规定》（工业和信息化部令，2013年第24号）	·《电信服务规范》（信息产业部令，2005年第36号） ·《电信服务质量监督管理办法》（工业和信息化部令，2014年第28号） ·《电信用户申诉处理办法》（工业和信息化部令，2016年第35号） ·《关于规范短信息服务有关问题的通知》（信部电［2004］136号） ·《关于规范电信服务协议有关问题的通知》（信部电［2004］381号） ·《关于规范电信业务推广和服务宣传工作有关问题的通知》（信部电［2004］382号） ·《电信服务质量报告制度》（信部电［2001］347号） ·《电信业务服务质量通告制度》（信部电［2001］114号） ·《电信服务质量用户满意度指数评价制度》（信部电［2001］896号）
邮政	·《邮政行业安全监督管理办法》（交通运输部令，2011年第2号） ·《邮件快件收寄验视规定（试行）》（国邮发［2015］144号） ·《禁寄物品指导目录及处理办法（试行）》（2016年） ·《快递暂行条例》（国务院令，2018年第697号）	·《快递服务国家标准》（2011年） ·《邮政业消费者申诉处理办法》（国邮发［2011］116号）

资料来源：作者整理。

（五）供给能力大幅提升

改革开放之初，政府作为单一投资运营主体造成建设资金严重不足且激励机制缺乏，垄断行业普遍面临供应短缺问题，与国民经济快速发展和对能源、交通、邮电等基础设施需求之间的矛盾日益突出。垄断行业改革的实施有效调动了各类市场主体的积极性，拓宽了资金来源，提高了投资运营效率，带来了行业快速发展和供给能力大幅提高，为我国国民经济发展和人民生活水平提高作出了重要贡献。

截至 2016 年，全国全口径发电装机容量达到 164575 万千瓦[①]，发电量为 61425 亿千瓦时[②]，分别为 1978 年的 29 倍和 24 倍[③]。电网新增 220 千伏及以上输电线路回路长度 34906 千米[④]，是 1993 年的 5.5 倍[⑤]。天然气产量 1369 亿立方米[⑥]，是 1980 年的 10 倍[⑦]。铁路旅客周转量和货物周转量分别为 12579.29 亿人公里和 23792.26 亿吨公里，分别是 1978 年的 12 倍和 4 倍[⑧]。民航旅客周转量和货物周转量分别为 8378.13 亿人公里和 4195.87 亿吨公里，分别是 1978 年的

[①] 国家能源局：《2016 年全社会用电量同比增长 5.0%》，见 http://www.nea.gov.cn/2017–01/16/c_135986964.htm。

[②] 国家统计局：《2016 年能源生产情况》，见 http://www.stats.gov.cn/tjsj/zxfb/ 201702/t20170228_1467575.html。

[③]《电力工业统计资料汇编》。

[④] 国家能源局：《2016 年全社会用电量同比增长 5.0%》，见 http://www.nea.gov.cn/2017–01/16/c_135986964.htm。

[⑤]《中国电力年鉴》。

[⑥] 国家统计局：《2016 年能源生产情况》，见 http://www.stats.gov.cn/tjsj/zxfb/ 201702/t20170228_1467575.html。

[⑦]《中国能源统计年鉴》。

[⑧] 国家统计局官网，见 http://data.stats.gov.cn/easyquery.htm?cn=C01。

300倍和10倍[①]。电话普及率（含移动电话）110.55部/百人，是1978年的291倍；互联网普及率从2002年的4.6%上升至2016年的53.2%[②]。邮政业务总量从1978年的14.92亿元增加至2016年的7397.24亿元[③]，其中快递量312.83亿件，是1989年快递量的1.3万倍[④]。

表9-5 垄断行业供给能力大幅提升

行业	指标	单位	1978年	2016年	增长倍数
电力	全口径发电装机容量	万千瓦	5712	164575	28.8
	发电量	亿千瓦时	2566	61425	23.9
	新增220kV及以上输电线路回路长度	千米	6347*	34906	5.5
天然气	生产量	万吨标煤	1912**	17994	9.4
	油气管道里程	万公里	0.83	11.34	13.7
民航运输	定期航班航线里程	万公里	14.89	634.81	42.6
	国际航线线路长度	万公里	5.53	282.80	51.1
	旅客周转量	亿人公里	27.91	8378.13	300.2
	货物周转量	亿吨公里	430	4195.87	9.6
铁路	铁路营业里程	万公里	5.17	12.40	2.4
	旅客周转量	亿人公里	1093.22	12579.29	11.5
	货物周转量	亿吨公里	5345.19	23792.26	4.5
电信	电话普及率（含移动电话）	部/百人	0.38	110.55	290.9
	互联网普及率	%	4.6***	53.2	11.6

[①] 国家统计局官网，见 http://data.stats.gov.cn/easyquery.htm?cn=C01。
[②] 国家统计局官网，见 http://data.stats.gov.cn/easyquery.htm?cn=C01。
[③] 国家统计局官网，见 http://data.stats.gov.cn/easyquery.htm?cn=C01。
[④] 国家统计局官网，见 http://data.stats.gov.cn/easyquery.htm?cn=C01。

续表

行业	指标	单位	1978 年	2016 年	增长倍数
邮政	快递业务量	亿件	0.02****	312.83	12649.9
	函件数	亿件	28.35	36.19	1.3
	包裹数	万件	7400.5	2794	0.4
	报刊期发数	万份	11250	13617.5	1.2
	汇票业务	万笔	11852.4	5804.4	0.5

注：* 为 1993 年的统计数据；** 为 1980 年的统计数据；*** 为 2002 年统计数据；**** 为 1989 年的统计数据。

数据来源：国家统计局；《中国能源统计年鉴》《电力工业统计资料汇编》。

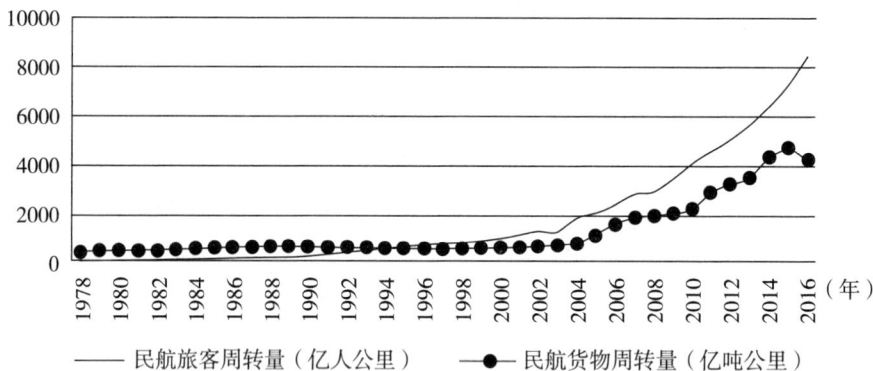

—— 民航旅客周转量（亿人公里）　　● 民航货物周转量（亿吨公里）

图 9-1　1978—2016 年民航旅客和货物周转量

数据来源：国家统计局。

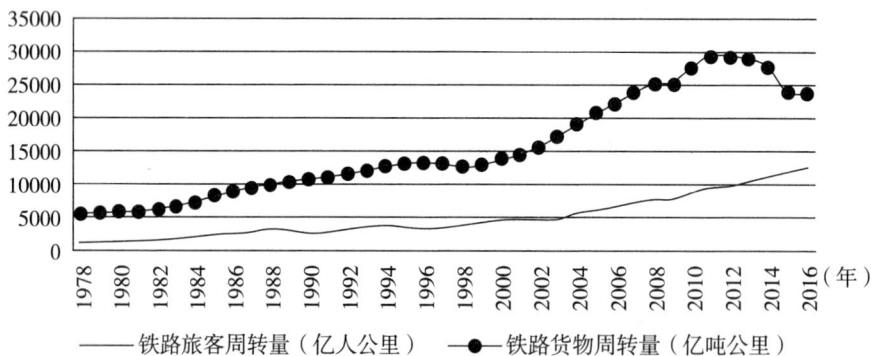

—— 铁路旅客周转量（亿人公里）　　● 铁路货物周转量（亿吨公里）

图 9-2　1978—2016 年铁路旅客和货物周转量

数据来源：国家统计局。

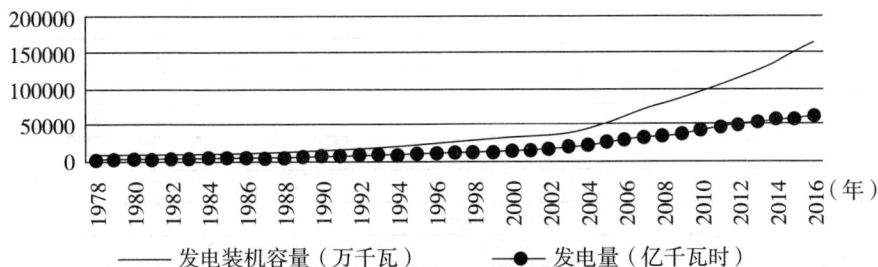

图9-3　1978—2016年发电装机容量和发电量

数据来源：《电力工业统计资料汇编》。

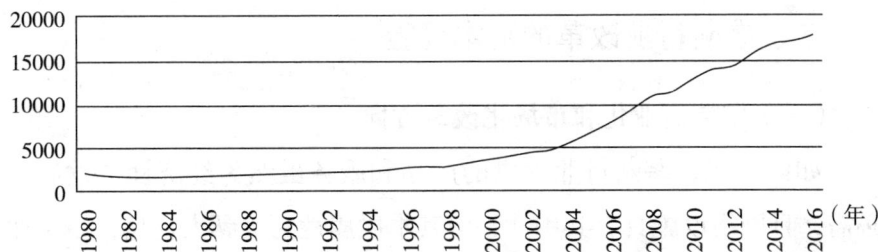

图9-4　1980—2016年天然气生产量（万吨标准煤）

数据来源：《中国能源统计年鉴》。

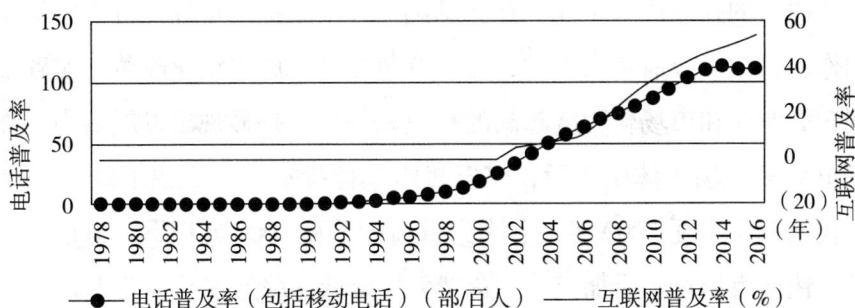

图9-5　1978—2016年电话（含移动电话）和互联网普及率

数据来源：国家统计局。

（亿件）

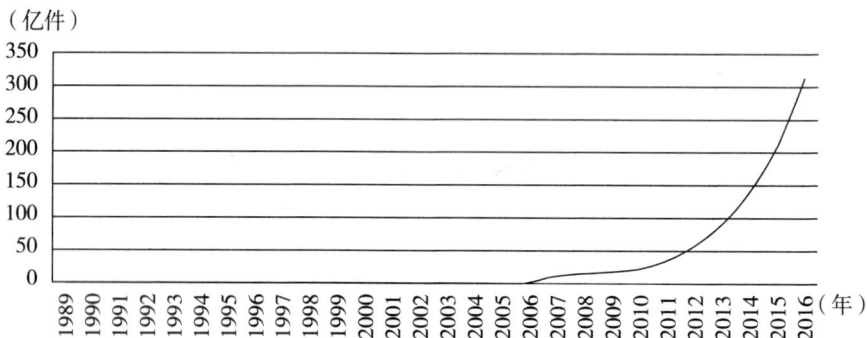

图 9-6 1989—2016 年快递业务量（亿件）

数据来源：国家统计局。

二、垄断行业改革的基本经验

（一）坚持商业化和市场化改革方向

如前所述，垄断行业提供的产品和服务虽然为经济社会发展所必需，且网络设施具有共用性，但其本质属性为准私人物品，由企业商业化运营并通过向消费者收费的方式获得收入，有助于提高行业生产效率，引导资源合理配置。因此，我国改变计划经济时期由政府无偿或低价提供垄断产品和服务的模式，通过"政企分开"改革，成立自负盈亏的独立法人企业。在此基础上，不断提高市场在资源配置中的作用，减少政府不当干预，在可竞争领域开展市场化改革。实践证明，商业化和市场化程度越高的行业和领域，越显现出发展活力。如发电侧多市场主体引入后，煤电机组单位投资造价大幅下降，从90年代末期每千瓦 7000 多元下降到目前每千瓦 4000 元以下。电信、民航、快递市场竞争更加充分，资费大幅降低，服务水平显著提高。

（二）正确处理垄断和竞争的关系

与竞争性行业相比，垄断行业中垄断和竞争的关系具有特殊的表现，改革必须首先处理好二者的关系。一方面，技术进步使传统垄断行业自然垄断范围缩小，生产和消费环节具有可竞争性，从而在这些行业竞争和自然垄断并存。另一方面，可竞争环节的竞争必须以网络的公平开放使用为前提，二者不可割裂。我国垄断行业改革遵循这一客观规律展开。在改革路径选择上，大部分行业在"政企分开"的同时，进行了纵向分拆，试图在可竞争环节引入竞争。同时，垄断行业自然垄断环节仍维持垄断经营体制。如电力行业实行"厂网分开"，邮政行业对邮政专营业务和竞争性邮政储蓄、快递业务进行剥离，民航业则纵向分拆航空运输、机场和空管业务。电信行业形成 3 家全国性、全业务型企业，在电信服务领域相互竞争，并积极推进基础网络共建共享改革。

（三）坚持激发各类市场主体活力

市场主体是经济发展的原动力。我国垄断行业在系统性改革推进以前，就尝试在中央政府之外调动地方政府、民营资本、外资等各方主体的积极性，多渠道筹措建设资金，扩大在位企业自主权，取得了积极成效。如发电领域允许多家办电、成立独立发电企业，打破政府独家办电；对邮电业实行中央和地方双重领导、允许邮电部门征收电话初装费，组建中国联通打破电信行业独家垄断的市场结构等政策。"政企分开"改革后，中央和地方层面形成了多家国有企业，不断完善公司治理结构，部分企业实行股份制改造。自 21 世纪初开始，通过放松准入和价格管制，向第三方公平开放网络基础设施，使民营资本大量进入城市燃气、快递、航空运输、电信增值业务等领域。多元化市场主体的形成和活力的激发，有效推动了垄断行业发展，部分行业效率大幅提高。

（四）坚持推进政府职能转变

垄断行业市场化改革和规制的推进，以政府职能转变为前提。如大部分行业通过"政企分开"，剥离了政府的经营性职能。新设立或重新组建的相关行业主管部门，除传统行业管理外，还履行促进公平竞争、纠正市场失灵职能，积极推进垄断行业市场化改革，维持市场公平竞争秩序，不断构建、加强和完善自然垄断领域的价格、质量和安全规制。如电力行业在2003—2015年期间开展了"政监分离"的试点，在各地设立派出机构；国家邮政局重新组建后在维护公平竞争、加强安全和质量规制方面开展了大量工作，为市场经济条件下垄断行业政府职能转变积累了宝贵的经验。

第三节　垄断行业改革展望

我国经济体制改革进入攻坚期，要求必须深化垄断行业市场化改革。党的十九大提出"更好发挥政府在现代市场经济中的作用"，要求尽快推进垄断行业规制体系建设。

进一步推进垄断行业市场化改革和规制，应通过培育竞争性市场结构、保障共用网络公平无歧视开放、吸引和鼓励民营资本进入和推进电力和天然气批发市场建设来切实促进有效竞争的形成。同时，大力加强对自然垄断环节的规制，包括完善价格、服务质量规制的规则体系，建立规制信息系统，加强激励性规制方法的运用和构建全方位、多层次的监督制衡体系。在制度建设和机制保障上，应建立并完善相关法律法规及程序，设立职能完备的现代规制机构。

一、垄断行业改革面临的新形势、新要求

（一）我国经济体制改革进入攻坚期，要求必须深化垄断行业市场化改革

我国经济体制改革正在全面系统推进，深化垄断行业市场化改革，更好地发挥市场在资源配置中的决定性作用，是其中的重点和难点。垄断行业因自然垄断和行政垄断交织，市场化改革难度大、进展慢，大部分可竞争性环节尚未形成有效竞争。铁路行业至今尚未在地方层面实现"政企分开"，铁路总公司在铁路行业占据绝对垄断地位。反映电力产品特性的现货市场尚未建立，竞争性电力批发市场尚未形成，两大电网公司仍在零售电市场占 2/3 以上份额。天然气上游勘探开采仍由三大石油企业在各自区域内垄断，批发环节形成单一卖方市场，下游城市燃气企业和大用户无议价能力。中国移动和中国电信分别在移动电话和固定电话业务中占 60% 以上市场份额，三大全业务电信公司垄断骨干网基础设施，中小型增值服务商和潜在竞争者在接入骨干网及增值业务竞争中处于劣势地位。以运输总周转量来衡量，2016 年中航集团、东航集团、南航集团和海航集团的市场份额（CR4）达到 87.8%[1]。

（二）为"更好发挥政府的作用"，要求尽快推进垄断行业规制体系建设

党的十九大提出要更好地发挥政府作用。垄断行业经济性规制是现代市场经济国家政府重要经济职能之一，关系到垄断行业和经

---

[1] 中国民用航空局：《2016 年民航行业发展统计公报》。

济社会可持续发展，关系到社会公平公正。然而，市场经济中的经济性规制和传统政府经济管理在目标、原则、手段和方式等方面存在明显不同，我国目前尚未建立适应市场经济要求的垄断行业规制体系。一是现行法律未对垄断行业规制做出法律授权和系统安排，特许经营制度、定调价规则、技术标准和服务质量标准等仍不健全。二是价格、质量、投资规制等职能分散于不同部门且缺乏有效协调，人员编制严重不足、专业构成不合理，对垄断企业规制缺位与越位并存。三是缺乏有效规制手段和工具，如价格定期调整机制尚未建立，价格结构未能反映各类用户成本进而引导合理需求，技术标准和服务质量标准滞后于技术发展和用户需求增长、执行不到位，规制机构与被规制企业之间存在严重的信息不对称。四是有效制约规制者的监督体系尚未建立，如信息公开的广度和深度不够，专业的消费者组织特别是发挥专家代表作用的机制缺失。

二、进一步推进垄断行业改革的基本思路

进一步深化垄断行业改革，要继续坚持充分发挥市场在垄断行业竞争性环节资源配置中的决定性作用，更好地发挥政府在纠正市场失灵、增进社会公共福利等方面的作用，为垄断行业实现由高速增长到高质量发展提供制度保障，切实保护消费者利益。

（一）切实促进有效竞争的形成

一是培育竞争性市场结构。对天然气勘探开采和长距离管道输送业务进行纵向拆分，放宽勘探开采环节准入门槛，形成多元化市场主体。按网运纵向分离或区域（干线）横向分拆或二者相结合的方式，形成竞争性市场结构。按输配—售或输—配售模式对电网企

业进行纵向分拆。此外，对市场集中度明显较高的行业，还需进一步拆分、重组。

二是保障共用网络公平无歧视开放。在未进行纵向分拆的行业或纵向分拆实现以前，对共用基础设施网络实行所有权和运行权分离，设立独立系统运行机构，负责共用基础设施规划、运行和质量安全，保障所有市场成员能公平使用共用网络，平等参与市场竞争。

三是通过混合所有制等方式吸引和鼓励民营资本进入垄断行业。除直接关系公共利益和保障公平竞争的网络调度环节，应实行国有独资或直接设立公益性机构外，非公有资本可以通过控股、参股等方式广泛参与垄断行业。垄断行业的竞争性环节可加大引入非公资本。全国性的电力、铁路、天然气管道等主干网是关系国民经济命脉的重要行业，可逐步引入混合所有制，现阶段为保障安全，应实行国有绝对控股。

四是推进电力和天然气批发市场建设。电力和天然气因具有较强的系统性，其市场在竞争性市场结构形成后并不会自动形成，须由政府进行系统设计。如电力是系统集成的产品，其大宗交易的方式与电力系统供需实时平衡特性相兼容，是电力市场区别于普通商品市场的本质特征。电力批发市场设计首先需要确定交易模式，明确市场主体的交易和权责关系，进而设计批发市场架构以及运行机制①。

（二）大力加强对自然垄断环节的规制

一是完善价格、服务质量规制的规则体系。尽快出台成本规制

---

① 刘树杰、杨娟：《电力批发市场设计的经济学原理》，《中国电力》2017 年第 9 期。

和价格定期调整规则，完善价格水平核定方法，逐步建立反映分类用户成本的价格结构。修订、完善技术标准和产品服务质量标准体系，并加强落实。

二是建立规制信息系统。根据履行规制职能所需的企业信息，设置规制信息上报系统，规定企业定期按规定格式和要求填报和提交，规制机构就重要信息进行定期评估。

三是加强激励性规制方法的运用。更好地发挥特许经营权制度在事前竞争中确定价格的功能，在价格规制和服务质量规制中引入价格上限、浮动收益率、区域比较（标尺竞争）等激励性方法。建立服务质量奖惩机制。对不同地区的企业成本和绩效进行综合对标，对企业效率和服务质量提高以及可控成本下降设置合理的要求。

四是构建全方位、多层次的监督制衡体系。完善规制决策的程序，包括规制机构制定规则和执行规则的程序，如重大政策出台前必须经过专家咨询，向利益相关方公开征求意见，建立完善的听证制度等。提高规制的公开透明程度，完善信息公开制度，将被规制企业的必要信息公开，发布年度规制报告，公开规制决策的结果、详细依据和决策过程等。保证利益相关方的充分参与，政府帮助建立消费者有效参与机制，在规制机构内部设立专职的消费者保护部门，充分发挥经济、财务、技术、法律等专家在代表消费者利益中的作用。建立问责机制，规制机构对主管部委或上级部门负责，提交年度报告；当被规制企业或消费者（组织）认为利益受损时，可向法院或上级机构上诉要求变更或撤销规制决策。

（三）建立并完善相关法律法规及程序

垄断行业市场化改革和规制现代化属系统性工程，既要有目标和路径整体设计，也要有持续性落实、完善的制度和机制保障。我国正在推进法治中国建设，要求完善垄断行业法律法规体系，提高政策稳定性和可预期性，促进垄断行业可持续发展。一是修改或制定行业法，明确市场化改革目标、实施路径，制定垄断行业规制法案，明确规制的目标、范围、规制机构设置、职权范围和履职程序、责任等。二是制定详细的市场化改革和规制规则。三是建立法律法规定期修改机制，以适应垄断行业动态发展需要。四是完善制定、修改法律法规的程序，建立公开辩论机制，充分征求利益相关方的意见，对征集的意见是否予以采纳以及理由须向社会公开，从法律法规制定源头上防止"垄断"。

（四）设立职能完备的现代规制机构

现代市场经济国家普遍设立了独立或半独立的垄断行业规制机构。这些机构的核心目标是保护消费者利益，实现的途径包括促进可竞争环节发展，纠正自然垄断环节的市场失灵等。为在垄断行业更好发挥政府作用，我国也须设立适应市场经济要求的现代规制机构。一是整合分散于各部门的职能，设立职能完备的规制机构，统一行使价格、投资、质量、准入退出等规制职能。在省级层面，可采取国际主流的省公用事业委员会模式。在中央层面，可借鉴美、英模式，成立若干包含一个或多个行业的独立规制机构，也可借鉴德国等国家的综合性半独立机构模式，即在国家发展改革委下成立半独立性质的垄断行业规制局。从我国国情出发，德国模式在起步阶段更为可行。二是提高规制机构专业化能力，包括优化专业结构，按一定比例配置技术专家、经济学家、法律专家等；加强业务培训，持续提高机构人员专业素质；加强与外界的沟通和联系，了解国外垄断行业市场化改革进展、规制的制度安排和动态变化等。

第十章 社会性市场监管体系的
发展历程及展望

社会性市场监管体系的建立健全，是我国改革开放 40 年来取得的一项典型成就，其为经济社会可持续发展和市场繁荣提供了制度保障。进一步加强市场监管体系建设是完善中国特色社会主义经济体制的重要内容，是建设现代化经济体系、健全统一开放竞争有序市场体系的关键环节，是推进国家治理体系和治理能力现代化的有力支撑。展望未来，加快推进市场监管现代化具有相当的必要性与紧迫性，我国应围绕高质量发展目标，以提升监管能力为核心，努力塑造新时代的统一监管体系，加快推动各领域的市场监管从管控型监管迈向治理型监管，从而更好满足人民群众日益增长的对美好生活的多元化需求。

"监管是指政府或法律授权的公共机构依据规则对被监管者相关行为的限制"[1]。根据市场监管的对象和目的，一般将市场监管分为经济性和社会性两大类。其中，经济性监管是指对市场主体进入、投资、定价、服务质量等经济行为的限制。而本章聚焦的社会性市场监

---

① 刘树杰：《论现代监管理念与我国监管现代化》，《经济纵横》2011 年第 6 期，第 1 页。

管，则指的是对市场主体影响公众健康和公共安全行为的限制。由于此类市场监管直接关系到国民安全、社会稳定和生活质量等社会问题，所以被称为社会性监管，也被称为"安全、健康和环保监管"（Safety，Health and Environmental Regulation）。按照监管的依据，社会性监管可以分成两类：一类是限制企业对特定社会群体造成的负外部性[①]问题，如食品药品安全风险、环境安全风险等；另一类是限制企业雇主和劳动者之间因信息不对称而引发的负内部性[②]问题，如职业场所劳动安全等[③]。完整的市场监管体系，包括监管理念、机构职能、规则标准、方法工具、决策机制、监督问责等方面的要件，下文将按照监管体系的构成要件来总结改革开放以来监管体制建设的经验和成就，在此基础上，进一步探讨如何加快推动我国的市场监管体系现代化。

第一节　改革开放以来社会性市场监管体系的发展历程

市场经济的繁荣与有序是相辅相成的，从体制发展历程来看，

---

① "某种外部性是指在两个当事人缺乏任何相关的经济交易的情况，由一个当事人向另一当事人所提供的物品束（commodity bundle）。负外部性（外部不经济）是从外部性商品接受者的角度定义的，指的是如果消费者宁愿少承受或一个企业的产出因一种外部性而减少。"参见［美］丹尼尔·F.史普博：《管制与市场》，余晖等译，上海人民出版社1999年版，第56、57页。

② "内部性是指由交易者所经受的但没有在交易条款中说明的交易的成本和效益。负内部性指的是前述概念中的'成本'"。参见［美］丹尼尔·F.史普博：《管制与市场》，余晖等译，上海人民出版社1999年版，第64页。

③ 在国土资源、建筑工程、交通运输、文化旅游等市场领域也存在威胁公众安全健康的隐患，属于广义社会性监管的范畴，但在本章这些内容从略。——作者注。

我国是先有市场发展、开放竞争，再逐步推进市场监管体系建设的。市场监管是在我国市场经济体制逐步确立过程中发展的，21 世纪初被明确为四大政府职能之一，此后不断得到规范与强化。2013 年以后，加速推进监管现代化进程，开启"新时代大市场监管"的新篇章。

纵观我国市场监管体系建设的历程，可谓辉煌与艰难同在，只有充分理解前 20 年与后 20 年政府与市场关系的深刻转变，才能体会到市场监管体系从"无"到"有"、从"小监管"迈向"大监管"的难能可贵与来之不易。与 20 世纪 90 年代之前相比，市场监管制度体系的建设已经在现代化道路上大踏步地向前迈进了，这是改革开放以来市场体制建设取得的一项辉煌成绩。

一、1978—1992 年：行业归口管理时期

改革开放之初，受时代和转轨体制的局限，我国尚未能充分认识和正确区分"监管"与"管理"这两类不同的政府与市场关系。可以说，改革开放之初，并没有现代意义上的市场监管而只有行业管理。当时的政府与市场关系，主要是沿袭自计划经济时代的（行业归口）管理，即在传统体制内部自上而下的命令与管控行为，管理者对被管理者处于明显的支配地位。

当时，国家顺应向市场经济体制转轨，先后组建了国务院直属的工商行政管理局（1982 年）、技术监督局（1988 年）、环境保护局（1988 年）、经贸委下设煤矿安全监察局（1990 年）等，并在省、市建立了相应管理部门，用于垂直管理过程中指令的上行下达。这些管理部门，只是我国消费者保障、产品质量安全、环境保护、安全生产等领域市场监管机构的前身，当时的职责和业务范围与后期有很大不同，但是当初的"归口"和"垂直"管理特征部分延续下来。

二、1993—2001 年：社会主义市场监管体制初创期

1993 年召开的党的十四届三中全会提出建设社会主义市场经济体制，也标志着我国市场监管体制进入初创期。我国对政府市场监管职能的理解和定位并不是一步到位的。从现在视角看，当时对市场监管的范围理解仍比较狭义，将其视为工商行政管理、物价监督检查等具体执法行为。尽管如此，这也是在政府与市场关系、政府职能定位方面取得了明显进步，因为政府行为是在"执法"而不是在"管控"市场，已经开始逐步增强法律与规则意识，政府与市场主体的法律地位开始趋向平等。

这一时期建立健全社会主义市场监管体制，有内部和外部两个方面的驱动力。从内部来看，在满足基本生活需求基础上，随着生活水平日益提高，居民家庭对更高质量和安全性的生活有了更多关注，希望呼吸到更清洁的空气，饮用到更洁净的水，吃到更安全的食物，这就对政府加强市场监管提出了更高需求。1998 年以后，我国政府以机构改革为突破口，加快推进监管改革，组建了环境保护总局、药品监督管理局等。从外部来看，我国申请加入世界贸易组织（World Trade Organization，简称 WTO），不仅是商品和服务贸易关税谈判，更是市场规则与监管规则与国际社会接轨的过程。为了与 WTO 规则体系接轨，回应国内外市场主体对合理有效加强市场监管的诉求，国家陆续提升主要市场监管机构的级别，新设或整合专业性监管机构，以改进市场监管的实际效果。例如，这一阶段经济保持快速增长的同时，不安全事件尤其是煤矿等生产领域安全事故频发多发，对人民生命财产安全构成较大威胁，鉴于此，2001 年组建质检总局，经贸委下辖煤炭安全监管局加挂安全生产监督管理局

的牌子，同时为了增强部门安全监管协作而成立了高层次议事协调机构——国务院安全生产委员会，全面提高了生产安全监管的处置级别和应对能力。

三、2002—2012 年：市场监管作为四大政府职能得到强化

国外文献从未使用过"市场监管（market regulation）"这个词，国内学术文献上也少见。"市场监管"一词最早出现在我国政府文件中，2002 年召开九届人大五次会议，时任国务院总理朱镕基同志所作《政府工作报告》中首次出现"市场监管"一词。2002 年，党的十六大报告首次将"市场监管"写入党的文件，与宏观调控、社会管理、公共服务并列为政府四大职能，这标志着我国自上而下开始加快推动市场监管体系建设。

市场监管是政府部门对市场主体依法行使公权力的行为，监管者与被监管者之间不是领导与被领导、管理与被管理的上下级隶属关系，这与传统的行业管理有了明显区别。在这一阶段，这种区别越来越明显，体现在相继组建了大量专业性监管机构。例如，2003 年组建国务院直属食品药品监督管理局、安全生产监督管理局，环保总局增设环境监察局，2005 年安全生产监督管理局被提升为总局（正部级）。2008 年国务院机构改革组建国家环境保护部，食品药品监督管理局归口卫生部管理，明确由卫生部牵头建立食品药品安全综合协调机制。2010 年成立国务院食品安全委员会。在此基础上，2012 年党的十八大报告进一步明确"政府职责和作用是保持宏观经济稳定，加强和优化公共服务，保障公平竞争，加强市场监管，维护市场秩序，弥补市场失灵"。

　　这一阶段不仅新建了各类专业性监管机构，还探索划分中央和地方的监管权限，在加强市场监管法律法规体系建设方面迈出了阶段性步伐。随着主要市场监管机构的相继成立，安全生产、食品药品、质量安全、环境保护方面的法规规章也加快出台。我国逐步将制定规则以约束不安全行为的事前"规制"职能纳入社会性监管体系之中，由此进一步丰富了我国社会性监管体系的内涵和外延。

四、2013 年至今：迈进新时代的"大监管"

　　2013 年，党的十八届三中全会《中共中央关于全面深化改革若干重大问题的决定》要求，"改革市场监管体系，实行统一的市场监管。反对地方保护，反对垄断和不正当竞争"。《党的十八届三中全会〈决定〉学习辅导百问》将市场监管定义为"监管主体依据法律法规对各类市场主体准入和准入后行为进行的规范、约束等监管活动，是维护市场经济秩序的必然要求"。可见，在我国用"市场"作为"监管"的前缀，不只是强调监管对象是市场主体，更突出监管目标是维护公众安全、市场竞争秩序和公平竞争环境。

　　进入全面深化改革的新时代以来，我国进一步加快监管体制改革步伐。2013 年，食品药品监督管理局提级为总局，所有食品药品领域的安全监管职责悉数划归该部门。同年，成立应对气候变化及节能减排工作领导小组等议事协调机构，在更高层次推进各部门的监管工作。同年底召开的十八届三中全会把环境保护单列为一项政府职能，与宏观调控、市场监管、社会管理、公共服务并称为五大职能。2014 年 6 月国务院发布《关于促进市场公平竞争维护市场正常秩序的若干意见》，提出强化市场行为监管、创新监管方式、强化风险管理、保护消费者合法权益，从而提升政府现代监管能力。

在全面深化改革进程中，社会性监管各领域的法规标准不断完善，开始广泛运用互联网和依托大数据系统进行实时在线联网监管，监管效率和质量都得到了明显提升。以环境保护为例，2015 年我国正式实施新环境保护法，2016 年我国在全国范围开展环境保护大督查，决心和力度史上空前，严格执行新环保法规和标准，不符合的企业关停整改。例如，配合供给侧结构性改革的"去产能"工作，彻底打掉了质量低劣的"地条钢"。2017 年，在党的十九大报告中，将污染防治与防范化解重大风险、精准脱贫并列为全面建成小康社会的"三大攻坚战"，从党的文件层面肯定了开展环保攻坚战的重要意义和坚持打持久战的必要性。

2018 年，党的十九届三中全会《中共中央关于深化党和国家机构改革的决定》和《深化党和国家机构改革方案》，把完善市场监管和执法体制作为改革的重要内容，在加强统一市场监管机构建设方面取得历史性突破。我国统筹配置监管职能和执法资源，组建了综合性市场监管部门，即市场监督管理总局。该机构作为国务院直属机构，是综合了经济性监管与社会性监管职责的"大部门"或者"超级部"，整合了质检总局、食品药品监督管理局的职责，彻底解决了社会性市场监管政出多门、执法队伍各自为战的问题。此外，此次机构改革中重新组建的生态环境部，也是带有监管职能的"超级部"，其全面统筹空气、土壤、水等污染防治工作，为彻底打赢环保攻坚战和确保环保大督查常态化提供了坚实的组织保障。同时，重新组建的应急管理部合并了原安全生产监管等职能，全面增强了安全风险预警和应急处置职能。由此可见，这次机构改革建立健全了统一的市场监管体制，统筹配置了监管职能和各部门、各地区的执法资源。强调整合精简执法队伍，集中行政处罚权，务求形成市场监管合力，减少执法层级，推动执法力量下沉，同时完善执法程序，取消或减少不必要的执法环节，严格执法责任与执法监督。

综上，新时代确立了统一的"大监管"体制，综合性市场监管部门登上历史舞台，标志着我国市场监管坚定地迈出现代化步伐，更加依规守法，更加职责明晰，更加独立公正，更加公开透明。

第二节　我国建立健全市场监管体系的经验与成就

市场监管制度体系的健全与完善，是我国改革开放40年来取得的典型经验和成就，其为经济可持续发展和市场繁荣提供了重要的秩序保障与制度支撑。市场监管的主要命题包括：为什么监管、谁来监管、监管什么、怎么监管、监管得怎么样。这几方面分别对应市场监管制度体系的构成要件，即监管理念、组织机构、规则标准、工具方法、监督问责。本节将按照监管体系的上述构成要件，总结和提炼建立健全市场监管体系的经验与成就。

一、监管认识和理念明显提升，考核机制明显改观

改革开放以来，我国监管部门对于"为什么监管"的认识越来越清晰。社会性监管的目标定位于保障民众公平享有安全、健康、环保的生存发展环境，监管部门站在消费者立场，来考虑公共利益与社会福祉。在过去高速增长的二十余年间，各级政府一度偏重GDP增速指标，付出了较大的资源环境代价，尤其是在部分中西部欠发达地区，经济发展牺牲环境，危及生命财产安全的事故频发多

发，直接影响了社会和谐和发展质量。自从我国将市场监管明确为政府职能以来，在全国尤其是东部发达地区，监管目标已经有了明显转变，在经济性指标之外，开始更多运用社会性安全性指标考察基层政府和党政干部的绩效。例如，上海市已经取消了街道一级发展经济的职能，突出强调城市治理和公共安全保障。这是政府治理的明显进步，标志着治理能力的提升。

近二十年来，对于监管的定位从管理控制迈向了治理和服务。服务型政府带来的不仅是社会组织和政府机构运作方式的转变，也推动了政府治理理念的转变，逐步从单一的"命令—控制"模式转向综合、多元、非强制性的治理监管模式。十八届三中全会以来，"放管服"改革取得明显进展，大幅取消和下放了社会性监管领域的前置性审批权力，权力运作模式实现了从审批体制向监管体制的彻底转型，较大幅度压缩了各级监管机构的自由裁量权，消弭了寻租空间，切实降低了市场主体承担的制度性交易成本。

政府逐步不直接干预社会和市场运行，出台针对市场主体的准入负面清单和针对政府机构的权责清单，政府职能边界得到限定，行业自律、自愿性标准制定等功能归回社会主体，更多采取购买服务等市场化方式补充公共服务供给不足的缺口，促进更高质量的多元化供给。公权力部门也不再采取管控性方式限制社会力量，这使得行业自律、舆论监督和公众参与的作用能够更加有效地发挥。例如，各地各部门推进一站式审批，引入网上申报和查询，省去了原来不必要的实体送达环节。不必要的前置性审批也基本取消，原来与审批相关的各类"红顶中介"问题以及与审批机构相关的关联交易（如指定购买特定器材资料）等，都得到了全面纠正。由此，监管部门之间的协同性一致性明显提高，从而为走向真正的"大监管"

创造了良好的条件。

二、纠正"九龙治水"的局面，确立监管大部制体制

近二十年来，针对市场监管重点领域存在的热点难点问题，我国逐步建立了职能相对完备、分工相对合理的监管组织体系，监管主体法定，监管机构权责法定，逐步实现了统一监管、权责一致，基本上治理了"七八个大盖帽管着一个破草帽"的监管乱象。清理各领域监管边界和监管主体责任，将分散的职责和部门资源整合起来，加强市场监管协同，降低监管成本及监管不当带来的制度性交易成本，将碎片化、分散式、强干预的传统监管模式转变为集中统一的现代监管模式。

我国监管大部制改革其实是自下而上的渐进式改革。早在 21 世纪初，东部市场经济相对发达的地区就开始先行先试，积累了一些成功经验。例如，深圳在市场监管领域首先探索"大部制"改革，有效整合原来分散在多个部门的市场监管职能和资源，于 2009 成立市场监管局，合并了工商、质监、知识产权三个部门，并整合了原物价部门的价格监督检查职责、新闻出版部门版权管理职责、卫生部门餐饮消费环节食品药品安全监管职责、商务部门酒类市场专卖管理职责、农业部门食用农产品质量安全监管职能，形成全市统一的大市场监管体系，并实行市以下垂直管理体制。此后，其他省（市）也相继推进加强统一市场监管机构建设的实践。浙江、上海、天津、重庆两江新区、武汉东湖新区等地方政府纷纷整合工商、质监、食药等部门，组建了当地的市场监督管理局（委）。在直辖市和东部沿海地区开展的市场监管大部制改革探索与实践，为后来组建国家市场监管总局创造了组织条件，提供了宝贵经验。

2018 年开始的新一轮监管机构和职能改革的亮点是，明确了市场监管部门的职权和责任边界，消除了功则相争、过则相诿的情况，解决了监管过度与监管空白并存，尤其是机构重复、叠床架屋问题。具有划时代意义的事件是，新一轮机构改革着力推进统一的市场监管，在新的监管组织体制下，食品药品安全、质量安全、环境生态安全、生产安全等社会性监管机构和职能分工基本上以行业技术经济特性及不安全隐患性质和治理途径为主要划分依据。目前，整体上看，在中央层面，我国已经基本实现一个口径对外、一类监管一个部门履职、按统一规则和标准执行的科学高效统一权威的监管职责体系。

三、合理划分中央与地方监管权限，建立综合执法队伍

市场监管权限在中央与地方政府之间的划分依据一般应遵循以下原则。一是影响涉及全局性风险的领域，由中央政府垂直管理并承担监管事权和支出责任；二是在省（区、市）内可能产生整体性影响的事项，实行省级政府向下垂直管理，并保障市县分支机构的人员和行政、执法经费；三是在局部性风险领域，实行属地化管理，各级地方政府承担相应的监管责任。

从十多年来社会性监管职能在中央与地方之间的划分情况来看，环境保护、安全生产监管（除煤炭监管机构之外）机构一直都是属地管理，食品药品安全监管、质量安全监管、消费者保护等监管职责陆续从省以下垂直管理体制转变为属地管理体制。2003 年以后，安全生产（除煤炭安全生产监管仍然保持中央垂直之外）首先开始转向分级属地管理，紧接着，食品药品安全监管也逐步实行分级属地管理。2008 年食品药品监督管理局归口卫生部管理后，明确由卫生部牵头建立食品药品安全综合协调机制，进一步完善分级属地管

理，并加强基层执法能力与问责体系建设。2011年以后国务院陆续要求工商、质检部门也逐步调整为分级属地管理体制。

从垂直监管逐步调整为属地监管体制，目的是让地方政府对社会性监管负主要责任，真正做到"守土有责""守任主责"，不推卸不拖延，基层监管执法部门在第一时间奔赴现场处理问题。一旦在环境保护、食品药品、安全生产等领域发生重大事故，要依法问责有关责任人员。与垂直管理相比，属地管理体制反应更快，执法更有针对性，而且对于源自地方政府投资扩张冲动而引发的污染和不安全事件还具有防患于未然的作用，因为一旦发生问题需要自己解决，所以地方政府在快速发展经济过程中，对于高污染、不安全项目的上马会更加谨慎，更多几分一旦出事后被追责的顾忌。当然，属地管理也存在一定挑战。划归属地管理以后，执法办案经费主要由各地财政负担，发达地区和欠发达地区能够用于社会性监管的财力参差不齐，个别省份缺口较大，导致执法效果有一定差距。此外，各地被监管执法的主要对象多是当地利税大户企业，处罚的直接后果可能是有损当地财政收入，部分地方监管机构缺乏主动性，可能出现违规行为。

鉴于属地监管和垂直监管模式有各自的优势，我国在实践中结合特殊领域实际情况，探索建立了能够发挥垂直管理与属地管理各自优势的混合监管模式。以环境监管为例，中央环境保护部在各大区设立垂直管理的环保中心，与属地管理的环保执法部门并行。大江大河流域环境保护跨越多个省（区、市），更多属于中央事权和支出责任，为了落实中央有关长江经济带"不搞大开发、共抓大保护"的战略部署，环保部整合有关区域督查中心的监管力量，在长江流域建立健全了垂直管理的环境保护督查机制，将上、中、下游省（市）纳入统一环保监管体系，在加强全流域源头污染监管和治理方面取得了显著成效。

2018 年政府机构改革中，明确组建了五支监管综合执法队伍，进一步划分基层监管执法权限，统筹各类执法资源，增强跨区域、跨部门、跨领域综合执法的协调性和一致性，全面增强综合执法能力。一是组建市场监管综合执法队伍，由市场监管总局统一指导，整合工商、质检、食品、药品等执法队伍，解决多头执法、重复执法的难题。二是组建生态环境保护综合执法队伍，由生态环境部指导，建立针对大气、土地、水等所有污染物的全面综合执法队伍。三是组建文化市场综合执法队伍，由文化旅游部门指导，统一行使文化、文物、出版、广电、旅游市场职责，查处危害公众安全、服务质量的职责。四是组建交通运输综合执法队伍，整合路政、运政等职责，由交通运输部门指导，实行一条路上一支执法队伍统一管理交通运输安全。五是组建农业综合执法队伍，由农业农村部门指导，将兽医药、生猪屠宰、种子、化肥、农药、农机、农产品质量等执法队伍整合统一执法。

四、全面完善规则和标准体系，保障市场监管法治化现代化

法治规则体系是市场监管体系的关键基石。顺应国家治理体系现代化的法治规范要求，我国加速清理不适应监管现代化要求的地方性法规规章和规范性文件，按程序及时报请有关部门予以修改、废止或宣布失效。重点领域的系统性综合性立法工作全面提上议事日程，加快环境保护、食品药品、质量安全、安全生产领域的法治体系建设，发现确有必要强化规则约束的方面，及时提请有关部门加紧制定相应的法规和规章。

　　我国在高速、中高速增长时期密集出台了以保障健康、安全为目的的社会性监管法律法规。据不完全统计，相关法律法规有60%都是近10年颁布和更新的。我国经济高速增长的同时工作场所灾害和各类污染事件频发，社会对食品药品安全、环境保护问题的关注程度空前提升，政府响应社会呼声，加快完善相应的法律法规。《安全生产法》《药品管理法》和《食品安全法》相继于2014—2015年公布实施。同期，我国还颁布了《环境保护法修订案》，这是25年来的首次修订，深切回应依法建设"美丽中国"的民众期许，实现了环保法律与时俱进。新《环保法》被称为一部"长牙齿"的法律，是一部对环境污染重拳出击的法律，重点是明确了惩治处罚污染行为的规则和程序，提升了惩治处罚力度。这一阶段，环境监管相关法律法规出台的数量和速度创历史之最，俗称"水十条""土十条""大气十条"的各类《污染防治行动计划》相继出台，条条关乎民众健康，配合中央环境督查制度的全面落实，标志着我国环境保护全面进入"严监管"的新时代。2018年《环境保护税法》和《生态环境损害赔偿制度改革方案》生效，对于加快生态文明体制建设，实行最严格的生态环境保护制度的意义也十分重大。

　　规范的标准体系是确保社会性监管能力提升的基础，是基层监管执法的重要依据。例如，在食品安全监管方面，我国与国际接轨，建立了风险评估、防控与预警机制，引入"危害分析的临界控制点"（HACCP）体系，针对食品中微生物、化学和物理危害进行预防性控制，明显提高了监管质量和效率。又如，在药品质量和安全监管方面，建立健全了覆盖整个生产和经营过程的药品生产质量管理规范（GMP）、药品经营质量管理规范（GSP）等强制性标准认证体系，要求企业在原料、人员、设施设备、生产过程、包装运输、质量控制以及计划采购、购进验收、储存、销售、售后服务等经营方面达到国家标准。同时，我国推进对已批准上市的仿制药质量和疗效的一致性评价工作，以便更好地确保民众用药安全。

建设标准信息公共服务平台，为社会各界提供准确、及时、权威、全面的标准信息。增强社会性非强制标准的运用，充分利用标准自身的兼容性，在重要领域设置最低限强制性标准，在其他领域设置推荐性标准，辅以必要的赏罚激励性手段，实现社会治理目标。为企业和消费者提供个性化的法律政策咨询，提升企业守法经营和消费者依法维权意识。

五、引入系统安全理念，采用与目标和对象相适应的监管方法

我国已经在食药安全、环境保护、工矿生产等公共安全监管领域建立主体责任、风险评估、快速预警、追踪溯源等一整套严密且高效的监管程序与方法，以增强执法行为的可预期性。包括以下几个方面的内容。

强化产品监督抽查制度。改革生产领域质量监督抽查机制，完善流通领域商品质量监测机制，确定监督抽查重点，强化区域、部门间抽查计划协调、结果通报和信息共享，建立抽查结果在行政管理和执法领域的互认共用机制。探索建立产品质量市场评价指标体系。建立检测不合格商品数据库，完善"退市不合格商品"的监管工作机制。近十年来，食品、药品、环保安全风险检测点明显增多，监测范围、监测指标和样本量进一步扩大，强化安全监测检验网络全覆盖，尤其是通过完善技术支撑体系，建设延伸到县乡的安全风险监测网络。加强全过程、各环节快速检测能力建设，建立县级和

重点乡镇检测站，为一线监管人员配备现场取证和快检设备，为执法人员开展日常监管提供快速筛查的技术职称。

建立销售者先行赔付制度。通过完善产品质量溯源体系，引导消费者与生产者签订产品质量保证追溯协议。推进产品质量责任保险制度，提升销售者赔付能力。建立惩罚性赔偿制度，推进缺陷产品召回制度。对不合格产品和经营中的欺诈行为依法予以公布，支持消费者退货及惩罚性赔偿要求，促进经营者在产品质量责任诉讼前主动承担赔偿责任。

建立公共安全风险应急处置机制。明确生产经营企业作为"第一责任人"，立产品与服务标准自我声明和公众监督制度，完善消费环节经营者首问首责与先行赔付制度。发生问题后，经营者在第一时间全额赔偿或先行垫付消费者损失，事后根据责任认定结果，由其向生产企业或供应商追缴。生产经营企业主动健全缺陷产品强制召回制度，并履行产品安全事故强制报告责任，及时披露涉及公共安全的社会责任信息。此外，监管机构、设备供应商、行业协会、第三方检验检测与评估机构都是相关责任主体，也承担连带责任。例如，当有证据表明已上市药品可能引起严重不良反应时，监管机构会强令企业召回，必要时撤销药品生产批号，并及时向公众明示。

健全守信激励与失信惩戒机制。完善企业信用分类标准，健全分类监管体系，建立企业信用预警制度，加强企业经营行为引导，强化监管措施和管理机制。建立市场主体信用信息公示平台，建立电子化信用档案并实施全国联网，推进信用信息共享，建立安全信息通报和联查机制。依法记录和整合股东、法定代表人及企业高管人员的个人信用信息，设立企业法定代表黑名单（或异常经营目录），实现与银行信用评级体系、检查机关行贿犯罪档案查询等系统有效衔接。在产品质量安全监管领域，针对违背市场竞争规则和侵害消费者权益的企业建立了"黑名单"制度，企业一点失信、一处受罚，往往会在将来处处受限甚至举步维艰，通过制度设计明显提高违规失信成本，对严重违法失信主体实行市场禁入制度。在环境监管方面，依托中央和省级生态安全"大数据"归集平台，建立了针对重点问题企业的环保"黑名单"警示机制。帮助名单内的企业制定治污与减排时间表，重点督促，限期整改，尚未从名单中除名的地方政府和污染企业不得开工新项目。

六、抑制监管机构滥用权力，健全减少决策失误的监督机制

近年来，相关市场监管部门重视监管舆情分析，积极推进互联网＋监管的政务体系和服务平台建设，引入更多市场机制改善市场监管模式，强化重要信息在线归集和互连互通，依托监管大数据提升市场监管质量和能力。

完善了领导干部绩效考核评价体系。党的十八届三中全会《决定》明确要求"纠正单纯以经济增长速度评定政绩的倾向，加大资源消耗、环境损害、生态效益、安全生产等指标权重，更加重视人民健康状况"。近年来，在全国范围尤其是东部发达地区已经探索将更多食药、环保、生产领域的社会性安全性指标，纳入各级官员的绩效考核体系，甚至在任命干部过程中引入了环保指标、事故指标的一票否决制，以此建立健全风险预警和应急处置机制，取得了良好的实践效果。

落实公共安全事件的责任终身追究制。落实生态环境损害、食

源性药源性伤亡事故、安全生产事故的责任终身追究制，即发生重特大突发性公共安全损害事件、任期内环境质量和安全生产条件明显恶化、不顾民众健康安全和生态环境盲目决策且造成严重后果、利用职权干预或阻碍市场监管执法时，要坚决落实倒查追责机制。要加强对监管机构不作为、乱作为、以罚代管等违法违规行为的监督与惩戒。确因监管失察或不到位导致的食品药品安全、生态环境安全、生产安全等责任事故，要有案必查并问责到底。在强化监督方面的典型案例是中央环保督察机制（见专栏 10-1）。在强调追责问责方面，例如中央国务院对长春长生疫苗事件的果断处置（见专栏10-2）。

专栏 10-1：中央环保督察的组织保障与执行效果

中央环保督查是建设生态文明体制机制的重大改革举措，环保督察组是根据《环境保护督察方案》设立的部际联合工作组，由环保部牵头成立，中纪委、中组部等相关部门参加，代表党中央、国务院对各省（直辖市、自治区）党委和政府部门落实环境保护主体责任的情况。中央环保督察的重点是"督政"，把环境问题突出、重大环境事件频发、环境保护责任落实不力的地方政府作为重点督察对象。

2016—2017 年，中央环保督察已经完成对全国 31 省份的全覆盖，受理 13.5 万件案件，结案率超过 98%，问责人数超过了 1.7 万人。2018 年是环境保护问责更为严厉的一年，环保督察工作已经全面纳入法治化规范化轨道，对全国各地主要环境数据持续向好发挥了重要支撑作用，未来将成为我国强化生态文明制度建设的一项长效机制。

专栏 10-2：中央对长春长生疫苗案件的处理

2018 年长春长生狂犬疫苗造假和百白破疫苗失价事件引发全国民众高度关注。中央强调，疫苗关系人民群众健康，关系公共卫生安全和国家安全，国务院作出严肃处理决定。对长春长生疫苗案件的定性是一起疫苗生产者逐利枉法、地方政府和监管部门失职失察、个别工作人员渎职的严重违规违法案件。其暴露出监管不到位等诸多漏洞，也反映出疫苗生产流通等方面存在的制度缺陷。

就处理结果而言，一方面严厉处罚危害公共安全的违法犯罪人员，另一方面对失职渎职行为严肃问责，分管食药监管的副省长免职，市长和原食药监管总局局长引咎辞职，前任市长和现任药监局局长作出深刻检查，对有严重渎职腐败行为的人员立案调查。国家市场监管总局对疫苗案件相关工作人员进行问责，原国家食药监总局药品化妆品监管司司长及两位副司长、特殊药品监管处处长、调研员、中国食品药品检定研究院副院长全部免职，责令中检院作出深刻检查。

第三节　推进市场监管体系现代化的紧迫性与困难挑战

加强市场监管体系建设是完善中国特色社会主义经济体制与法治体系的重要内容，是推动高质量发展、建设现代化经济体系、建立统一开放竞争有序市场体系的关键环节，是推进国家治理体系和治理能力现代化的题中之义和有力支撑。党的十九大报告指出："必须坚持人民主体地位，坚持立党为公、执政为民，践行全心全意为人民服务的根本宗旨，把党的群众路线贯彻到治国理政全部活动之中，把人民对美好生活的向往作为奋斗目标。"社会性市场监管领域涉及人民健康安全等切身利益，在这一领域，政府能否较好地解决市场失灵、外部性、信息不对称等带来的环境、职业安全与健康等社会问题，是衡量政府部门是否把"为人民服务"根本宗旨在工作中落到实处的重要指标。

一、我国进入中高收入发展阶段对市场监管提出更高要求

从发展阶段来看，我国正处在从中高收入向高收入国家行列迈进的关键时期，各领域转方式、调结构、理顺分配关系的改革已进入深水区，近20年来经济高速增长引致的社会负外部性问题已积累到一定程度，可能造成未来内涵式发展的后劲不足。人均GDP超过5000美元，已经从生存型社会向发展型社会转变，普通民众的维权主体意识显著增强，食品药品安全、环保和安全生产是民生诉求较为强烈、媒体关注度极高的领域，迫切要求政府加强制度体系建设。作为亚洲工业化赶超国家的先驱，日本和韩国也经历过这一阶段。我国在短短几十年内走完发达国家近百年的工业化历程，在社会治理方面必然要承受更加严峻的挑战。

当前我国水、矿产、土地等资源产权尚未明确，由此导致污染责任和惩戒机制欠缺，仍存在对资源、环境等公共物品进行粗放式消费的问题。2013年11月发生的中石化青岛管道爆炸事件，2015

年"8·12"天津港爆炸事故等，2018年长春长生疫苗造假事件，说明地方公用事业部门和部分企业仍存在安全风险隐患和应急处置能力孱弱的问题。进一步加强社会性监管具有迫切性和必要性。

展望未来，随着我国深度参与经济全球化，需要进一步展现"负责任大国"的姿态，通过自身的绿色、低碳、可持续发展，为全球创造更多的生态红利。在产品质量安全、食品药品安全等领域，我国需要进一步与国际市场规则接轨，充分回应市场和民生诉求，由此也需要全面加强社会性市场监管体系和能力建设。

二、市场监管法治现代化建设方面仍然任重道远

当前和未来，社会性监管面临的现实环境发生较大变化，大量形成于10多年前甚至是20多年前的法律法规、政府规章与规范性文件，早已经不适应市场监管现代化需要，还需要进一步进行深度的清理、修订和完善。立法机构与监管部门之间的立法、反馈与沟通长效机制尚待进一步形成，立法与行政执法部门之间的沟通衔接也有待增强。总体而言，现有法律法规对危及公共安全行为的处罚力度仍偏小，部分领域缺乏违法主体需承担刑事罚责的明确规定。在完善社会性监管法律框架和标准规范方面，东部市场经济发达地区根据实际情况通过先行先试积累了一定经验，各地均有突破陈旧法律法规框架的立法和政策实践。地方政府固然可以通过立法形式理顺部分法律与行政关系，但是涉及全国层面法律或中央部委法规仍无法全面突破。在这些方面，我国的新《环境保护法》及其相关的法治体系建设是一个典型样板，其成功经验有望进一步推动社会性监管领域其他部门法律法规的修订与不断完善，从而推动我国出台统一性更强的公共安全法，健全完善整个公共安全法治体系。

三、地方保护和区域发展差距影响统一执法

优化协同高效的市场监管和执法体系与措施，是市场主体发挥积极作用的促进力量。但是，我国幅员广阔，地区差异性较大，建立全国统一的市场监管体系，挑战和难度较大。发达地区和欠发达地区财力参差不齐，执法效果差距明显，长三角、珠三角地区社会性监管和市场秩序建设方面走在全国前列，但是中西部地区社会性监管不足问题仍比较突出，尤其是乡镇一级存在较多空白与盲点。此外，市场监管基层执法过程中还存在着执法积极性不高、"运动式"和"一刀切"执法等问题。

四、安全风险源头防范与系统控制机制有待增强

如何在系统全寿命周期内识别、控制导致危险的所有因素并最大限度降低危险性，从而使系统能够达到最佳安全状态，这是所有国家加强社会性监管面临的共同挑战。长春疫苗失价事故反映整个监管系统尚存在各类漏洞，令不法企业铤而走险钻了空子。针对此类事件，随着公共安全风险防范意识的加深，社会性监管模式需要从事后被动处置转变为事前主动防范、事中积极控制事态、事后快速处置相结合的全方位、全过程、"无死角"监管。为了保证全过程绝对安全，最为有效的办法是对各个环节涉及的每个机构和个人都规定并落实具体责任。为了推行全程可追溯机制，并广泛应用于全链条全过程产品，需要进一步加大社会性监管设施投入力度，建立健全主要领域的电子信息识别跟踪、分析预警系统。对于完善环保监管体系也是如此，建立健全污染源头控制和追溯机制至关重要。所有产品和服务在全生命周期的每个阶段都会对环境产生一定

影响，防控这些负面影响应从整个生命周期出发，采用协调一致的全程监控措施，以便用较小成本换取环境质量的较大改善。未来，在这些方面，我们还面临一些技术性和体制性挑战。

五、亟待提高监管的公众决策参与度

现代化市场监管体系的重要特征之一就是公开透明和公众参与。未来，如何充分发挥行业自律、舆论监督和公众参与的积极作用，如何全面开展有关监管影响的事前评估、事中事后评价等工作，仍存在一定挑战。现有的社会性监管程序，对于相关利益方参与和外部专家审议机制的重视程度还不够高，仍存在由企业、行业协会等闭门讨论行业标准，而与标准关系密切的消费者等相关利益主体却难以参与的情况。此外，社会性市场监管政策和标准的出台，需要经过科学而严谨的事前评估，广泛征求社会意见。已经实施的政策和标准需要定期评估，并根据评估结论进行动态优化与调整，我国在这方面的工作尚有改进和完善的空间，需要进一步积累和总结经验。

第四节　健全现代化市场监管体系的思路与主要任务

展望未来，在全国范围内推行统一的社会性监管制度框架，逐步建立与国家治理体系和治理能力现代化相适应的、最严格的覆盖全过程的监管制度体系。在推进我国市场监管体系建设的过程中，必须立足国情，扬弃成熟市场经济国家的经验，坚持法治规范、竞

争导向、多元共治、公开透明、可问责的原则，充分发挥市场决定性作用，更好地发挥政府作用。以高质量发展为目标，以提升监管能力为核心，塑造新时代的统一监管，推动我国市场监管从"管控型"迈向"治理型"，从而更好满足人民群众日益增长的对美好生活的多元化需求。

一、迈向高质量监管：全面健全监管质量和能力提升机制

（一）健全中央直接领导、高层次机构统一实施、上下衔接配合的监管质量提升机制

各级政府部门应当把社会性监管视为必须认真履职的公共服务，划定"基本安全线"，增加中央和省级事权和支出责任，综合协调并加大查处跨区域案件的力度，确保中西部尤其是基层乡镇在食品药品、环保、安全生产等方面均能达到"基本安全线"。展望"十四五"时期，我国社会性监管从理念到规则应当与国际全面接轨，着力加强体系架构建设并提升治理能力，力争从管控型监管向治理型监管转变，建成切合实际的、预防为主、全程覆盖、责任明确、协同高效、保障有力的公共安全监管体系。为此，尤其需要提升市场监管的科技装备水平，创新监管模式和加强复合型人才队伍建设。

（二）建立与国际接轨的公共安全风险评估与预警机制、应急处置机制

加强全过程信息化质量可追溯体系建设，提高利用相关部门资源的系统性和协调性，确保各部门追溯系统相互兼容与信息共享。完善风险监测工作机制，整合各部门监测资源，建立统一的安全风

险监测和评估体系，筛选科学有效的评估方法，提高发现系统性安全风险隐患的能力，推动监测与监管联动，提高执法的及时性和有效性，进一步强化区域间协作、抽查和处罚结果互认。科学界定和把握重点风险部门与关键环节，完善风险分析和评级机制，增强预警机制设置的及时性和准确性，制定突发事故应急处置预案，明确应急处理主体责任和处置流程。

二、"重法治　强规则"：完善市场监管现代法治体系

（一）建立健全现代化社会性监管法治体系

涉及新时代大监管部门职责变动的法律法规，应当及时提请立法部门清理、更新、修订和制定新法。进一步完善立法机构与监管部门之间的立法反馈与沟通机制，及时掌握监管部门立法需求，按照条件成熟、突出重点、统筹兼顾原则，将监管机构行之有效的做法与措施及时列入立法计划，实现立法与行政执法实践之间的顺畅衔接。加强行政执法与司法衔接，形成预防和打击违法犯罪的合力。建立工作信息平台，实现执法、司法信息互联互通，完善信息共享范围、录入时限和责任追究制度。建立涉嫌犯罪案件的移送和监督机制，提高透明度。坚决纠正有案不移、有罪不罚、以罚代刑等问题。

（二）落实规范性文件制定的公开征求意见和集体审议机制

未来修订社会性监管法律法规时应当明确：如果质量或安全标准、监管程序涉及公众利益，必须有普通民众作为代表参与审议，充分保障广大民众的知情权与切身利益，健全相应的救济救助机制。同时，完善专家咨询论证和集体审议机制，落实统一审查和统一发

布工作。

三、健全公开透明、多元共治的现代监管体系

（一）积极拓展公众参与的范围和渠道

针对消费侵权热点问题和典型侵权行为，建立政府部门、市场主体、社会组织、新闻媒体、司法机关等多元共治的消费维权和监督体系。由立法机构颁布的法律、政府部门发布的实施细则、由监管机构制定的执法规程，均需要实质性的公众参与，实施细则和执法程序必须通过相关利益者的充分讨论后方可实施。

（二）充分发挥社会团体在风险防范方面的积极作用

积极发展能够真正代表消费者利益的新型专业性消费者协会，鼓励消费者组织积极参加相关决策论证会或听证会，提高消费者群体的集体协商能力。充分发挥行业协会作用，建立健康产品地理信息系统，健全原产地特征识别技术及标签明示制度，开展精细化食品生产履历管理。探索由同业工会建立互助式工伤保险基金，每年从该基金中提取一定比例的资金，用于事故防范与应急处置，并按照会员企业可能发生安全生产风险事故的概率，确定其缴纳保金的费率。

（三）引导企业主动披露社会责任信息，完善公共安全监督员制度

以多种方式推动企业相关的社会责任信息披露，引导上市企业编制并公布年度社会责任报告（又称社会资产负债表），将括环境保护、能源节约、消费者保护、产品安全、健康与安全等内容纳入上

市公司社会责任信息披露的范围。在企业外部，由监管机构公开选聘具备专业知识的资深人士或社团代表，定期参加现场抽查、安全监督会议并反馈民众关心的食品安全、环保和安全生产问题。在企业内部，指定质量安全监督员，对入厂原材料、生产加工现场和排污环节实时监督，条件允许时，监管机构可以重奖据实举报者。

四、强化对监管机构的监督，完善责任披露和问责机制

（一）建立抑制监管机构滥用权力和减少决策失误的多元监督机制

"阳光是最好的防腐剂"，监管机构决策形成依据及来源、标准制定公式及各项参数等，应及时向相关利益主体公布，更好地监督和约束监管机构的自由裁量权。进一步完善我国社会性监管的绩效评价体系，探索设立由政府、社会组织、民众共同参与的联席会议机制。从"零事故发生"转向"零事故风险"的标准控制体系，设立科学而严格的评估程序与问责机制，最大程度减少事故发生的风险。

（二）建立健全监管决策的影响评估机制

探索引入成本—收益分析的理念来改善监管质量，大幅减少不必要或低质量的干预型监管措施。对拟出台或已出台监管政策的影响进行全面而系统的评价，将其作为监管立法出台的必备环节和监管决策程序的重要组成部分。对于拟出台监管政策的影响进行评估，解释监管政策目标、面临风险及实现目标的关键参数，并据已有资料对经济、环境、社会和分配等方面可能产生的影响进行全面评价。对于已实施的监管政策影响进行评估，重点审查其是否实现了预定目

标，在实施过程中有哪些不足，并就进一步完善实施提出针对性建议。监管影响评估报告是对监管机构或监管者个人进行履职考核并落实问责制的重要依据，最终用途是为监管决策提供参考，达到改善监管决策、提高监管质量的目的。为了增进民众对政府监管政策的理解与认同，监管影响评估报告要及时向社会公布，接受公众质询。

五、强化重点领域社会性监管的长效机制建设

同为社会性监管领域，有的侧重消费者保障，有的侧重劳动者保障，食品药品比一般商品的质量安全要求标准更高，环境安全、生产安全监管也有各自需要解决的个性问题。展望未来，需要以问题为导向，有的放矢地推进监管体系建设，处理好共性与个性、整体与局部，过程与结果的关系。下面以食品药品和生态环境为例，探讨进一步深化监管体制，提高监管效能的问题。

（一）深化食药安全监管的关键在于改变"重认证、轻监管"的局面，监管主体责任履行到位

食品药品安全是重大的民生问题，关系人民群众的生命安全和社会稳定。无论地区的经济发展差距有多大，居民都应当享有平等的生存权和发展权。政府在食品药品安全监管中扮演着关键角色，必须进一步有所作为，从体制上杜绝疫苗造假等不安全事件再次发生。

展望未来，应适度增加中央和省级的事权和支出责任，积极构建全流程的监管制度体系，突出事前监测和风险评估，强化生产、经营、销售等事中环节可追溯、可操作的监管工作。进一步完善各地药品生产流通领域质量监督抽查机制，科学确定监督抽查重点，

强化区域、部门间抽查计划协调、结果通报和信息共享。包括增设食品安全风险检测网点，扩大监测范围、监测指标和样本量，实现全地域全过程覆盖，整合食品安全检验检测资源，完善技术支撑体系，建设延伸到县乡的安全风险监测网络。加强全过程、各环节快速检测能力建设，建立县级和重点乡镇检测站，为一线监管人员配备现场取证和快检设备。

下一阶段的重点和难点是改变质量管理规范认证中"重认证、轻监管"的现象，强化认证后的跟踪检查，建立市场准入和规范认证后的长效监管机制。进一步强化制定突发事件应急处置预案保障机制，更加清晰地明确应急处理主体责任和处置流程。进一步完善惩罚性赔偿制度，健全和改进缺陷产品召回制度。对不合格产品和经营中的欺诈行为依法予以公布，支持消费者退货及惩罚性赔偿要求。在已有工作基础上，进一步规范药品撤市流程和监督机制，当有充分证据表明已上市药品可能引起严重不良反应甚至是药源性死亡危险的话，监管机构应强令企业召回或严格督促企业自愿召回所有安全缺陷产品，并对所有类型和性质的生产企业一视同仁，有必要时撤销药品生产批号，向公众明示安全风险及处置结果。同时，进一步强化事后对违法者、失职渎职者的处罚和问责，大幅提高违法违规成本。

（二）深化生态环境安全监管的关键在于优化监管模式，形成多元共治的长效监管机制

生态环境安全"牵一发而动全身"。随着对影响生态安全的隐患和风险认识程度不断加深，监管方式要从事后被动处置，转变为事前主动防范预警、事中积极控制事态和事后快速处置相结合的全过

程动态监管。展望未来，将生态安全上升到国家战略组织实施，加强环保监管体系的整体设计。协调落实中央政府对生态安全和环境监察的支出责任，并对重点环保项目加强基于执行绩效的预算管理。我国在中央层面建立健全制度体系的同时，仍需重视发挥地方政府的积极性和主动性，进一步完善垂直管理与属地管理相结合的混合监管体系，明确中央和地方监管权责，形成分级监管、权责一致的综合执法体系。设立奖惩分明的考核机制，监督并激励地方政府贯彻中央生态安全战略。

下一阶段的关键是，充分调动社会力量全程参与生态安全监管，即建立生态安全监管的社会公共治理体系。政府要逐渐从单一的"命令－控制"模式向综合性、多元化、治理型的监管模式转变，避免"运动式"执法，减少"一刀切"的执法行为。完善生态安全决策机制和流程，建立覆盖技术、法律、经济、财务等各个专业的监管法规标准专家审议机制，建立健全利益相关方协商、决策公开和公众质询等其他机制。为生产企业、社区居民、各级政府、环保协会、消费者协会、有关专家等相关利益主体提供充分博弈的公共平台，鼓励公众参与，加强舆论监督，形成社会主体多元共治的生态安全监管体系。

参考文献

1. 毕晓娟：《民营企业对新增就业贡献率达 90%》，《新京报》
2017 年 10 月 22 日，见 http://finance.china.com.cn/news/20171022/4415
334.shtml。

2. 财政部网站：《2017 年 1—12 月全国国有及国有控股企业
经 济 运 行 情 况 》，2018 年 1 月 23 日，见 http://www.sasac.gov.cn/
n2588035/n2588330/n2588370/c8515497/content.html。

3. 常修泽：《激发和保护企业家精神》，《人民日报》2017 年 7
月 3 日。

4. 常修泽：《所有制改革与创新》，南方出版传媒 2018 年版。

5. 国务院国有资产监督管理委员会：《一张图读懂国企改革
这 五 年 》，2017 年 9 月 29 日，见 http://www.sasac.gov.cn/n2588030/
n2588924/c7941469/content.html。

6. 剧锦文：《改革开放 40 年国有企业所有权改革探索及其成
效》，《改革》2018 年第 6 期。.

7. 李国强：《优化营商环境是促进高质量发展的重要基础》，《中
国经济时报》2018 年 5 月 7 日。

8. 李婕：《央企"瘦身健体"增效益》，《人民日报（海外版）》
2018 年 8 月 6 日，见 http://www.sasac.gov.cn/n2588025/n2588139/

c9337421/content.html。

9. 刘泉红、刘方：《转变经济发展方式与塑造新型市场主体研究》，《经济体制改革》2014年第6期。

10. 马洪：《中国改革全书(1978—1991)》，大连出版社版，第297页。

11. 人民网：《国家知识产权局局长申长雨：四项举措加大知识产权保护力度》，2018年3月13日，见 http://ip.people.com.cn/GB/n1/2018/0313/c179663-29865678.html。

12. 商务部对外投资和经济合作司：《2017年我对"一带一路"沿线国家投资合作情况》，2018年1月17日，见 http://www.fdi.gov.cn/1800000121_33_10060_0_7.html。

13. 王海兵、杨蕙馨：《中国民营经济改革与发展40年：回顾与展望》，《经济与管理研究》2018年第4期。

14. 吴敬琏：《当代中国经济改革教程》，上海远东出版社2010年版。

15. 吴志成：《有效应对企业"走出去"的风险挑战》，《人民日报》2017年11月10日。

16. 武琪：《诚信在国际贸易中的重要性——访中国国际经济贸易交流促进会秘书长金硕》，《财经界》2014年第3期。

17. 习近平：《在民营企业座谈会上的讲话》，《经济日报》2018年11月2日。

18. 肖亚庆：《国务院关于国有资产管理与体制改革情况的报告》，2016年7月1日，见 http://www.npc.gov.cn/npc/xinwen/2016-07/01/content_1992683.htm。

19. 杨英杰：《激发各类市场主体活力》，2017年12月29日，见 http://theory.people.com.cn/n1/2017/1229/c40531-29735564.html。

20. 臧跃茹、刘泉红、曾铮：《促进混合所有制经济发展研究》，社会科学文献出版社 2018 年版。

21. 张春光：《改革开放 30 年：中国利用外资政策的回顾》，《生产力研究》2009 年第 9 期。

22. 张威：《我国营商环境存在的问题及优化建议》，《理论学刊》2017 年第 9 期。

23. 中国新闻网：《中国每年知识产权纠纷案高达 13 万件九成靠调解完成》，2017 年 8 月 29 日，见 http://news.163.com/17/0829/16/CT17EPAO00018AOQ.html。

24. 陈研：《改革开放以来我国混合所有制经济发展政策沿革》，《经济研究参考》2014 年第 72 期，第 13—16 页。

25. 常修泽等：《混合所有制经济新论》，安徽人民出版社 2017 年版。

26. 方敏：《发展混合所有制经济与完善基本经济制度》，山东社会科学出版社 2014 年版，第 12—17 页。

27. 郭克莎、胡家勇：《中国所有制结构变化趋势和政策问题研究》，广东经济出版社 2015 年版。

28. 刘泉红：《发挥混改在国企改革中的重要突破口作用》，《经济日报》2017 年 10 月 18 日。

29. 刘泉红、郭丽岩、刘志成：《国企混改新趋势与关键举措》，《董事会》2017 年第 9 期，第 84—86 页。

30. 刘泉红：《完善员工持股等多元激励机制　激发混合所有制企业内部活力》，国家发改委微信公众号，2017 年 9 月 30 日。

31. 徐善长：《关于江苏、浙江混合所有制经济发展的调查报告》，《经济研究参考》2006年第83期，第2—7页。

32. 臧跃茹、刘泉红、曾铮：《促进混合所有制经济发展研究》，《宏观经济研究》2016年第7期，第21—28页。

33. 赵春雨：《混合所有制发展的历史沿革及文献评述.经济体制改革》2015年第1期，第48—53页。

34. 陈文玲：《建设中国现代市场体系的回顾与展望》，《市场营销导刊》2006年第1期。

35. 陈甬军：《中国现代市场体系改革三十年》，《企业经济》2009年第3期。

36. 李正强：《大连商品交易所品种运行情况报告（2017）》，中国金融出版社2018年版。

37. 郑熙春：《大宗商品交易市场发展中的问题》，《合作经济与科技》2014年2月号上。

38. 汪五一、刘明星：《目前我国期货市场发展中的问题及解决建议》，《经济管理·新管理》2006年第10期。

39. 《径山报告》课题组：《中国金融开放的下半场》，中信出版社2018年版。

40. 安青松：《新时代金融工作四项重要原则与资本市场发展基本逻辑》，《证券日报》2018年6月16日。

41. 曹凤岐：《加强制度建设是提振中国股市的根本》，《中国金融》2004年第8期。

42. 曹凤岐：《推进我国股票发行注册制改革》，《南开学报（哲学社会科学版）》2014年第2期。

43. 曹远征：《大国大金融：中国金融体制改革40年》，广东经济出版社2018年版。

44. 德勤：《2018 年金融服务监管展望》，2018 年。

45. 冯玉梅、于嘉：《金融危机下国际资本市场竞争新格局与我国的对策》，《国际金融研究》2010 年第 2 期。

46. 胡滨、尹振涛：《中国金融监管报告 2018》，社会科学文献出版社 2018 年版。

47. 胡绍学：《转型时期我国资本市场"制度缺陷"研究》，《财政监督》2012 年第 2 期。

48. 贾康等：《我国地方政府债务风险和对策》，《经济研究参考》2010 年第 14 期。

49. 李扬：《中国经济发展新阶段的金融改革》，《经济学动态》2014 年第 6 期。

50. 李扬：《中国金融改革开放 30 年：历程、成就和进一步发展》，《财贸经济》2008 年第 11 期。

51. 李扬：《"金融服务实体经济"辨》，《经济研究》2017 年第 6 期。

52. 李扬等：《新中国金融 60 年》，中国财政经济出版社 2009 年版。

53. 连平：《汇率市场化改革仍待深化》，首席经济学家论坛，2018 年 8 月 16 日。

54. 刘翔峰：《中国的金融深化及风险防范》，经济管理出版社 2013 年版。

55. 刘翔峰：《人民币国际化及货币安全》，经济管理出版社 2015 年版。

56. 王国刚：《资本市场内涵、功能及在中国的发展历程》，《债券》2015 年第 5 期。

57. 吴晓灵：《中国金融体制改革 30 年回顾与展望》，人民出版社 2008 年版。

58. 吴晓求：《中国资本市场：从制度和规则角度的分析》，《财贸经济》2013 年第 1 期。

59. 徐忠：《正确看待金融业进一步对外开放》，《经济日报》2018 年 3 月 29 日。

60. 薛昊旸：《金融创新与监管及其宏观效应研究》，经济管理出版社 2014 年版。

61. 杨毅：《多渠道发力提升资本市场直接融资能力》，《金融时报》2018 年 3 月 13 日。

62. 易宪容：《中国股市如何回归常态—A 股暴涨暴跌的原因及政府救退市之路径》，《探索与争鸣》2015 年第 8 期。

63. 张卓元、房汉廷：《市场决定的历史突破：中国市场发育与现代市场体系建设 40 年》，广东经济出版社 2018 年版。

64. 郑学勤：《资本市场国际化的核心》，《中国金融》2018 年第 1 期。

65. 周小川：《守住不发生系统性金融风险的底线》，《中国邮政》2018 年第 1 期。

66. 成致平主编：《中国价格改革三十年（1977—2006）》，中国市场出版社 2006 年版，第 17—18、第 89 页。

67. 国家发展改革委价格司：《简政放权　创新机制　党的十八大以来格改革取得新突破》，《价格理论与实践》2017 年第 10 期，第 5—9 页。

68. 胡祖才主编：《〈中共中央国务院关于推进价格机制改革的若干意见〉学习读本》，人民出版社 2015 年版，第 152—153 页。

69. 胡祖才：《以优异的价格工作实绩迎接党的十九大》，《中国经贸导刊》2017 年第 2 期，第 4—12 页。

70. 马凯：《中国价格改革的理论与实践探索》，载彭森主编：《中国价格改革三十年（1978—2008）》，中国市场出版社 2010 年版，第 1—5 页。

71. 彭森主编：《中国价格改革三十年（1978—2008）》，中国市场出版社 2010 年版，第 4—5 页。

72. 任兴洲、王微、王青等：建设全国统一市场路径与政策，中国发展出版社 2015 年版，第 65—66 页。

73. 汪洋：《价格改二十年回顾与前瞻》，中国计划出版社 2002 年版，第 3—6 页。

74. 习近平：《习近平谈治国理政》第二卷，外文出版社 2017 年版，第 384 页。

75. 杨继绳：《价格改革：经济改革中的一步险棋》，《炎黄春秋》2009 年第 3 期，第 18—23 页。

76. 张军：《"双轨制"经济学：中国的经济改革（1978—1992）》，上海人民出版社 1997 年版，第 130 页。

77. 李仲周：《反垄断与改革开放相辅相成》，《WTO 经济导刊》2008 年第 8 期。

78. 刘志成、曾铮：《我国竞争政策实施的思路与路径研究》，《改革内参》2018 年第 10 期。

79. 刘志成、武常岐：《论中国反垄断的目标模式》，《制度经济学研究》2013 年第 4 期。

80. 任爱荣：《国家工商总局反垄断执法工作五年进展及展望》，《中国价格监督检查》2013 年第 9 期。

81. 尚明：《商务部反垄断工作五年回顾和展望》，《中国价格监督检查》2013 年第 9 期。

82. 王晓茹：《中国反垄断并购审查中的经济分析》，《竞争政策研究》2015 年第 1 期。

83. 王晓晔、陶正华：《WTO 的竞争政策及其对中国的影响——兼论制定反垄断法的意义》，《中国社会科学》2003 年第 5 期。

84. 吴汉洪、安劲萍：《经济全球化下的竞争和竞争政策》，《湖北经济学院学报》2006 年第 1 期。

85. 吴汉洪、周炜、张晓雅：《中国竞争政策的过去、现在和未来》，《财贸经济》2008 年第 11 期。

86. 吴敬琏：《确立竞争政策基础性地位的关键一步》，《人民日报》2016 年 6 月 22 日。

87. 徐士英：《中国竞争政策的实施与展望——兼论我国基本经济政策定位》，《经济法论丛》2017 年第 1 期。

88. 许昆林：《反价格垄断工作的成绩与挑战》，《中国价格监督检查》2013 年第 7 期。

89. 于立、刘玉斌：《中国市场经济体制的二维推论：竞争政策基础性与市场决定性》，《改革》2017 年第 1 期。

90. 于立：《反垄断的核心、实质与相关法律规制》，《改革》2014 年第 9 期。

91. 赵伟：《现代竞争政策：基本的理论与现实问题》，《浙江社会科学》1999 年第 5 期。

92. 凤凰财经：《铁路改革拉开大幕专题》，见 http://finance.ifeng.com/news/special/tielugaige/#gghg。

93. 工业和信息化部、国家发展和改革委员会、财政部：《关于深化电信体制改革的通告》。

94. 工业和信息化部：《关于推进电信基础设施共建共享的紧急通知》（工信部联通［2008］235号）。

95. 国务院批转邮电部《关于调整邮电管理体制问题的请示报告》的通知，见 http://www.chinalawedu.com/falvfagui/fg22016/11108.shtml。

96. 国务院，批转国家经委等部门《关于鼓励集资办电和实行多种电价的暂行规定》的通知，见 http://www.china.com.cn/law/flfg/txt/2006-08/08/content_7059853.htm。

97. 国务院：《国务院批转中国民用航空局关于民航系统管理体制改革的报告的通知》（国发［1985］3号）。

98. 国务院《关于组建中国石油化工集团公司有关问题的批复》（国函［1998］58号）。

99. 国务院《关于印发电力体制改革方案的通知》（国发［2002］5号）。

100. 国务院《关于印发邮政体制改革方案的通知》（国发［2005］27号）。

101. 国务院《关于印发民航体制改革方案的通知》（国发［2002］6号）。

102. 国务院办公厅《铁道部职能配置、内设机构和人员编制规定》（国办发［1998］85号）。

103. 国家发展改革委《关于放开部分铁路运输价格的通知》（发改价格［2014］2928号）。

104. 国家发展改革委：《十八大以来价格改革成就专题报告》。

105. 国家能源局：《关于鼓励和引导民间资本　进一步扩大能源领域投资的实施意见》国能规划［2012］179号。

106. 建设部:《关于加快市政公用行业市场化进程的意见》(建城〔2002〕272号)。

107. 腾讯财经:《铁路改革三十年历程》,见 https://finance.qq.com/a/20120114/000723_1.htm,2012年1月14日。

108. 王鸥:《中国电信业的发展与产业政策的演变》,《中国经济史研究》2000年第4期,第87—101页。

109. 新华网:《国务院机构改革和职能转变方案》,见 http://www.xinhuanet.com/2013lh/2013-03/14/c_115030825.htm,2013年3月14日。

110. 中国电信:《辉煌 经验 挑战 机遇——吴基传就我国通信业发展答记者问》,见 http://www.chinatelecom.com.cn/sxgz/07/01/t20091231_55744.htm,2009年12月31日。

111. 中国人大网:《关于国务院机构改革方案的说明(1998年)》,见 http://www.npc.gov.cn/wxzl/gongbao/1998-03/06/content_1480093.htm。

112. 中国民用航空局:《中国民用航空局行政体制沿革》,见 http://www.caac.gov.cn/website/old/H1/H4/。

113. 中国民用航空局:《中国民航改革开放三十周年回顾》,见 http://www.caac.gov.cn/XWZX/MHYW/200812/t20081219_12188.html。

114. 中国民用航空局:《中国航空运输发展报告2007—2008》,见 http://www.caac.gov.cn/XXGK/XXGK/TJSJ/201511/t20151102_8646.html。

115. 中国能源报:《天然气管道何时变身"公器"》,见 http://paper.people.com.cn/zgnyb/html/2012-09/17/content_1114417.htm,2012年9月17日。

116. 中国邮政报：《中国现代邮政之新》，见 http://www.chinapostnews.com.cn/newspaper/epaper/html/2016–03/12/content_81910.htm，2016 年 3 月 12 日。

117. 周光斌：《对中国电信业改革的思考》，人民网，http://www.people.com.cn/GB/it/48/297/20020705/769406.html，2002 年 7 月 5 日。

118. 朱彤：《我国石油天然气体制的演进逻辑、问题与改革建议》，《北京行政学院学报》2014 年第 6 期，第 77—81 页。

119. 刘树杰、杨娟：《电力批发市场设计的经济学原理》，《中国电力》2017 年第 9 期。

120. 董理：《自然垄断产业规制改革的国际比较——对电信业的分析》，复旦大学出版社 2013 年版。

121. 黄建伟：《自然垄断产业的组织演化与规制调整》，国防工业出版社 2014 年版。

122. 戚聿东等：《中国垄断行业市场化改革的模式与路径》，经济管理出版社 2013 年版。

123. 常修泽：《中国垄断行业深化改革研究》，《中国经济：战略、调控与改革》，经济科学出版社 2009 年版。

124. 史立新、于娟：《我国垄断行业改革的路径和基本经验》，《综合运输》2009 年第 1 期。

125. 董维刚、张昕竹：《中国垄断产业规制改革三十年》，人民网，见 http://theory.people.com.cn/GB/40557/134502/139150/，2008 年 9 月 25 日。

126. 秦虹、钱璞：《我国社会公用事业改革与发展三十年》，人民网，http://theory.people.com.cn/GB/49154/49156/8082106.html，2008 年 9 月 22 日。

127. [美] 丹尼尔·F.史普博:《管制与市场》,余晖等译,上海人民出版社 1999 年版。

128. [美] 詹姆斯·M.布坎南著:《自由、市场与国家》,上海三联书店 1989 年版。

129. [日] 植草益:《微观规制经济学》,朱绍文等译,中国发展出版社 1992 年版。

130. 高世楫:《更自由的市场、更复杂的交易、更严格的规则》,《经济社会体制比较(第 1 辑)》,2002 年。

131. 刘树杰:《论现代监管理念与我国监管现代化》,《经济纵横》,2011 年第 6 期。

132. 程启智:《内部性与外部性及其政府管制的产权分析》,《管理世界》2002 年第 12 期。

133. 王耀忠:《食品安全监管的横向和纵向配置——食品安全监管的国际比较与启示》,《中国工业经济》2005 年第 12 期。

134. 席涛:《美国监管:从命令—控制到成本—收益分析》,中国社会科学出版社 2006 年版。

135. 何立胜、杨志强:《内部性·外部性·政府规制》,《经济评论》2006 年第 1 期。

136. 刘东洲:《比较西方监管影响评估分析标准——以美国、欧盟和经济合作与发展组织为参照》,《北京工商大学学报(社会科学版)》2008 年 7 月。

137. 余晖:《监管权的纵向配置——来自电力、金融、工商和药品监管的案例研究》,《中国工业经济》2003 年第 8 期。

138. 谢地、何琴:《职业安全规制问题研究:基于法经济学视角》,《经济学家》2008 年第 2 期。

139. 邓启稳：《西方社会责任信息披露特点、规制和实践研究—基于法国、美国、英国的经验》,《生态经济》2010 年第 11 期。

140. 沈宏亮：《社会性规制的市场结构效应：文献综述及启示》,《经济社会体制比较》2011 年第 5 期。

141. 郭丽岩：《从管控型监管迈向治理型监管——市场监管的体系构建、重点领域与推进机制》, 中国工商出版社 2014 年版。

142. OECD, Regulatory Impact Analysis: Best Practices in OECD Countries. Paris, OECD, 1997.

143. OECD, Report on Regulatory Reform: From Interventionism to Regulatory Governance. Paris, OECD, 2002b.